邪馬台国の終焉

卑弥呼の野望と壱与の挫折

後藤幸彦

明窓出版

◎邪馬台国の終焉　目次◎

はじめに

第一章　邪馬台国とは

第二章　卑弥呼の時代

後　章

はじめに

邪馬台国論を始めるには、まず、邪馬台国がどこにあったのかを探ることから始めることとなる。私の古代史研究もこの所在地探しから始まり、その場所を佐賀県小城市甘木に発見することができた。

場所が確定してからは、政治・歴史・民俗等、倭人伝を片手に更に研究を進めていった。調査が進むほど研究の範囲は多岐に渡っていき、邪馬台国のみならず、当時の倭国の各勢力の事情、そして、その歴史にまでも広がっていったのであった。

例えば、邪馬台国の位置が確定することによって、狗奴国《くとこく》や投馬国《とうまこく》の位置も確定し、更に再発見された考古資料により、その歴史をも読み解くことができた。

当時の倭には、主だった国として、邪馬台国・狗奴国・投馬国・出雲そして大和の諸国が存在し、それぞれが独立した状態であった。そして、邪馬台国が存在した時代には、倭国の東方には、九州を先祖の地とする人達の国があり、拡張を続けていた。

更に、古事記・日本書紀・風土記に記述された倭国内の諸国の事情や歴史をも読み解くことができた。

正始八年に魏使が帰国した後、邪馬台国がどうなったのかは、魏志倭人伝に記録がないのである。

まるでこの時以来、邪馬台国は蒸発してしまったかのような感がある。

その後、倭は大和によってやがて統一されていくのであるが、邪馬台国の登場する中国の史書にはその時代の大和のことは全く記録されておらず、一方、日本の古事記・日本書紀・風土記には、逆に、邪馬台国についての記述は一切ない（神功皇后が関係あるように仄めかしている箇所以外は）のである。

しかし、数多くの中国資料や考古資料、そして、日本側の文献である古事記・日本書紀・風土記などを検証していくと、邪馬台国のみならず、他の国々の歴史をも組み立てることができた。

そうした中で、大和は、邪馬台国の最終段階において、決定的な役割をはたしていることがわかった。

大和は現日本の中核をなしており、最終的には日本を統一したのであるが、その経緯の中で、邪馬台国はどのような役割を演じたのであろうか。

それを証明することができたのは、日本書紀紀年法の解読に成功したからであった。日本古代史を知るための大きな障害は、史書の年代の不確かさにあった。

そのため日本の史書は、歴史の研究対象として顧みられなかった。

が、これも、日本書紀の紀年の仕組みが解明されたことにより史書として成立し、その結果、邪馬台国の時代や大和や出雲との関連もわかってきたのである。

そうして、邪馬台国がどのようにして終焉の時を迎えたのか、そのありさまも解き明かされてきた。

つまり、卑弥呼と壱与の時代の天皇が誰であるかわかることにより、その時代の日本書紀の記事と照合させせられるようになった。

結局は、大和のもとは九州にあり、それを説明するには、記紀が最も合理的な史書なのである。

私が、この時代の研究をしながら思ったことは、学界・在野を問わず、今まであまりにも日本の資料の古事記・日本書紀を軽視しすぎていたのではないかということである。

記紀と外国資料や考古資料を合わせるならば、実に明快に無理なく古代の歴史が説明できるからである。

今後は、記紀をはじめとする日本の資料がもっと重視され、日本の古代の歴史が研究されていくことを望むものである。

第一章

邪馬台国とは

第一節　邪馬台国地理論

＊邪馬台国はなぜ見つからないのか

邪馬台国《やまたいこく》小城甘木《おぎあまぎ》説

江戸時代から論議され探求されているのに、そして、近来国民に広く知られ、多くの専門家やアマチュアの古代史研究家、そして、他分野の人々までを巻き込みながらも、一向に見つからない邪馬台国。これほど探求されつくしているといっても過言ではないのに、いったいなぜ見つかっていないのであろうか。

しかも、年月が経つにつれて、邪馬台国問題は解明されていくどころか、逆に複雑になり、混迷を深めていくばかりとなっているようである。

邪馬台国の候補地は、北海道を除く日本全国から外国にまで広がり、百以上の「おらが邪馬台国」があるという。

まさに各研究者が各自それぞれの邪馬台国を持って、原文を好き勝手に思うがままに読み（なかには読み変え）、自説に都合が良いように解釈しているという状況である。

この有り様を、邪馬台国宇佐説を主張する久保泉氏は、その著書「邪馬台国の所在とゆくえ」（丸ノ内出版）の中で、

「わたくしは、これらの主張を読んで、歴史学者の想像力のたくましさに、感心したというよりは、むしろあきれてしまった。そして、このような想像による議論が堂堂と通用する歴史学界の前近代的な状態を慨嘆した。これが、わたくしの偽りのない読後感であった。いったい、いずれの学問の分野で、このような想像による議論が堂堂と通用する世界があるだろうか。わたくしは寡聞にしてそれを知らない」

「そこでは、いたずらに考証学的な知識の豊富さを誇ってはいるが、推理をするための一定のルールや、議論をするための一定の土俵がなく、また、首尾一貫した理論がないため、推理や議論が、単なる思いつきで行われたり、または、まったくの行き当りばったりでなされている」

と喝破している。

この本が出版されたのは、今から四十二年前のことである。

そして、現在の邪馬台国論争を客観的にみるならば、この状態は全く変化していないとみてよいのではないだろうか。一体どれだけ進歩しているといえるであろうか。

しかし久保泉氏は、一つ一つ見直し考えなおさなければならないとしながらも、実に伊都国《いとこく》までは正しいとして、そこから検証を試みている。なぜ帯方郡《たいほうぐん》から見直しをしなかったのであろうか。そして久保泉氏が陥ったこの伊都国までは正しいという陥穽《かんせい》は、定説としてほぼすべてと言っていい研究者が陥いることとなった（極少数のアマチュア研究家を除いては）。

邪馬台国問題が混迷の道に入りこんだのは、実にこの諸定説に問題があったからなのである。

そして、この混迷の道に入りこんでしまう根源は、日本人は先学や先輩の実績を重んじすぎ、先学の批判をしたり、ましてや師の説に異論をはさむなどは言語同断とされているからであった。

その結果、邪馬台国研究においても、先学の業績や学説を批判するどころか、そのまま鵜呑みにしてしまい、改めて考えるということがなかったのである。

これが邪馬台国問題が行き詰まってしまった原因の一つでもある。

それでは、邪馬台国論争の定説について改めて考えてみよう。

1　伊都国は糸島市前原《まえばる》である

この伊都国糸島説がその後の混迷の元凶の一つとなった。この伊都国糸島説を最初に唱えたのは、江戸時代の儒学者である新井白石である。

彼は、狗邪韓国《くやかんこく》の加羅《から》から対馬、壱岐、松浦（末盧《まつろ》）と似た地名が並んでいるのに目をつけ、伊都国はイトという地名がある糸島の怡土《いと》郡であると考えた。但《しか》しこれは方向が原文とは違っている。魏志倭人伝においては、伊都国へは末盧（唐津）から東南と、方向が指定されているにもかかわらず、彼はイトなる地名のある前原へと進んでいった。怡土郡では唐津の東方になり、倭人伝の指し示す方角とは違ってしまう。しかし、それでも彼が伊都国は怡土郡であると主張したのは、彼は方向など気にせずに、類似地名にのみ注目したからである。

どちらにせよ、彼は、語呂合わせでもって行路を解釈しようとしたのである。しかしそれもやむを得ないであろう。彼は儒学者なのであり、歴史家でも地理学者でもないのだから。ただ単に、史書のなかに邪馬台国への行路記事を発見し、自分なりに解釈してみただけなのだから。

しかし問題は、その後の研究者たちはこの説を信じ切り、何かと理由をつけて、この怡土（前原）の地が伊都国であるとして論議をしてきたことにある。白石の頃には正しい地図もなく、かぎられた資料しか入手できなかったから、そこまでであったろうが、正確な地図や各種の資料が入手できる現代の人達が、白石の説が正しいとして論を進めているのは不思議でもある。

その事情についてはまたの機会に説明することになるかもしれないが、今は省略しておきたい。

最近になって、都は当時タと発音していたということがわかってきた。イト国ではなくイタ国だったのである。とはいっても、これはイタが転訛してイトになったのだと主張されるであろうが。

最近では、考古学の成果をもって、遺跡等を文献に合致させるという傾向が主流となってきており、糸島のある怡土郡の発掘が進み、大量の遺物遺跡が発掘され、半島とのつながりのある土器などが発見されたことから、ここが倭国の一拠点であり、郡使の駐する重要国である伊都国だとの結論が、考古学上からも立証されるとしている。

さらに前原から東南に進むと那《な》の津のあった博多に至り、そこが奴国《なこく》であるとした。ついで、東に行くと宇美町があり、これは不彌《ふみ》国の不彌にあたるとし、語呂合わせで進むとピタリと合致するので、ここまでの行路は決定しているとされている。

しかし、ツシマ・イキ・マツロ・イト・フミという地名の発音は全て漢音である。それなのに奴をヌと発音しナに転訛したとするのは、ヌは呉音《ごおん》であるから、漢音の群れの中に一つだけポツンと呉音がまじっているのはどうにも不自然である。

これに対しての見解は、「博多が奴国であったのは確定的である。博多はかつて那ノ津とよばれていたのであるから、当時の上古音《じょうこおん》では奴はナと発音されていた」ということになっている。他の事例から奴はナと発音されていたと証明するのではなく、ここがナノツであるから、そこを表している奴の発音はナであるというたいへん独善的な考えなのである。

そして更に困ったことには、これでは不彌国から先には進めないのだ。不彌国から先へは南に水行とあるが、不彌国からは北にしか水行できないからである。

かくして邪馬台国への行路は行き詰まってしまうのだが、この先は各自さまざまな独自性を生かした考察を行うこととなってしまっている。

2　奴はナと発音する

それでは、はたして奴はナと発音していいのであろうか？

元々、奴という字は漢音ではトまたはドであり、呉音ではヌと発音するとされていた。事実、私が所有する「角川漢和中辞典　昭和三十八年　三十版」（角川書店）では漢音トまたはド、呉音ヌであり、用例も全てト、ドおよびヌである。

ナと読むようになったのは、邪馬台国研究が盛んになった近年である。これについてはのちほど説明するが、本来は奴の上古音（周、秦、漢、魏、晋時代の音）は、私が学校で教わったように、トまたはドなのである。匈奴《きょうど》、奴隷《どれい》といったように使われる。また呉音ではヌと読み、奴婢《ぬひ》という具合である。

そして私が奴＝ト、ド音説を支持するのは、奴をト、ドと発音して国名や位置等を解釈すると、矛盾なく説明できるからである。

3　方角に間違いがある

次の定説は、倭人伝は方角が不正確であるとする説である。

しかしこの説もそもそも伊都国の比定に誤りがあったからである。伊都国が糸島に間違いないと決めつけて、その結果、倭人伝の指し示す東南方と違うのは倭人伝が間違って書かれているからだ、としている。しかもその間違いの事由から、さらに他の国の位置や方角を考えていくから妙なことになり、五里霧中になってしまった。固定観念とは恐ろしいもので、伊都国が前原だと思いこんでしまうと、それから抜け出すことができずに先に先にと進んでしまう。もう一度原点に戻ろうとせず、また同じように進んでしまうのだ。

だいたい、魏使は一人で来たわけではないし、何回か来ているのであるから、複数の人による複数の記録があったはずである。それらのすべてが方角を間違ったはずはない。しかも探索の意味もあったとすれば、方向の間違った報告書など使い物にならないどころか、後の軍事行動などに大きな支障をきたすことになる。そう考えるならば、方角の間違いなどは考えられない事なのである。

4　里程と日数

不彌国の次に、「南、投馬国に至る。水行二十日」「南、邪馬台国に至る、女王の都する所、水行十日陸行一月」とある。そのまま信じて遙かかなたまで進んでしまう人が多い。もちろん方角を変えたり、誤写があると考えてである。

不彌国までは里数で記録してあるのに、なぜかここで急に日数による記録となるという理由は、後述するが遷都に関係している。もともと行程記事は旧都吉野ケ里までの記述だったのだが、遷都により小城甘木までの行程に変更されたのである。

ところが、魏使は満足な行程の記述をしていなかったため、聞き書きやあやふやな表記となってしまった。もちろん、魏使は里数の計測などしていなかった。

5 短里と長里

倭人伝の距離をそのまま魏代の尺度でもって計算すると、とてつもなく遠方へと進んでしまう。しかし、各間を計測してみると、だいたい六倍になっているのではと考えられた。そこで、本来の魏の尺度を長里、倭人伝や東夷《とうい》の尺度を短里として短里の長さを求めようとした。そして地図上であれこれ工夫して算出しようとしたが、結局は各人まちまちの値を出すことになってしまった。

6 総里数と部分里数

実は、倭人伝には郡から邪馬台国の都までの総里数が明記されている。

郡から狗邪韓国まで七千余里、狗邪韓国から対馬国まで千余里、対馬国から壱岐国まで千余里、壱岐国から末盧国まで千余里、末盧国から伊都国まで五百里、伊都国から奴国まで百余里、そして不彌国まで百余里、以降は日数表示となっている。

そして、「郡より女王国に至る万二千余里」と総里数が書いてある。

不彌国までの合計は万七百里であり、総里数が万二千余里であるから、あとは千三百里である。

つまり、この千三百里が投馬国と邪馬台国までの距離だということになる（千四百里説もある）。

しかし、倭人伝には投馬国まで二十日、その後は水行十日、陸行一月とあり、合わせて二カ月である。この距離が千三百里だというが、千里はだいたい六十から七十kmとみられるから、千三百里は七十八から九十一km、いや、一里九十m説では百十一kmである。たったこれだけを二カ月もかけて進むというのは、非現実的だが、なんとかうまく解釈しようとして皆頑張っているわけである。

7 陳寿《ちんじゅ》のみた資料

陳寿は日本に来たわけではない。よって他の書をみて書いたのである。

この書については、倭人伝の前に発行された魚豢《ぎょかん》の魏略を引用したとの説と、魏使の報告書からとの見方がある。

以上をふまえ、諸説にあまりとらわれることなく、これから邪馬台国への道を辿ってみよう。

小城甘木への行程

邪馬台国の所在地が錯綜といってもよいような状態に陥った最大の原因は、伊都国糸島前原説（以降糸島説とする）にあることは前述した。

唐津に上陸したことは間違いない（異論はあるが、いちいち論駁《ろんばく》していては分厚い本になってし

邪馬台国行程　唐津周辺図

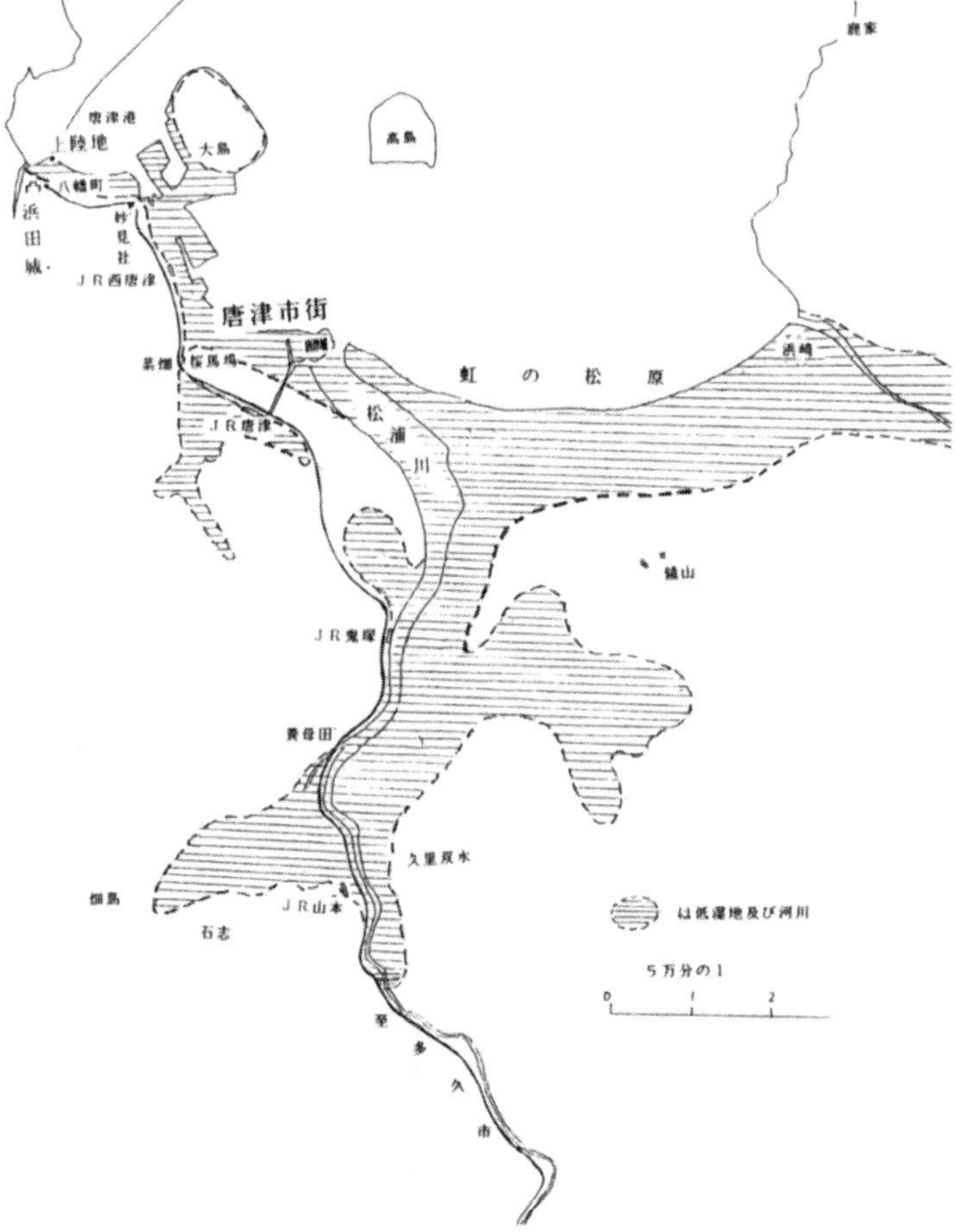

まうので要所だけを抑えていきたい)。問題はそこからである。

上陸地点であるが、唐津市西唐津八幡町浜田城下の川浪商会の前の海岸であろう。そこに迎賓館のような施設があったと考えられる。南には低い丘陵が海に迫り、近くの大島とともに風除け波除けとなっており、停泊に適した海岸である。そこから東南方向に五百里陸地を進めと書いてある。

定説である糸島に進むのであれば、前原には港があるのであるから、なぜここ唐津で船をおりて陸地を進むのか意味がわからない。わざわざ、陸行との記述は、水行は唐津までということである。だから、記述通りに東南方向に陸地を進めばよいということになる。

海岸線に沿って少し進むと、やがて川に出る。松浦川である。この川は東南方向からほぼまっすぐに流れてくる。この川に沿って上流へ進んでいくのが本来のルートなのである。原始河川であるから、周囲は葦や川柳《かわやなぎ》、ススキなどが繁茂する湿地帯である。まさに行くに前人をみないほど背の高い草木が生い茂っていたのである。

やがて川は行き詰まり、笹原峠《ささばる》という低い峠にさしかかる。そこを難なく越えると多久盆地へと下っていく。さて、問題は、八幡町から五百里というと、どのくらいの距離を歩くことになるのかということだ。

従来は弥生時代の遺跡を探して、そことするのであるが、発掘されていない場合もあるのだから、遺跡イコールとはならない場合もある。多久盆地はおおがかりな発掘はまだされてない。となると、頼りになるのはやはり距離ということになる。そのためには一里は何ｍかということになり、一里の算出が必要となる。

一里の長さ

唐津八幡町から五百里であるから、それを㎞に換算すれば、伊都国の都のだいたいの位置が分かるはずである。それでは、倭人伝の一里は一体何ｍなのであろうか。

この一里は中国での尺度であるが、中国では王朝によりその尺度が異なっているが、一里は三百歩であり、一歩は日本の二歩分で約百四十㎝で、六尺である。

周～前漢にかけては、一歩は一・三五ｍで一里四〇五ｍとなる。

後漢では、一歩一・三八二四ｍで一里四一四・七二ｍとなる。

魏では、一歩一・四四七二ｍで一里四三四・一六ｍとなる。

隋では、一歩一・七七〇六ｍで一里五三一・一八ｍとなる。

魏志倭人伝は魏の代のことを述べた書であるから、単位も魏代のものとして考えると、五百里は二一七〇八〇ｍとなる。しかし、これではあまりにも過大である。唐津から二百㎞というと熊本市を通りこして宮崎県中央部まで行ってしまう。他の地点についても過大すぎてとても使えないということになっている。例えば、対馬壱岐間は千余里となっているが、どう測っても四百数十㎞はない。

しかしながら、各地点間の比は、実地の各地点間の比にほとんど合うことから、倭人伝の記述の距離を一定の割合で縮めれば、実際の距離に合うと考えられ、この縮められた尺度をだそうとしたのである。それを短里という人もいるが、どちらにしても倭人伝の尺度は魏の尺度とは異なっていると皆みている。

そこで私も同様に考え、まずこの倭人伝独自の尺度を探しだすことにした。

これまでは各人それぞれの場所を選んで、その区間を計測してきた。大概の人は海上間（不正確であると同時に起点と着点がわからない）や半島の長さ（長大すぎるのであるが）などから算出しようとしてきた。

私は、陸地でそれほど長大ではないところを選んだ。それは対馬南島と壱岐島である。但し、対馬・壱岐間の距離からではない。

倭人伝によると、対馬の大きさは方四百余里とあり、対馬・壱岐の間が千余里とされていることから、これは対馬南島のことと考えられる（当時の中国では、土地の広さの記載を、同じ大きさの正方形に換算し、その一辺の長さを用いることで表すという技法が使われていた。「魏志倭人伝」では、対馬と壱岐の大きさをその方法で記載している）（「日本古代史を科学する」中田力　ＰＨＰ新書）

倭人伝では対海国と書かれている。では北島はどうなのかというと、そこは郡使の往来する、つまり邪馬台国への行路からはずれていたから記載されなかったのである。そこは、その余の旁国の中の対蘇《ついそ》国であろう。

対海国は戸数一千戸とあるがこれは壱岐国三千戸と比べても対馬全島としては少なすぎる。面積が数倍あるのだから（但し平野部が少ない）二千戸はあってもよいであろう。

とすると、対海国は対馬南島でよい。

そうすると、対馬南島の大きさは方四百余里となり、一方の壱岐島が、大きさは方三百里（余里でないことに注目）と記されている。当時は今のような正確な地図も航空写真もないのだから、円形と認識していたかどうかは不明である。

倭人伝は中国人が書いた中国人のための文書であるから、中国側（大陸側）からみて書かれている。とすれば、郡使は北西より船でやって来たのだから、この「方」とは島の北西側からみた島を方三百里といっていたのであり、本島のみならず、付近の島の重なりもその中に含んでいるといってもよいであろう。

狗邪韓国《くやかんこく》より対馬まで千余里、対馬の南島が方四百余里、対馬壱岐間が千余里と表され、いずれも余里がついているのに、一大国即ち壱岐島については三百里とあり、余里がついていないことに注目した。

海路の千余里については精度が劣るので、だいたいそのくらいとみることにした。実際、海上の各千余里を比べてみると、測り方によっては倍くらいの違いがみられるのである。しかし、陸地である三百里は、精度がかなり高いものと考えられる。そこで私は、陸地である対馬南島と壱岐島とに注目してこの島の大きさ（長さ）から一里を割り出すことにした。

前述したように、郡使は北西から来たのであるから、対馬にしろ壱岐にしろ北西方向からみた「方」である。つまり算出の基準は島の西海岸である。

壱岐島と対馬南島の距離を図で表すと次の如くである。

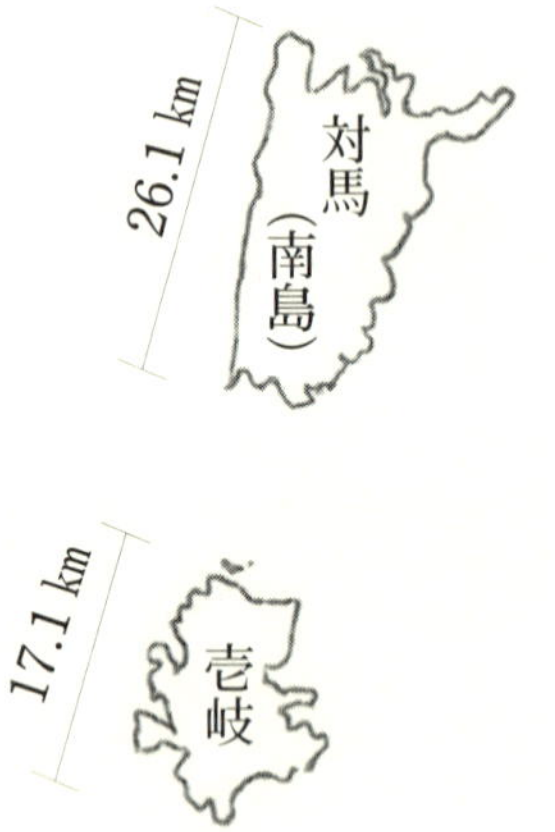

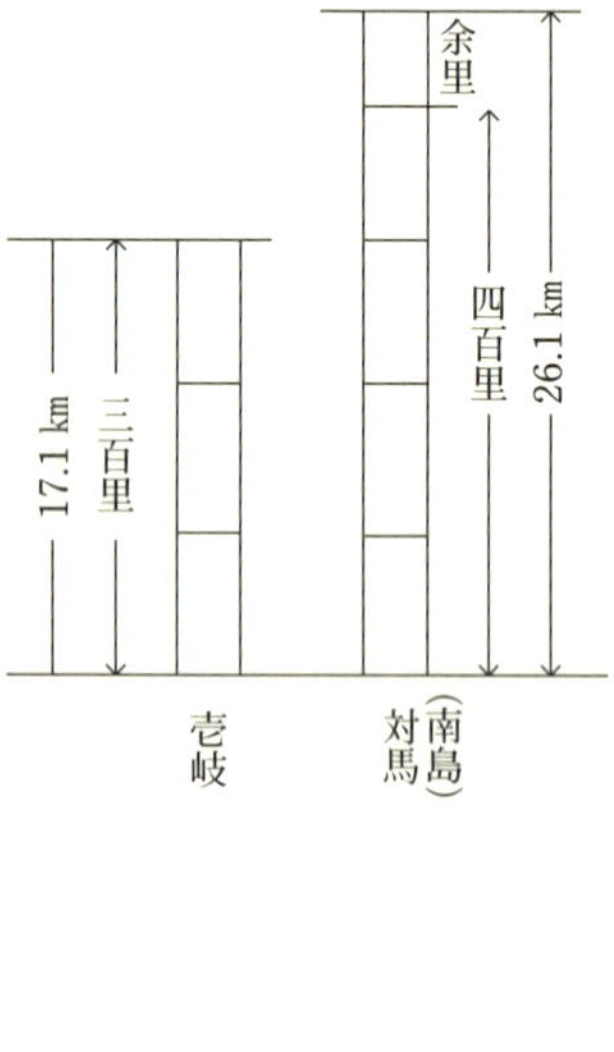

壱岐を三とした場合、南島がまさに四とあと少しということになり、倭人伝中の距離は、その比

率が正しいということが分かる。そこから一里の長さが算出できる。

三百里が一七・一kmとなると、一里は五七mとなる。しかし、倭人伝の距離が、多い分は余里として記述されているが、少ない分は、弱ともなんとも書いていないところから、三百里は実際には若干短く、二百数十里であるかもしれない。仮に二百六十里とすると、六五・八mであり、二百九十里では五八mとなるから、五八mから六六m前後としてしばらくみていきたい。

伊都国の位置

唐津城から東南方向を望む　川は松浦川

さて、西唐津八幡町を出発した一行は、松浦川に沿って一路東南方向に進んでいく。あたり一面には葦や柳が密生しており、人の背丈ほど伸びているため前を歩く人がみえないくらいである。ステップ気候である中国北部から来た中国人には珍しかったようであり、特に記している。

定説では唐津から東に進み、浜崎から筑前深江へと鹿家海岸を辿っていったとされているが、近世では唐津街道が通じ、現在は自動車が走る立派な道となっている。しかし、古代にはとても人が通れるような地形ではなかったという。急峻《きゅうしゅん》な山が海に迫り、平地らしき所はほとんどなく、水際も荒磯だらけである。倭人が無理をしてなら通れたかもしれな

多久盆地周辺図

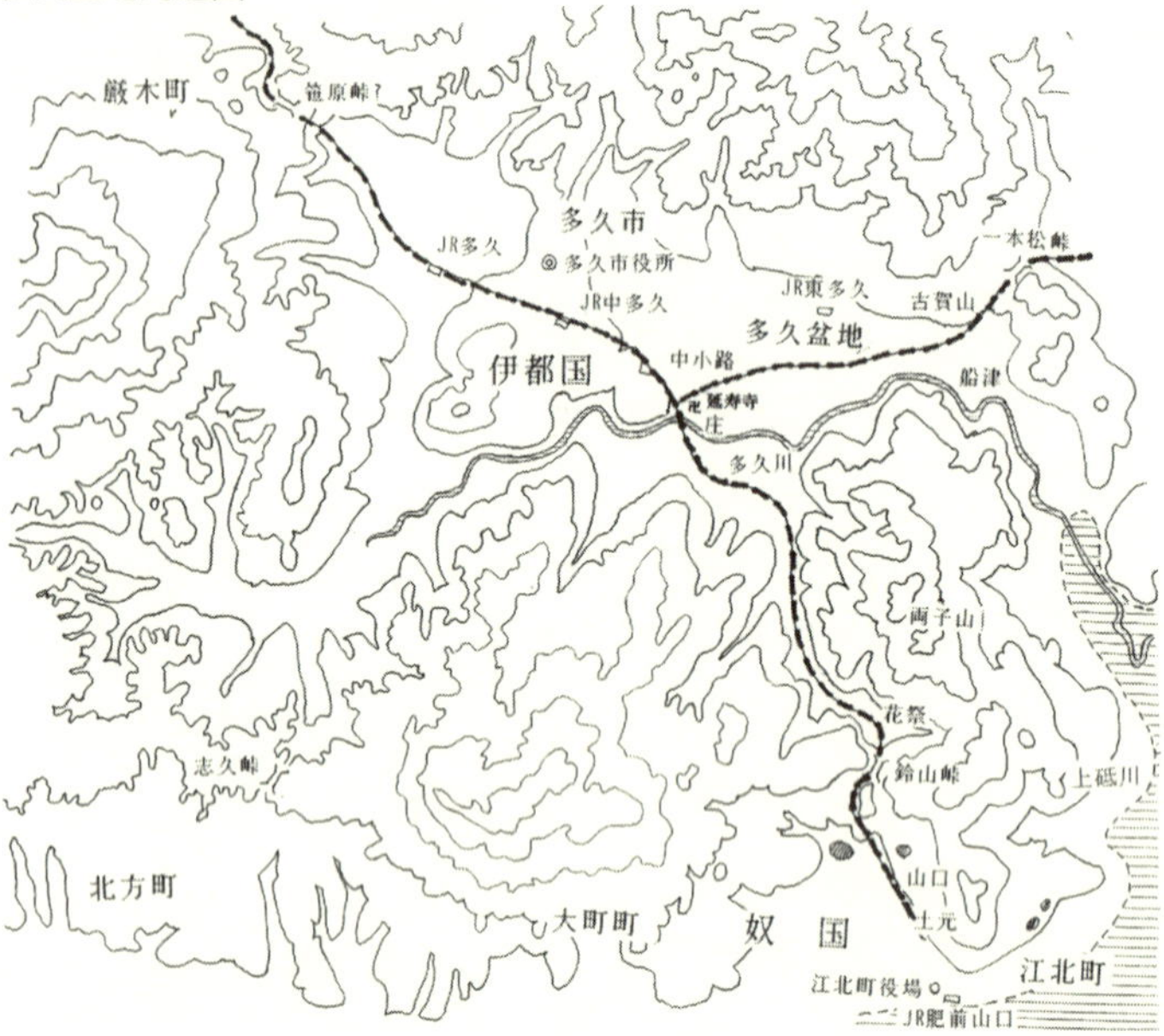

いが、中国からの大切な客人を案内するような所ではない。壱岐から糸島半島へいくのなら、唐津か前原まで乗ってきた船でそのまま廻航《かいこう》すればよい。いや、壱岐から直接前原でもよい。その方が合理的である。

実際、古代の官道は大宰府から唐津までは佐賀平野を通り、多久から唐津へと抜けていたのである。秀吉もこのコースか、深江から船で名護屋へ行ったという。

それでは、多久盆地のどこに伊都国の都があったのだろうか。それとも佐賀平野へと抜けたのだろうか。

一里六十六mで計算すると三十三・〇kmとなり、五十八mでは二十九・〇kmである。余がついているからもう少し先であろうか。

だいたいこのあたりだとすると、そこは多久盆地の中央部である。

多久盆地にも多くの弥生遺跡があるのだが、その中から伊都国の都があったと思われる所を探していく。但し全ての遺跡が発掘されたわけではないので、現在の遺跡の優劣で決めるわけではない。都がどこに存在したのかについては、倭人伝中の伊都国の次の国の位置からも考えていく必要がある。

奴《と》国の位置

伊都国の都を決定づけるのは、次の国「東南奴国に至る百里」の奴国である。原文では「東南至奴国百里」とある。

つまり、多久盆地の内から東南に抜ける道があるということになる。その道の起点に伊都国の都があるということになる。

そこで多久盆地の地勢をみてみると、盆地の南には、西から東へと低い山地が横たわっているが、その中に、鈴山峠から南へ抜ける道が一つ。それから山地の東端、多久川沿いに南に抜ける道が一つ。この二本の道に限られる。そして両者とも、そこから先は海であり進むことができない。よって奴国の都はどちらかということになる。

決定づけるのは、次の奴国と不彌国の位置である。

まず、奴国の位置から割り出してみよう。

二本の道の終点は海に面しているので、それぞれの海岸から起点を逆算してみると、百里であるからそれぞれの北辺から六・六㎞にあり、一里は六十六ｍぐらいとみてよいであろう。鈴山峠を越える場合は庄集落が、多久川沿いをとるならば古賀山がそれに当たる。

末盧・伊都国間は五百里であるから、三十㎞ぐらいである。八幡町から、松浦川にそって距離を測ってみると、庄集落あたりでは三十三・三㎞となり、古賀山では三十七㎞である。庄集落の方が分がある。

ところで、この奴国については、行程上他国と異なる記述がある。それは、「行」「渡」のような動詞の文字が使用されていないということである。「到」「至」という動詞の文字はあるのであるが。しかもどういうわけか皆、「到」「至」の字には注目し、使いわけなど論議されているのに、この「行」の字の有無にはだれも論及していない。これは不思議である。

しかし私は、この「行」の字に注目し、なぜ奴国には「行」がないのかと考え始めた。その結果、もっとも合理的な考えは、「行」の字が無い国には行かない、ということであった。行路記事を読みなおしてみると、「海岸に循《したが》って水行し、……その北岸狗邪《くや》韓国に至る七千余里」「始めて一海を度《わた》る千余里、対馬《つしま》国に至る」「また南一海を渡る千余里、名づけて瀚海《かんかい》という。一大《いだ》国に至る」「また一海を渡る千余里、末盧《まつろ》国に至る」「東南陸行五百里にして、伊都《いと》国に到る」「東南奴《と》国に至る百里」「東行不彌《ふみ》国に至る百里」「南、投馬《とうま》国に至る水行二十日」「南、邪馬台《やまたい》国に至る、女王の都する所、水行十日陸行一月」とある。このうち投馬国と邪馬台国は日数表記となっているので、ここでは置いておいて、目的地へは、「水行、度る、渡る、渡る、陸行、行」のように、奴国以外には全て動詞が書かれている。不彌国へは、「東行」即ち東へ行くと書いている。しかるに、奴国に関しては「東南奴国に至る百里」とあるのみで「行く」という動詞がついていない。これは奴国が行路上の国ではないので行く必要はない、ということを表しているのである。奴国は戸二万という大国なので、行路上ではないが特記されているのである。

行路記事は邪馬台国への行路なのであるから、実際に通過する国以外の国、つまり、ちょっと寄り道をしたり、寄らないが特に重要な国等には、「行」の字は省いて記述したということになる。「行」「度（渡）」の文字をもって行路上の国なのか否かを区別したのである。

多久盆地で、東南に抜ける道は二カ所で、百里約六㎞の地点は、東では砥川《とがわ》地区、西では肥前山口地区であり、両者は約六㎞離れている。となると、奴国の中枢部はこの辺りとみてよい。その領域は、多久川河口あたりから、六角川沿いに西に広がっていたとみられる。六角川沿いに広がる流域をその領域とするならば、戸二万を要するのは十分である。

奴はトと発音するとしたが、このト国のトは、開閉する戸の意味である。つまりこの国は戸口の国という意味となる。では、どこの、となるが、それは邪馬台国の戸口という意味、つまり、邪馬（後述）の戸口で山口となる。戸口と付くのは戸の外は別の世界であるということを表す。

ここに、日本では縄文時代には縄文人が全土にわたって居住し、後世弥生人が渡来してその生息範囲を広げていったという民族観にとって好適な例がある。

長崎大学医学部による人骨の調査によると、佐賀平野以東と江北町以西とでは弥生時代には民族が異なり、以西では縄文人の特徴が濃いということである。

大陸から渡来した新民族が、北部九州の平野部を占拠し、縄文人を駆逐。彼らを西の彼杵《そのぎ》半島方面に閉じ込め（かつてイギリスで、大陸から渡って来たアングロ・サクソン人が先住のケルト人を打ち破り、ウェールズに押し込めたように）、その境界の戸口にあたるところに置いた国が戸の国なのである。それを中国人は奴国と当て字した。

そして、その後も江北町辺りを拠点に、じりじりと領土を広げていき支配下に置いたことから、戸二万の大国となったのである。

さて、郡使は奴国を通って邪馬台国に行ったのであろうか。江北町の東は、多久川河口に湿地帯や干潟があり、そこを渡って対岸の牛津に向かうのは難しいようである。戸二万は有数の大国であるから寄り道をしたであろうが、地勢を考えれば、邪馬台国への行路にはならないようである。もし奴国が行路上の国ならば、その東が不彌国となり、南の邪馬台国は有明海中となってしまう（水行十日陸行二十日については後述）。

よって、郡使は、多久盆地から東へ向かい、次の不彌国に到着することとなった。

不彌国の位置

「東行不彌国に至る百里」とある。

長い間、奴国の次が不彌国であるとされていたが、昭和二十三年、榎一雄氏は、伊都国からの放射式読解法を発表し、伊都国以降の各国は伊都国を起点として考えるべきだと主張した。それによれば、不彌国は奴国を経ず、直接伊都国から出発したこととなる。

この放射式読みは、画期的解釈として脚光を浴び、この方式を修正したり、これを基にした種々な解釈が試みられることとなった。

私の見解も、不彌国へは奴国を通らず、伊都国からの出発なのであるが、それをとった理由は放射式によるものではない。私が着目したのは、「行」の漢字である。

であるから、伊都国の次は不彌国となり、多久盆地の都から東へ百里の地点に不彌国の都があることになる。そこは佐賀平野の西部である。

では、伊都国の都が、庄集落なのか古賀山なのかを決定づけるのは、次の不彌国である。

不彌国の都は伊都国の都から百里であるから、およそ六・六㎞東にあり、庄集落からでは小城市小城町あたり、古賀山からでは、小城町の東の祇園川あたりとなる。

その前に投馬国について軽く触れておきたい。

投馬国へは、不彌国から南へ水行二十日とある（倭人伝行路記事に関しては、私は順次読みを原則としている。道の説明にはそれが普通であろう。但し、原則であるからところどころに例外がある。この場合は奴国がそうである）。つまり、不彌国には港（船着き場程度も可）があるということになる。となると、小城町と祇園川では、港のあるほうが不彌国ということになる。

小城町も祇園川も、今では陸地の奥まったところであり、佐賀平野の一角である。海までは十㎞はある。このような所に港があったものであろうか？　まず、祇園川のほうから調べてみると、この川は小川といっていいほど水量が少なく、ボートを浮かべるのも無理である。となると小城町の方はと地図で調べてみると、町の西部の田んぼのなかに、晴気川《はるけ》という小川が流れており、その川の周辺には、牛津江川、船田、大江、寺浦など、船が行き来していたような地名が河道に沿って続いており、この川周辺の地形は、南北に長い窪地となっている。

そこで、有明海の海底地形を調べてみると、晴気川に向かって海底谷の一つが北へ延びている。つまり、昔は小城市の西には入江が深く入りこんでいたのである。

名前は牛津江。晴気川が小さな川であることから、土砂の運搬堆積が少なく、入江は簡単に埋め立てられずに、弥生時代後期ごろは入江として残っていたようである。もちろん船の出入りはできたであろうから、港に関するような地名がつけられ残っているのである。そして、その入江を下り、南へ水行二十日にして投馬国へ着くということになる。

有明海北部海底地形図

有明海の研究グループ1965より一部修正
佐賀県
小城
嘉瀬川
多久
多久川
佐賀
＋4 m
牛津
筑後川
＋4 m
六角川
有明
福岡県
鹿島
15 m
20 m
15 m
20 m
25 m
25 m
長崎県
熊本県
30 m

投馬国への水路がわかったことから、不彌国の港は、小城市三日月町の西を南北に流れる晴気川に港をもつところ、おそらく大江であろうとわかった。それでは、不彌国の都は？　ということになるが、これは港の北一㎞の不二町と考えられる。庄集落からは六・八㎞東の地点である。古賀山からでは距離が短すぎる。

これらのことから、一里は六十六ｍから六十八ｍぐらいとみることができる。

ここに、伊都国と奴国と不彌国の位置が確定した。伊都国は多久市南多久町下多久字外廻《そとまわりしょう》庄集落である。奴国は杵島《きしま》郡江北町山口集落である。不彌国は小城市小城町不二町である。

庄集落について

庄集落は、多久市の中央部、中小路集落にある。ここは古来多久盆地の中枢をなすところで、この中小路は緩やかな丘陵であり、中世の館跡（陣内館）や町名などが残っている。

中世においては、建久年間（一一九〇〜九九）に多久太郎宗直が摂津から多久に下向して館を構え（現延寿寺）、多久の経営にあたった拠点であった。

ここの地勢が吉野ケ里と類似していることから、この丘陵に伊都国の都があったのではと探索してみたことがあったが、結果は丘陵部にはなく、その東の平野部の庄集落であることがわかった。

庄集落の庄とは、ここに荘園の役所が置かれたことから名づけられたもので、かつてはここから中多久の駅までざっと千五百ｍほど家屋が建ち並んでいたという。

肥前国国府は佐賀市嘉瀬《かせ》川の中流にあったが、洪水のため一時多久盆地内中多久（別府《べふ》の地名あり）に移転したという。その時役所の印鑑をおさめる所をこの庄集落に造り、印鑰社《いんにゃくしゃ》とよばれた。現在、延寿寺《えんじゅじ》の東側の水田となっている。

この研究を始めてから古代の遺跡を訪ね歩いたが、古代国府などの役所が置かれたところは、古来のその地方の中心地であり、新勢力がやはりそこに拠点を置いたということが読みとれた。ここ、庄もやはり古来の多久の中心地だったのであろう。

ただこの庄集落の特徴としては、邪馬台国時代には一般の居住地ではなく、政治的な拠点であったようである。一般の居住地はその南方の山麓にある牟田部遺跡等だったようである。

投馬国について

投馬国は、不彌国の港の大江から南へ、有明海を抜け二十日ばかりのところである。都は宮崎県西都《さいと》市であろう。西都市には西都原《さいとばる》古墳群があるが、これらの古墳は邪馬台国時代のものではない。日向国府はこの近くである。ここ西都市も三宅の国分に国府が置かれており、近くの古墳群からみてもこのあたりが弥生時代以来の中心地であったと予想される。

地名でみると、投馬はトウマである。この一帯には、トオ（トウ）と読める地名が多い。「都」はトやツの当て字であるが、都於郡《とのこおり》、都万神社《つまじんじゃ》、都農神社《つのじんじゃ》、都城《みやこのじょう》とあるが、これらの「都」は、元々はトと発音していたようである。それが今日では「ツ」とも発音され変化した読みもみられる。

中心は西都市と書いたが、西都市の「都」は、都於や都万の「都」とは異なり、「奴」と同じ「国」の意味である。近くに佐土原という地名があることから、佐の（サイの）国という意味となる。五万余戸とは投馬国が一国に統一されてからの戸数なのであろうか、それとも北部九州のように複数国からなっていて、その総数なのであろうか。

＊「馬」について

馬とはいっても動物の馬のことではない。そもそも倭人伝には馬はいなかったと書かれている。ここで説明する「馬」とは、投馬国、邪馬台国、斯馬国、対馬国など国名に使われている馬のことである。

倭人伝で「馬」のつく国名は、対馬国・邪馬国・斯馬国・邪馬台国・投馬国の五カ国である。このうち邪馬台国は戸七万、投馬国は戸五万であり、邪馬国と斯馬国は其の余の旁国である。

この「馬」という字も、奴国のところで述べたように、地名、国名と関係のある字のようである。これは地域を表すのに使われ、奴が国を表すように、馬は地域をあらわす言葉であり、例えば、対馬は「対になっている所」となる。

結論を急ぐと、「馬」は、住居の床の間、居間、客間、土間の間と同じで、一定の地域をあらわし、「奴」よりも広範囲で、その中に複数国を含んでいるものである。後世の武蔵国や相模国の国にあたる言葉である。（関東では、入間、座間のように小地域のようである。「奴」は郡に当たる）。

つまり、当時の九州はいくつかの「馬」に分けられ、さらにその中にいくつかの国（奴がつく国もあった）が存在していたと思われる。

倭国における「馬」の領域図

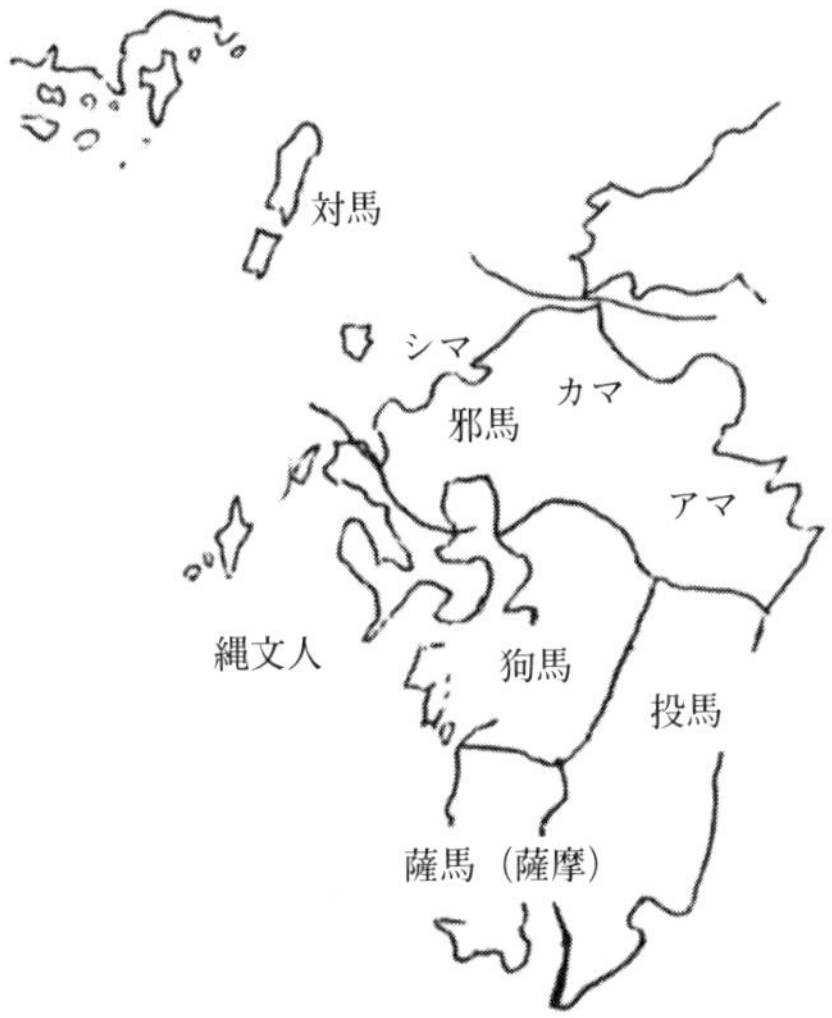

対馬が「ツイマ」、九州北部が「ヤマ」、糸島半島が「シマ」、遠賀川流域が「カマ」、大分県南部が「アマ」、熊本県が「クマ」、鹿児島県西部が「サツマ」、宮崎県および鹿児島県東部が「トウマ」、北へ海を渡り、朝鮮半島南部が「ミマ（ナ）」となる。

ヤマは「屋間」のことで、母屋の屋、中心の間という意味であろう。トウマは「遠間」のことで、中心の北部九州から遠い所という意味である。熊本県には球磨川が流れている。

邪馬台国に至る

「東行至不彌国百余里」の次が「南至投馬国水行二十日」であり、そして「南至邪馬台国所女王之都水行十日陸行一月」と邪馬台国に到着してこの行路記事は終わっている。ここが最後の難問なのである。

畿内説にしろ北九州説にしろ、何とか不彌国までは辿りついたのであるが、投馬国へ二十日、その後水行十日陸行一月はどうなっているのかという疑問である。このまま記述通り進めば、邪馬台国ははるか遠くに、いや途中の寄港地や宿泊地の記述がないことから、どこにつくかわからない。その結果、論者はさまざまな理由を考えてなんとか邪馬台国に到着する方法を考えていった。しかしうまくいかない。それはそうだ。極めて近いところならわかるだろうが、海上を十日単位でとか、陸上を一月などという記述で、うまく着くと考えるのがどうかしている。

私は、郡使は邪馬台国まで行っていると信じている。なのに、私自身、邪馬台国の行路記事では、「行」などの動詞の字がついている国に行っているが、ついていない国には行っていないなどと言った。しかし邪馬台国の文には「南至邪馬台国女王之所都」と「行」という動詞の字がないではないか。私の論で行くならば、「南行至邪馬台国女王之都」でなければならない。

さらに、不彌国までは里数で記述されているのに、そこから急に日数に変わっているのも不可思議である。

一方、「自郡至女王国万二千余里」と、はっきり総距離数が書いてある。となれば、この距離の範囲内に女王国、すなわち邪馬台国が存在するはずである。

こう考えてみると、不彌国までの記述法は一貫しているが、それ以後は異なる記述法なのである。

そして最大の疑問は、同時代の吉野ケ里の存在である。そして、吉野ケ里は、三世紀中ごろ、つまり卑弥呼の活躍中に突如として消滅しているのである。

中国の記録でも、考古学的にも、この時代には戦乱の跡がみられないことから、この吉野ケ里の消滅は遷都によるものと考えられる。卑弥呼は吉野ケ里に都を置いていたのであるが、二百四十年頃、小城市甘木に遷都し、倭人伝には新都までの行路を記録していたのである。つまり、従来の吉野ケ里までの行路記事の不彌国から吉野ケ里間を削り、不彌国からの新行路を加えたのである。ところが魏使は距離を測っていなかったため、不彌国の南に直にとしか報告できず、以下の記事があやふやなものとなってしまった。

それでは、不彌国以降について検討してみよう。

ちなみに、郡から半島南端の狗邪韓国までは七千余里であるから、そこから海峡を渡って女王国まで五千余里である。

その内訳は、海峡を渡るのに三千余里、伊都国まで五百里、不彌国まで百里使うことが明記されているから、不彌国からの残りはたったの千四百里ぐらいとなる。

これは、一里六十六mとすると、九十二・四kmということになる。この距離を順番にそのまま読み、二十日と十日と一月、都合、六十日かけて進むとなると、ものすごくゆっくりか、行きつ戻りつするかしなければ消化しきれないであろう。一日二十km進むとなると、五日ぐらいの距離を水行陸行をもって進むということになる。

順次式で進むとさらに不可思議なことがある。

邪馬台国への水行陸行であるが、それまでの書き方からすると、不彌国からの行程は、「南行邪馬台国水行十日陸行一月」とならねばならない。投馬国へも同様に「南水行至投馬国二十日」と書かれなければならない。

第一、二ヶ月も水行や陸行をしている間に途中に何カ国かあるだろうし、また上陸地の記述もない。不彌国までは細かく記述されているのに、いきなり大雑把になったのはなぜだろうか。これらの問題には諸氏も明確な解答ができず、こじつけととれるような見解である。

この問題を解決したのは、古田武彦氏であった。

古田氏は、水行十日陸行一月は総日数であり、万二千余里は総里数であるとし、邪馬台国は、不彌国に「接している」との説を出した。

古田氏は、その著書「『邪馬台国』はなかった」の中で、最終行程〇《ゼロ》の論理として、次のように述べている。

「以上の読み方のポイントは、「水行十日陸行一月」を総日程とみなしたため、主線行程の最終区間に当たる『不彌国―邪馬壹国』間の距離が記されていないことになり、当然その国間距離が『〇』となることである。（中略）このように『七千―一千―五百―百』という形で数値は漸減《ぜんげん》してきた。（中略）すると、このつぎに位置する『不彌国―邪馬壹国』間は当然百里以下でなければならない。つまり両国はピタリ相接していることになる（中略）このように考えると、『不彌国―邪馬壹国』間、距離「〇」こそ、むしろ記載方法の自然な帰結といわねばならない。いいかえれば、『不彌国』は女王の首都『邪馬壹国』に密接した、その玄関である」

この論でいくと、邪馬台国は不彌国の南に隣接していたことになる。

私はこの古田氏の論法を支持したい。

つまり、「南至邪馬台国女王之所都」で文章は切れるのである。そしてそこまでの総日数を水行十日陸行一月と書いているとみられる。我々が道順を説明するのに、あれこれ説明し、最後に五分ぐらいで着きますよ、と時間を付け加えることがあるのは、ごく自然なことだが、倭人伝もその手法を用いているのである。

その際に、郡より邪馬台国に至る水行十日陸行一月と書いてくれると間違えることはなかったのであるが、他の箇所で説明するが、倭人伝には省略された部分がみられる。

不彌国は小城市小城町不二町であるから、邪馬台国の都は、それに「接して」、その南であり、小城市市街地から、その南方に広がっていたのである。

邪馬台国卑弥呼女王の都は、佐賀県小城市小城町南部と三日月町甘木集落から久米・土生《はぶ》地区にかけてである。

ここ小城市にも甘木なる地名がある。アマギとは天子の住む所という意味なのであろう。

北部九州には他に、朝倉市甘木や大牟田市甘木など甘木という地名が散見される。ここ小城の甘木に卑弥呼の居城があったのである。

多賀神社より卑弥呼の墓（中央奥の小山）

この地を私が訪れたのは、一九九一年八月十二日であった。

卑弥呼の墓は小城町の市街のど真中にあった。小城市の桜の名所、小城公園内の桜ケ岡《さくらおか》（本来は桜岡）がそれである。古くは娑婆《さば》岡や鯖《さば》岡とも呼ばれた。

私が歩測したところ、南北百三十七歩（百九十二m）、東西百十歩（百五十四m）の卵型で高さは十六mであった（この一歩は中国式の歩であり、日本の二歩分である。中国の歩はまさに歩くのである）。倭人伝に記された大きさは径百余歩であるから、この丘の大きさに該当する。大塚を造るとあるが、この丘は弧立した自然丘（風化堆積岩）であり、それを古墳のように

邪馬台国主要部

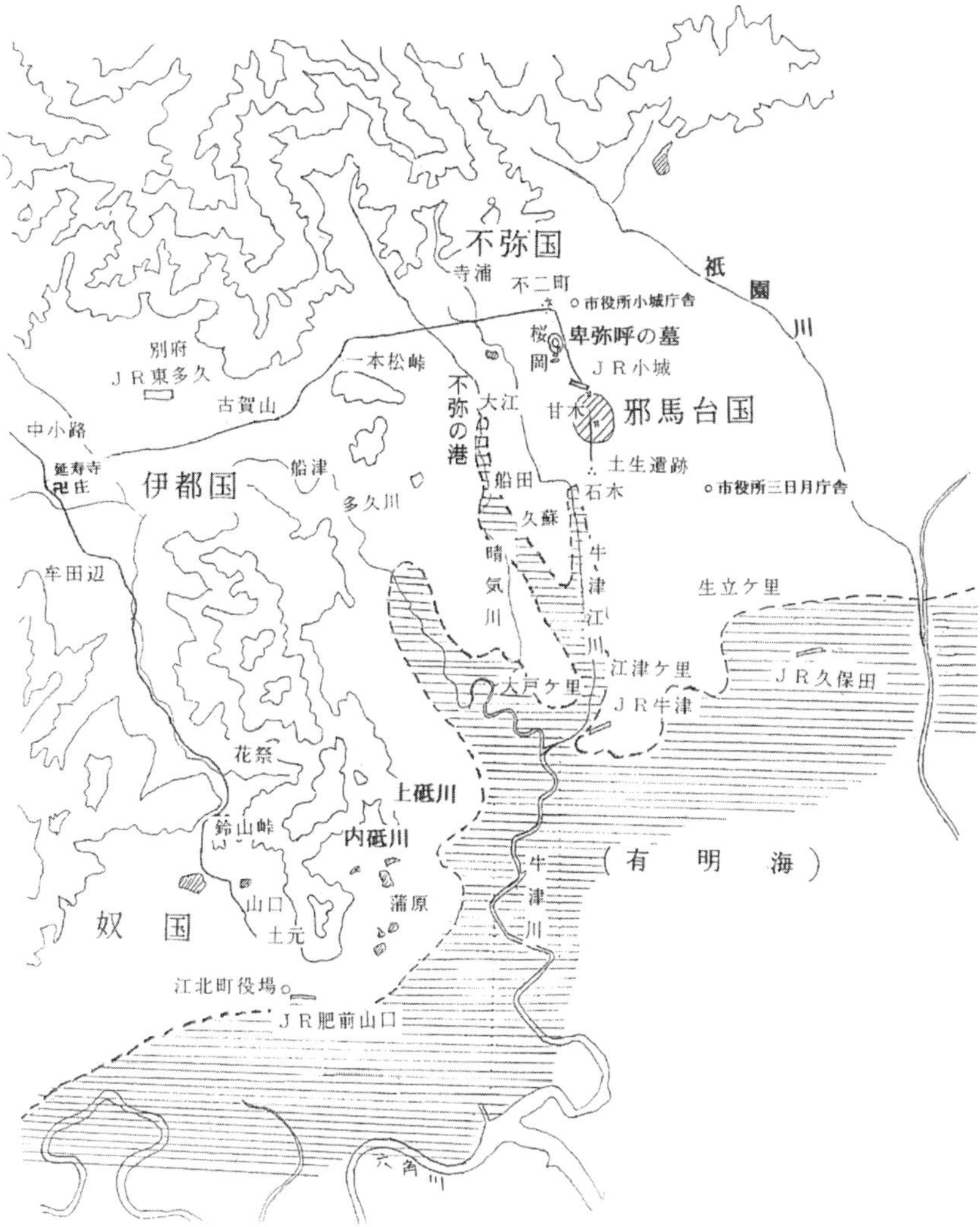
不弥国
寺浦
不二町
市役所小城庁舎
祇園川
桜岡
卑弥呼の墓
JR小城
別府
JR東多久
一本松峠
古賀山
不弥の港
大江
甘木
邪馬台国
中小路
延寿寺
船津
土生遺跡
伊都国
船田
石木
市役所三日月庁舎
多久川
久蘇
晴気川
牛津江川
牟田辺
生立ケ里
江津ケ里
大戸ケ里
JR久保田
JR牛津
花祭
上砥川
鈴山峠
内砥川
（有　明　海）
牛津川
山口
蒲原
奴　国
土元
江北町役場
JR肥前山口
六角川

体裁を整えたのであろう。

丘の頂上には四世紀に築造された前方後円墳茶筅塚《ちゃせんづか》古墳があり、その上には後西院天皇之御製の碑があり、その南には聖徳太子像・招魂碑・松田男爵記念碑等が設置されており、その一段下には鳥森神社があり、丘の下には岡山神社が鎮座している。その南には比較的大きな池がある。池は丘の北にもあったという。丘をめぐるように堀があったのであろう。

ここ小城郡は、かつては肥前の国の中でも最も人口の多かったところでもあり、江戸時代には佐賀藩の支藩が小城町に置かれ、桜ケ岡とその周辺は庭園として造作され、神社等が祭られたのである。明治になってからも公園として使用されたため、さまざまな記念碑などが置かれることとなり、遊歩道やグラウンドが造られ、桜の木も多く植栽され、市民憩いの場となっている。ここからは古より人骨や石棺が出土していたという。近代においても、「小城郡誌」によれば、故西正豊氏（旧小城藩家老）の話として、御製碑南側にある松田男爵記念碑建設の際、地ならし中に、多くの土器と鉄製の直刀が出土したという。その他にも、石棺や石槨《せっかく》等が出土したこともあった。（「小城の歴史三〇号」小城郷土誌研究会編）

茶筅塚古墳は全長五十ｍで、古墳時代前期の、佐賀平野では最古段階（出土土器は四世紀後半のもの）の古墳である。

しかし、これは卑弥呼の墓の上に後世になって築かれたものであって、邪馬台国や卑弥呼とは何

卑弥呼墳丘墓周辺図

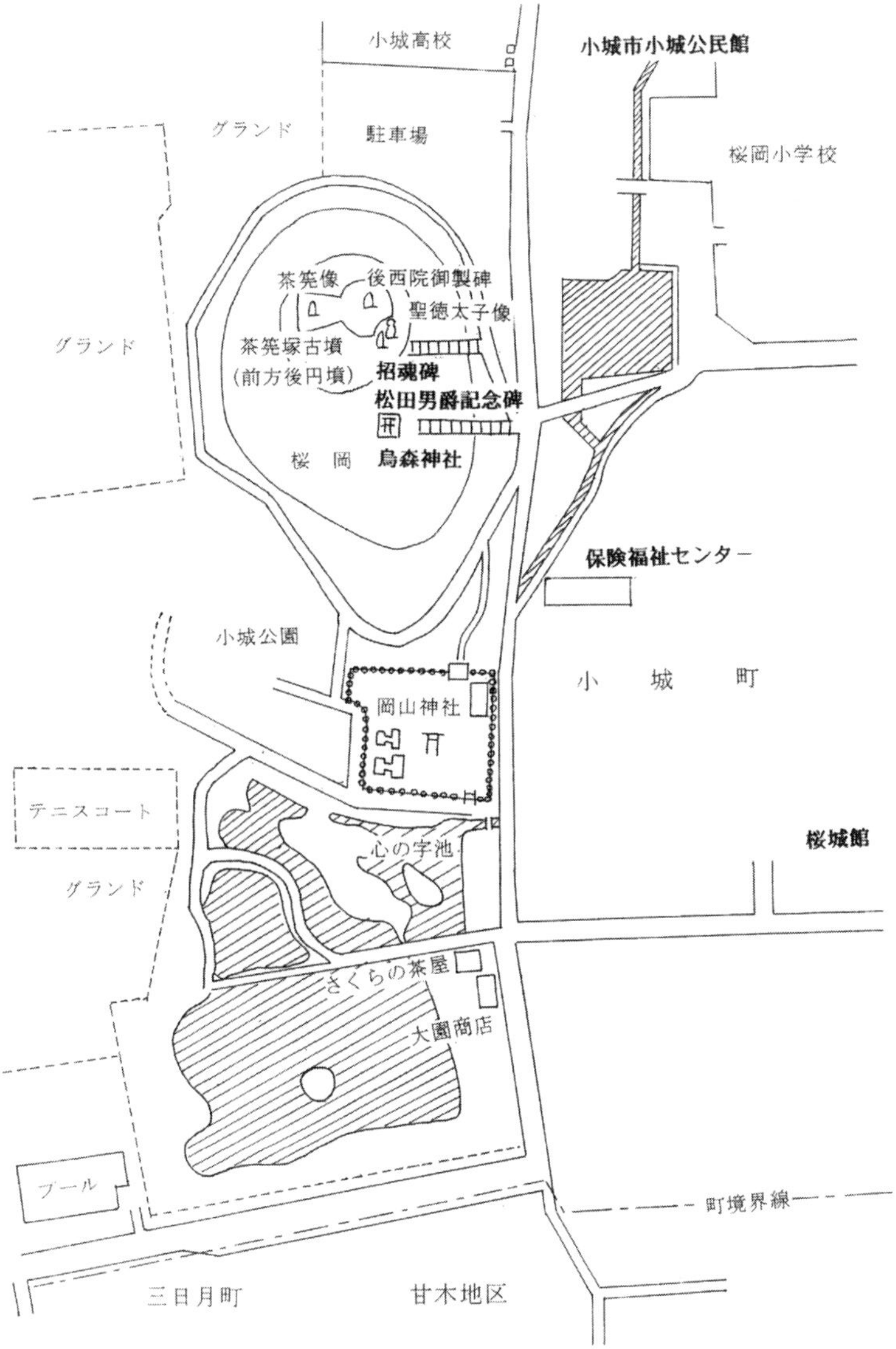
小城高校
小城市小城公民館
グランド
駐車場
桜岡小学校
茶筅像
後西院御製碑
聖徳太子像
グランド
茶筅塚古墳
(前方後円墳)
招魂碑
松田男爵記念碑
桜　岡
鳥森神社
保険福祉センター
小城公園
小　城　町
岡山神社
テニスコート
心の字池
桜城館
グランド
さくらの茶屋
大園商店
プール
町境界線
三日月町
甘木地区

の関係もない。茶筅塚の名は、大正時代に前方部に茶道関係者により設置された、茶筅の形の石碑に由来するものである。

娑婆岡の名の由来は、この丘から人骨が発見されたからつけられたと、天正時代の記録にある。また、私が初めて行ったころの岡山神社の説明板にもそう書かれていた。一体や二体の人骨ではわざわざ娑婆岡と名づけられることはないであろうから、大量にザクザクと出たのであろう。これらは、卑弥呼に殉葬させられた百人の奴婢の遺骨であろうか。発見された鉄製の直刀は、魏の皇帝から下賜された刀剣（五尺刀二口の一部）なのだろうか。卑弥呼の遺体や副葬品はもう掘り起こされて散逸してしまったのだろうか。それとも、まだ茶筅塚古墳の下に眠っているのであろうか。今となっては確かめようもない。

倭人伝の記述の行程通り進んできて、そこに倭人伝に記述されたのと同じ大きさの丘があったなら、そこが邪馬台国に間違いないであろう。

一里の長さと箕子《きし》朝鮮

さんざん問題になった一里の長さであるが、いったい一里は正確には何mなのであろうか。今までのところは、私は六十六から六十八mの間ではないかと仮定してきた。まだ行程を全て説明していないのであるが、上陸地が西唐津八幡町で、伊都国が庄集落で、奴国が江北町山口集落で、不彌国が小城市小城町不二町であり、邪馬台国の都が小城市甘木であるとして、その間の距離の検討をしてみると、一里は六十七m強ではないかと感じてきた。これは魏の公式の里の長さ四百三十四・一六mよりぐっと短く、六分の一ぐらいの長さである。公式を長里として、この短い里を短里として、魏国内では二種類が使われていたという説を支持する人もいる。しかし、一王朝のなかで二種類の尺度があるのはおかしい。また、この短い尺度は東アジアの東部で使われていたとみる人もいる。一体この長さはどこから来たのであろうか。

この疑問は、福永晋三氏によって解き明かされた。

氏は、この里が周の時代に使っていた尺度であり、一里＝六十七・五mであるとした。

彼は五十歩百歩の故事から、当時の五十歩は一里のことである、つまり故事は、一里逃げるか二里逃げるかという意味であると説いた。当時の一歩が一・三五mであることから、一里が五十歩で、六十七・五mであると算出した。

この六十七・五mという長さは私の考えていた六十七m強と合致するのである。つまり、倭人伝の一里は、周時代の一里の長さだったのである。

では、魏時代の書になぜ周尺の行路記事が載っているのかということになると、それは、倭人伝の行路記事は、周尺を使っていた人が測定し書いたからだということになる。その人達は箕子《きし》朝鮮の人達であるとしか考えられない。その人達が記した書を漢・魏・晋が入手し、晋の図書館で陳寿が閲覧したのだが、陳寿はそれが周尺であるとは気づかずに、ほとんどそのまま載せてしまったのである。よく、陳寿は魏略を引き写したとか、魏の時代の資料のみをみて書いたかのように考えられているが、そうではない。陳寿は目に入る限りの資料（時代が異なるものも）をもとに三国志を書きあげたのである。その中で東夷の資料はよく残っていたようであり、東夷伝はそれを中心にまとめられたようなのである。

箕子朝鮮と倭の関わりについては、通交の他に文化の面においても、今後の課題となるだろう。

総里数と部分里数の食い違い

さて、邪馬台国の都は不彌国に接しているとの説をとり、小城市甘木がその都であるとしたのであるが、読者のみなさんは「ちょっと待てよ、不彌国からの千四百里はどうなったのだ」という疑問が湧いてきていると思う。

最大の問題の一つはこの部分里数と総里数の食い違いであった。

従来は、この差の千四百里は、不彌国から邪馬台国までの日数での表記を進む距離であるとされてきた。しかしどうみても、たかだか千四百里＝九十四・五㎞を水行十日陸行一月（投馬国の行程を加えるとさらに大きくなる）かけて進むのは不自然である。小城甘木までで万二千余里消化しているはずとみると、水行十日陸行一月が総日数であるとみるのが自然であり、食い違いは、途中での計算がおかしいということになる。

そこで行路をもう一度見直してみると、そのような不正確さが生じる箇所といえば、やはり、海峡部分であろう。

そうなると、海峡部分を、どこから測るかということになる。測り方によっては相当の違いが出てくる。

従来は、釜山《プサン》の近くの金海《キメ》であろうとされてきた。理由は狗邪韓国の都がここであった、と推測されるからである。しかしこの狗邪韓国については官と副が書かれていない。官と副が書かれていない国は、他に末盧国がある。つまり、倭本国への上陸地である。ここには迎賓館があるとした。つまり、ここ西唐津は上陸地であって、都ではないのである。末盧国の都は、当時はもっと東の鏡山《かがみやま》方面にあったからである。つまり、都が行路上ではない場合、官や副は省略したということだ。となると、狗邪韓国も、都の金海から出航したとは限らないことになる。東は釜山から西は半島西南端までのどこかということになる。

それには半島内の七千余里とはどこからどこまで指しているのか、ということになる。七千余里とは一里六十七・五mであるから四百七十二・五km以上ということをもとに計算してみる。

帯方郡治《たいほうぐんち》はソウル（現ソウルの中心部ではなく、漢江南岸のあたりであろう。古代の土城の遺跡がある）とみて計算すると、西海岸を全行程水行した場合、釜山までは七百五十kmでざっと一万一千里となり、七千余里を大きく超えてしまう。

ところで、水行十日陸行一月は総日数だとしたが、唐津から小城甘木までの陸行は三日ぐらいであるから、一月とは大部分が韓国内陸行ということになる。

郡より海岸に循《したが》いて水行とあるから、はじめは海岸に沿って水行し、韓国を歴《へ》てとあるから、韓国内の国々を巡りながら、（つまり陸を進みと解釈できる）倭の北岸の狗邪韓国のどこかに到着し、そこから出航するのである。船は手こぎだけでなく、帆の利用もあったであろう。

ソウルから陸路仁川《インチョン》に出て、そこから船で南下、韓国の港の郡山《クンサン》に上陸、そこから陸路東に進み参礼《サムニェ》に出、そこから南下して求礼《クレ》につき、そこから東へと折れ、南海岸の河東《ハドン》に到着、泗川《サーチョン》を通り、道は東南に向かい、固城《コソン》に到着する。ここはかつて港町であった。固城の市街は、現在は海に面していないが、古代には市街地まで湾が入りこんでいたのである。

このコースで計測すると、五百三・六㎞で、約七千四百六十里、つまり七千余里となる。

これで邪馬台国への船出の地は固城（小伽耶）と決めてよいであろう。従来説のように、わざわざ金海まで進む必要はない。倭人伝の行路はできるだけ最短距離を進んでいくようである。そういうことは現代でも普通である。

固城から出航し千余里で対馬に着く。ところがどうもこの固城・対馬間は、千余里にしては、対馬・壱岐間、壱岐・唐津間に比べて、長すぎるようである。

邪馬台国行程　京城・勝本間

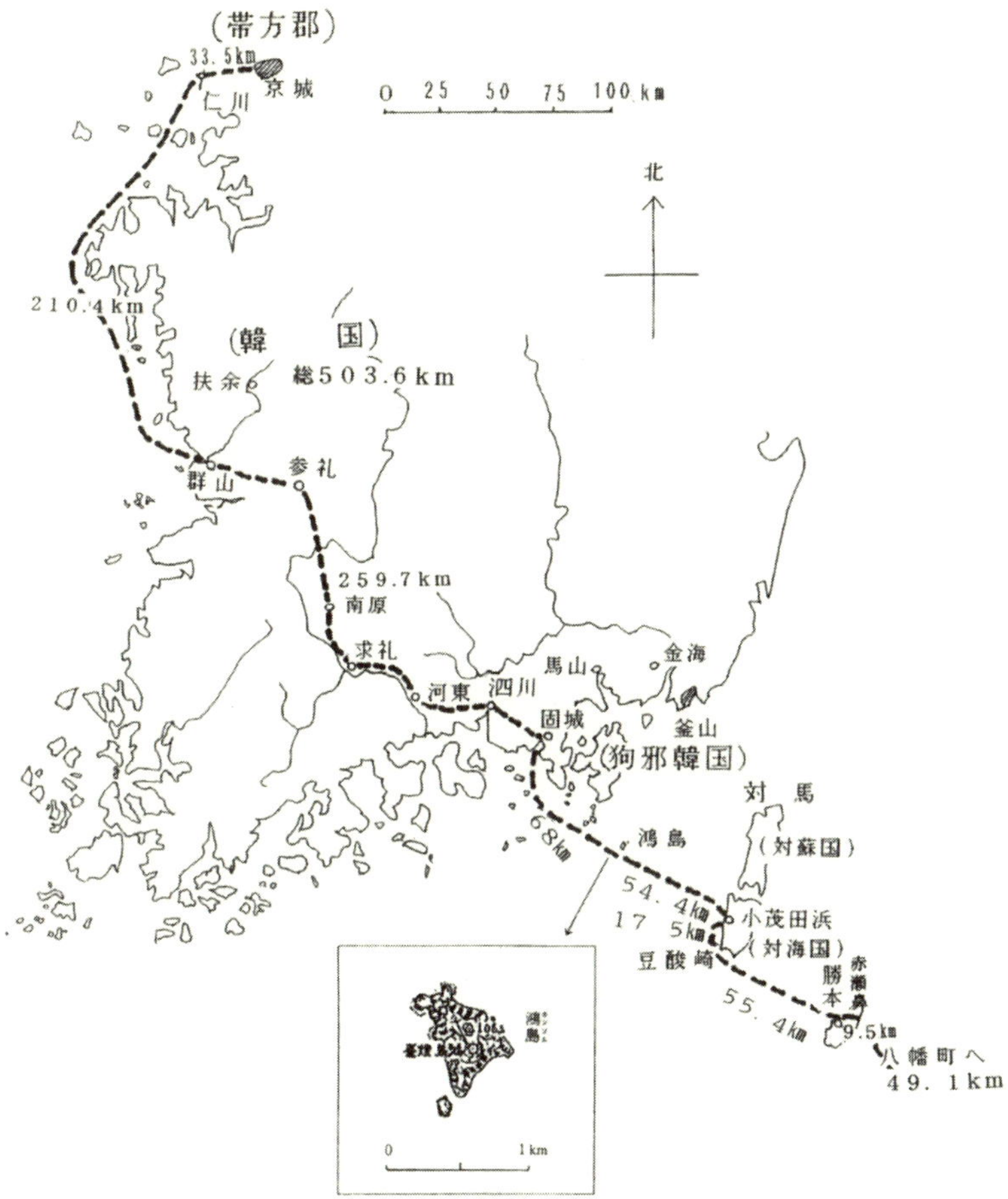
(帯方郡)
33.5km
京城
仁川
0 25 50 75 100km
北
210.4km
(韓　国)
扶余
総503.6km
群山
参礼
259.7km
南原
求礼
河東
泗川
馬山
金海
固城
釜山
(狗邪韓国)
対馬
(対蘇国)
68km
鴻島
54.4km
17.5km
小茂田浜
(対海国)
豆酘崎
勝本
赤瀬鼻
55.4km
9.5km
八幡町へ
49.1km
鴻島
0
1km

そこで倭人伝を読み返してみると、「始めて一海を渡る。千余里」とある。問題はこの「始めて」という文である。考えてみると、行路のなかで、海上はすでに西海岸を進んでおり、ここで始めてというのはおかしい。つまり、仁川・郡山間の水行は海を渡るには入っていないことになる。ということは、倭人伝の記事でも、沿岸航は、海を渡るとはいわないということになる。となると、固城は湾奥であるから、出航してからしばらくは内海の沿岸航となる。そうすると、始めて外海にでるのはどこかということになる。固城からの水路を地図で追っていくと、固城から島々の間を南下、そして、半島からの陸や島の途切れる所、そこまでが沿岸航であろう。

そしてそこには鴻島《ホムソン》という小島がある。ちょうど対馬南島小茂田浜《こもだはま》と固城の中間地点である。固城からこの島まで、ざっと六十八㎞であり、千余里である。この島から小茂田浜まで五十四・四㎞あり、海上で目標物もないことから、この距離で千余里とみてよいであろう。つまり、固城から小茂田浜まで二千余里なのである。

となると、総里数と部分里数の和の差の千四百里のうちの千里は、この固城・鴻島間のことであるとわかる。つまるところ、倭人伝の行路記事には、行路と里数記述を省略した箇所があるということである。残りは四百里であるが、他にもこのように省略された部分があるか探してみる。

小城までのコースが決まっているのであるから、その間を測っていくと、小茂田浜から豆酘崎《つつざき》をまわって壱岐島の勝本に到着する。沿岸航は渡海に入らないようであるから、小茂田浜から豆酘崎

邪馬台国周辺図

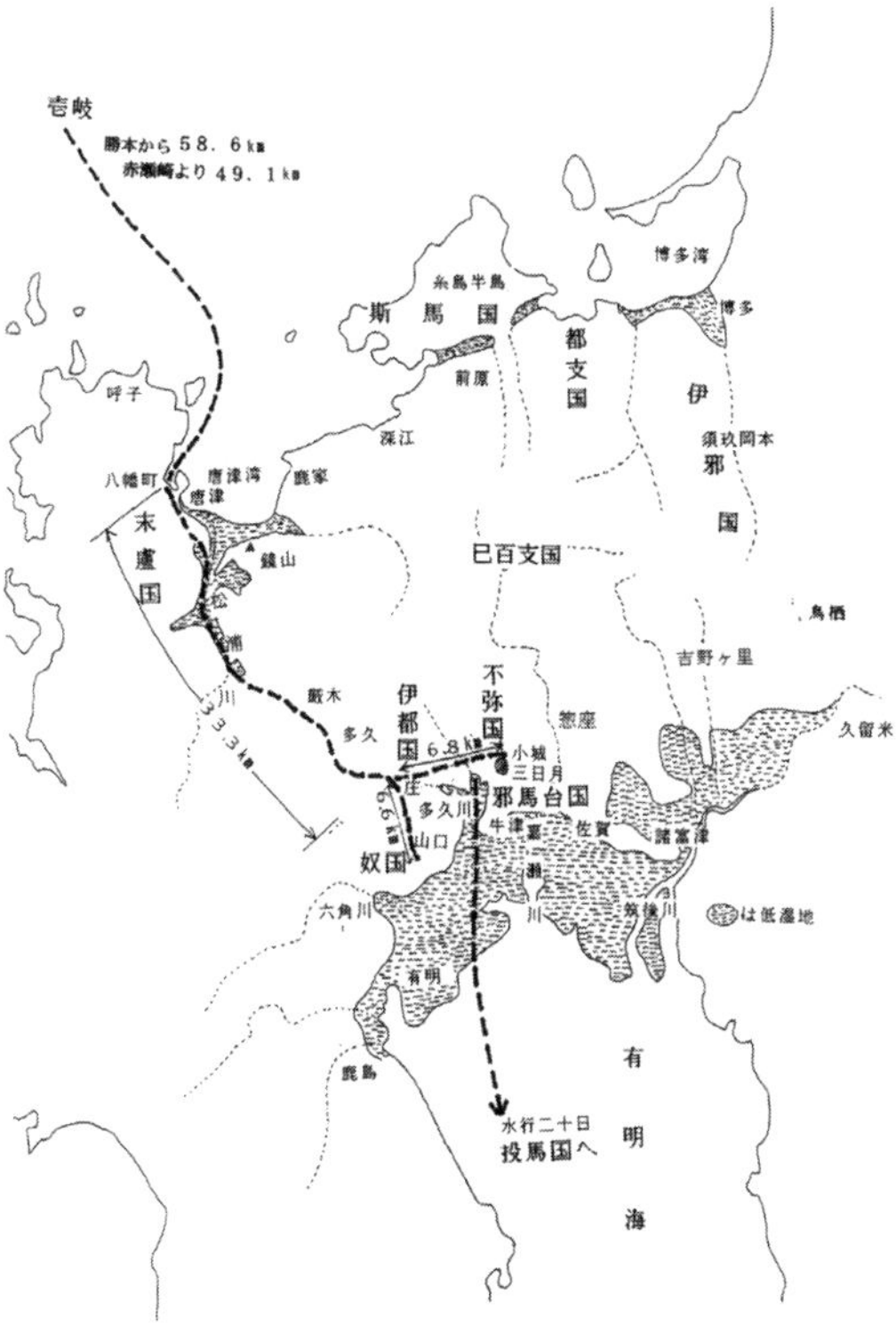

鴻島～小茂田浜	54.4 km
小茂田浜～豆酘崎	17.5 km
豆酘崎～勝本	55.4 km
勝本～赤瀬鼻	9.5 km
赤瀬鼻～八幡町	49.1 km
八幡町～庄	33.3 km
庄～不二町	6.8 km
不二町～甘木	1.0 km
日本国内合計	227.0 km

京城～仁川	33.5 km
仁川～群山	210.4 km
群山～参礼	34.5 km
参礼～求礼	113.5 km
求礼～河東	33.7 km
河東～泗川	49.3 km
泗川～固城	28.7 km
半島内合計	503.6 km
固城～鴻島	68.0 km

総キロ数（固城鴻島間含）
798.6 km

海峡部分（鴻島～小茂田浜、豆酘崎～勝本、赤瀬崎鼻～八幡町）は、千余里 67.5 kmとして修正して計算すると修正総キロ数 842.2 kmである。

京城～固城	7000 里
固城～鴻島	※1000 里
鴻島～小茂田浜	1000 里
小茂田浜～豆酘崎	※259 里
豆酘崎～勝本	1000 里
勝本～赤瀬鼻	※140 里
赤瀬鼻～八幡町	1000 里
八幡町～庄	500 里
庄～不二町	100 里
不二町～甘木	※15 里

合計　12014 里
(余里は省いて計算)
(※は倭人伝に記載されていない里数)

まで十七・五㎞、二百五十九里ばかりである。

次は、勝本から赤瀬鼻まで沿岸航となり、九・五㎞で百四十里である。この部分も省略されている。

そして、赤瀬鼻から西唐津八幡町まで四十九・一㎞で約千余里となっている。

ここまでの省略部分は、固城・鴻島の千余里と対馬南島西岸部二百五十九里と、勝本・赤瀬鼻の百四十里の計千三百九十九里となり、残りは一里となる。


西唐津八幡町から草木茂生する松浦川沿いに東南に進み、笹原峠を越えて多久盆地に入り、多久市南多久町下多久字外廻庄《そとまわりしょう》集落に入る。三十三・三㎞で四百九十三・三里、ざっと五百里である。

次の奴国であるが、既述したように、庄から奴国の肥前山口の山口集落までは、六・六㎞でざっと百里であるが、行路上の国ではないので行かない。

庄から不彌国である小城市小城町不二町までは六・八㎞で百里である。

不二町から南に進み、約一㎞十四・八里で甘木に到着する。

その余の旁国

次に邪馬台国や行路上の国々以外の其の余の旁国について検証する。
北部九州諸国の位置関係は３５３頁の地図に載せておいた。
斯馬国――糸島郡のシマがそれにあたるとみた。
己百支国――これはなんと読むのかわからないが、ほかの国々をあてはめていくと、残った空白地があるのでそこを当てた。
伊邪国――福岡市の南部に弥栄原（いやながばる）遺跡なる地名がある。
都支国――福岡市西区室見川の中流部に金武《かねたけ》・吉武《よしたけ》なる地名がある。この武（タケ）が都支（タキ）の転訛の残存地名である。
彌奴国――筑前と筑後の境界付近に、三輪・三井等の地名がある。彌のミが三で書かれたか。
好古都国――好はハォ、古はカ、都はタと発音し、博多のこと。現博多は好古都国の南端の港であったかも知れない。都は香椎宮《かしいのみや》である。
不呼国――不はオ、呼はカでオカ国。遠賀川の河口付近岡田の地である。流域一帯はカの国（呼馬）であった。
姐奴国――姐はシャでシャト国。宗像神社のあたりである。
対蘇国――対馬の北島である。
蘇奴国――北九州市企救《きく》半島南部である。曽根の地名がある。

呼邑国――邑がユウであるから、カユウ国。遠賀川《おんががわ》流域である。北部九州であるが三郡《さんぐん》山地を境にして西が甕棺墓《かめかんぼ》地域であり、東は箱式石棺墓である。西とは部族が異なるようである。

華奴蘇奴国――カトソト国と読む。行橋《ゆくはし》市の近く、肝等庄（カトノショウ）がある。カト国と北の蘇奴国の南部が合併した国である。

鬼《き》国――大分県はオオキタの国と呼ばれたという。

為吾《いご》国――正しい読みは不明。大分県南部か。

鬼奴《きと》国――キト国と読む。鬼国とともに別府湾岸にあったと考えられるが、両者の位置はどちらが北かは不明である。

邪馬《やま》国――山国川河口。

躬臣《きゅうしん》国――キュウシン国。玖珠《くす》町にあった。

巴利《はり》国――ハリ国。筑後川が平野に出るあたり。杷木町や原鶴の地名あり。

支惟《きい》国――キイ国。不明

烏奴《うと》国――ウト国。浮羽と関係あるか？

奴国――福岡県山門郡。西の肥前山口の奴国に対し、東の奴国である。ここが邪馬台国連合と南の狗奴国との境界にあたる。戸口の国である。

面白いのは、これらの旁国がアトランダムにならんでいるのではなく、意図的にならんでいることである。一つの地域の中心国を核にして衛星国のように取り囲むように記述してある。

図示すると次のようになる。

1 斯馬国 → 2 巳百支国

6 好古都国 ← 3 伊邪国 → 4 都支国
3 伊邪国 → 5 弥奴国

10 蘇奴国 ← 7 不呼国 → 9 対蘇国
7 不呼国 → 12 華奴蘇奴国、11 呼邑国、8 姐奴国

（番号は傍国の記載順）

13 鬼国 → 14 為吾国 → 15 鬼奴国

16 邪馬国 → 17 躬臣国 → 18 巴利国 → 19 支惟国 → 20 烏奴国 → 21 奴国

これらの中で、伊邪国と不呼国が核の一つとなっていることがわかる。

伊邪国は福岡市周辺で須玖《すく》岡本《おかもと》をも含み、弥生の一大文化圏に坐している。あたりの国々の中心であることは当然であろう。

不呼《おか》国は遠賀川流域中心の国であり、カの国であり、三郡山地《さんぐんさんち》西方の国々とは文化も部族も異なるようである。

鬼国《き》、為吾国《いご》、鬼奴国《きと》は豊後国であり、邪馬国《やま》、躬臣国《きゅうしん》、巴利国《はり》は山国川から筑後川へと続く国である。支惟国《きい》、烏奴国《うと》、奴国は筑後平野の国である。

全体的に時計回りに、述べられていることがわかる。（地図があったのか？）

そして旁国ではなく特記されている国に、投馬国《とうま》、狗奴国《くと》、狗邪韓国《くやかんこく》、「女王国の東、海を渡る千余里、また国ありの」国。そして侏儒国《しゅじゅ》、裸国《ら》、黒歯国《こくし》とある。これらの国々で、侏儒国、裸国、黒歯国以外の国について述べて行こう。

投馬国

不彌国の大江を船出し、南へ有明海を抜け、二十日ばかりの所、宮崎県西都市を中心とする地域である。

この地が倭国の圏内に入ったのは、それほど古い時代ではないようである。

トウマのトウは遠いの意味で、つまり、倭の本国、邪馬から遠い所ということであり、投馬の中に佐土や西都などの数カ国があったようだ。

狗奴国

邪馬の南は狗馬で、球磨川《くま》がある。この狗馬の北半が狗奴国で、男王がおり、名は卑弥弓呼《ひみきゅうか》と言い、官に狗古智卑狗《くかちひく》がいるという。狗古智は現在キクチとなっているようであり、菊池の地名がある。狗古智卑狗とは菊池彦のことか。

斯馬国

ここは、糸島半島に存在した。イトシマのシマが斯馬国の残存地名である。やはりここにも数カ国があったようである。トが国を意味するから、怡土や志登なる地名は元は国名であろう。このあたりが、斯馬とされたのはそう古い時代ではないようである。後述するが、この地には倭面土国《いめんど》があり、その故地が斯馬国とされたのである。

邪馬台国の遺跡

ようやく捜し当てた邪馬台国の都（小城甘木）なのであるがいくつかの問題点があげられる。それは、遺跡遺物が少ないということである。もちろんこれは、この地域がいまだ本格的に発掘されていないとも言えるのであるが、それにしても少ない。特に、北部九州特有の甕棺《かめかん》が出ていない。

しかし、この甕棺についてはじきに解決した。甕棺墓制は、安本美典氏によれば西暦百八十年頃には終息しているという。となれば、卑弥呼の即位は百八十年代であるから、卑弥呼は即位すると同時に甕棺墓制の廃止を宣言したのではないだろうか。墓制は宗教上の永い慣習を伴うことであるから、そう簡単に移行できないものであるが、宗教のトップに立ったと思われる卑弥呼の宣言ならば、信者ともいえる国民は容易く受け入れられたのではないだろうか。その結果、百八十年代からは甕棺墓が作られなくなったのではないだろうか。

そうならば、卑弥呼の時代に甕棺がみられないという理由は納得できる。

しかしである。小城甘木の地が歴代の王都であったならば、卑弥呼以前の甕棺が多数残っているはずである。吉野ケ里のように。

＊奴はトまたはドと発音するとしたが、では具体的に、倭国ではトなのかドなのかということになる。私個人としてもどちらで表記したらよいのかと考えた。そこで、奴のつく国が、現在ではなんという地名として残っているのか、それが清音なのか濁音なのかを分けてみた。清音の国は華奴蘇奴国は肝等として残り、カトで清音である。鬼奴国は大分でこれはオオキタの転訛であるというから、タとなっており清音である。拘奴国はアナトのことであるから、トで清音である。

次にト、ドが土を使って表されている国がある。狗奴国は宇土のこと、怡土郡は糸島のこと、倭面土国は福岡湾岸の国である。

こうみてみると、北部九州の東側はト音であり、西側はド音のようだ。ただし、土を使っている地名も、現在では清音でトと発音している。これらを考えてみて私は、奴をトと発音表記することにした。

吉野ケ里の存在

小城甘木を邪馬台国の都としてあげにくい理由の一つは、吉野ケ里の存在であった。

つまり吉野ケ里の規模が大きすぎて、小城甘木を凌駕しているからである。

かつて吉野ケ里が発掘され、驚くほど大量の遺構や遺物が発見され、それが倭人伝の「宮室、楼観、城柵、厳かに設け」の記述にピッタリであるとして、邪馬台国の都のようであると喧伝され、一大ブームが巻き起こされたことは有名である。

卑弥呼時代の吉野ヶ里

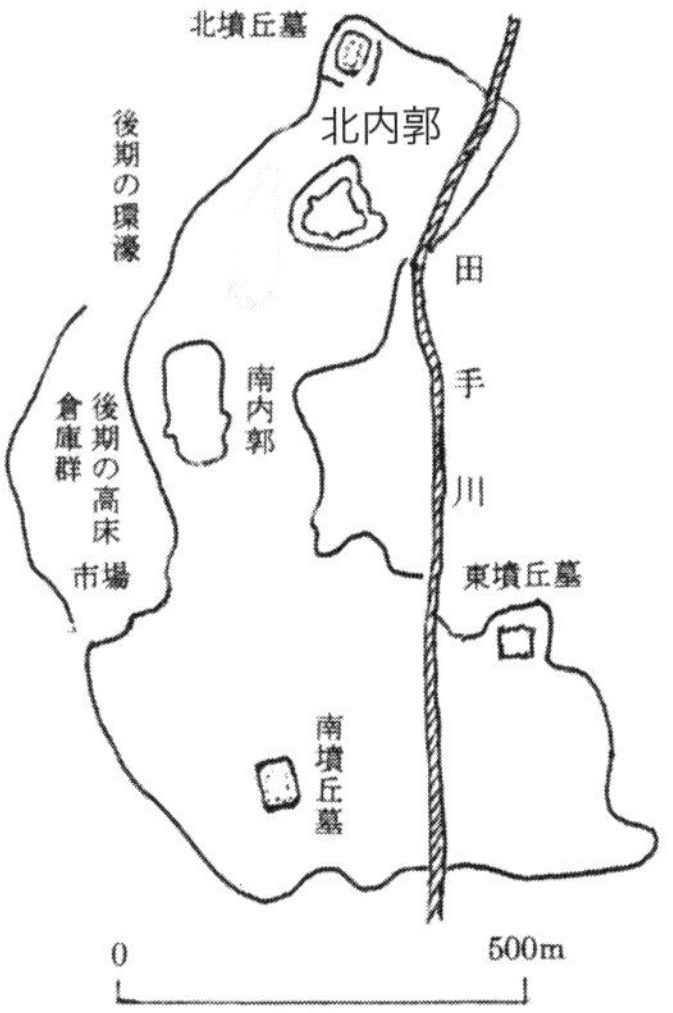

それほど豪勢な遺跡が、私が卑弥呼の都であると考える小城甘木の東方、わずか十八・五kmのところに存在したのだ。
これが朝倉甘木近くの平塚川沿遺跡や、春日市の須玖岡本遺跡ぐらい離れているのならまだよいのだが、これはあまりにも近すぎる。
そこで、吉野ケ里の築造の歴史をみてみた。

紀元前三百年　弥生時代前期初頭——少数の住居の小集落。志波屋地区や吉野ケ里Ⅴ区。
紀元前　百年　吉野ケ里全域に集落。甕棺墓始まる。
紀元　五十年　北辺に墳丘墓を取り込んで、大規模で各所に出入り口を持つ外濠。
紀元　二百年　外濠内部の中央部の丘陵上で、南北五十ｍ、東西七十ｍの内堀に北内郭（建物跡）が造られた。
紀元　三百年　消滅

右の年表は、「吉野ケ里遺跡『魏志倭人伝』の世界・第一部（七田忠昭・小田富士雄著　読売新聞社）」から作成した。

この年表をみて気になるのは、紀元二百年頃に北内郭に建物が建てられたというところである。考古学の年代は、二十年から三十年の幅があるというから、卑弥呼即位の百八十年代もこの範囲に入る。

この北内郭は、王の居館のように造られていることから、そしてその年代から、卑弥呼の居住する館だったようにみられる。

となると、邪馬台国の都はここ吉野ケ里なのであろうか。

しかし、倭人伝の行路記事によれば、都は小城甘木なのである。これは一体どうしたことであろうか。

もう一度、年表をみてみよう。

五十年頃に、ここに大規模で新しい型の集落がつくられたとみられる。

二百年頃に北内郭が造られた。卑弥呼即位が百八十三年（後述）である。

三百年頃にはこれほどの大集落が、戦いで陥落したわけでもないのに消滅したという。北内郭は卑弥呼の居館だったと考えられる、ならば、卑弥呼の死は二百四十七年であるから、三百年頃とは卑弥呼の晩年に近い年代ではある。考古学での年代は、二十年から三十年のずれがあるというから、放棄されてしばらくしてから完全に消滅した、ということであろう。

しかし、魏志倭人伝に記されている邪馬台国の都は小城甘木であり、卑弥呼はそこに居たことになっている。

結局これは、遷都されたのではないかということになる。つまり、卑弥呼が即位した時の都は吉野ケ里であり、北内郭は卑弥呼の居館として建てられたものといえる。

そして、卑弥呼はその在位中に、都を西の小城甘木に移した。

そう考えるならばつじつまが合う。なぜ吉野ケ里が急速に衰退したのかの謎も解ける。

小城甘木に遺跡、遺物が少ないのも、ここがそれほど長期にわたっての都ではなかったからである（考古年代の吉野ケ里三百年消滅は後ろに伸びすぎているようである）。

さらに、吉野ケ里が都であった証拠を探してみよう。

それは朝鮮の資料の中にあった。三国史記新羅本紀に多婆那《たばな》国の件が載っている。「脱解《だっかい》＝尼師今《にしきん》が即位した。ときに歳は六十二歳で、姓は昔、妃は阿孝夫人であった。脱解は、本来は多婆那国の生まれで、その国は、倭国の東北、一千里の所にあった」

倭国の東北一千里の所に、多婆那国があるというのである。倭国とは倭の都からという意味である。倭国の都が吉野ケ里であるとすれば、そこから東北へ、約七十km行くと多婆那国の都に着くというのである。その場所は、好古都国の中である。都は香椎であるから、距離的には、背振山地を迂回するかどうかにもよるが、許容範囲におさまる距離である。

しかし、多婆那国は倭人伝には出てこず、その場所は倭人伝では好古都国となっている（福岡市博多が好古都の名残りで、好古都国の南端の港にその名を残している）。

さらに、朝鮮の史料「三国遺事」に、次のような記述がある。

「新羅の第二代、朴南解王のとき、駕洛《からく》国に一艘の船が着いた。（中略）端正な男児と多くの奴婢が出てきた。男児は『私は竜城国《よんぐそんこく》（正明《セイメイ》国または晥夏《カンカ》国、花厦《カカ》国といい、倭の東北千里にある）の人である……』と言った」

朴炳植《パクビョングシク》氏は、「国の名だけは、古代朝鮮語で読んでみると、以下のようになる。竜城国とは、南の国・神の住む国、そして正明国、浣夏国、花厦国はいずれも『ハハの国』である……」という。

なぜ彼が古代朝鮮語で読んだのか分からないが、古代中国語読みで読むと、「浣花」は「ファン・ファ」

であろう。「夏、廈」は「カ」だと思われる。とすると、「ファンファ」とか「カンカ」とか、「ハカ」と聞こえる。つまり博多のハカのもとであろう。また、タとは、朝鮮語で国を表す言葉であるという。つまり、博多はハカの国ということになり、浣夏国、花廈国のことであり、竜城国のことであり、倭国の千里東北であるから多婆那国ということになる。

それでは、多婆那国の都である香椎宮から、六十七・五km南西に行くと、倭国の都であるというから、そこまで実測して行ってみよう。

香椎宮～若宮	＝	4.0 km
若宮～博多	＝	6.5 km
博多～水城	＝	10.0 km
水城～原田	＝	9.5 km
原田～鳥栖	＝	8.0 km
鳥栖～吉野ヶ里	＝	16.0 km
計		54.0 km

1000 里	＝	67.5 km
850 里	＝	57.3 km

千里とは概数であるから、八百里はその中に入るであろうか。香椎の宮から吉野ケ里までの間は、背振山地が横たわり、まっすぐ行くことはできない。ここはやはり道なりの距離を考えるのが妥当であろう。

しかし、ここまで考えてきて、八百里ではやはり短かすぎるのではと思えてきた。

そこで千里、つまり六十七・五km先までメジャーを伸ばしてみよう。

吉野ケ里から十km強西方となると、そこには惣座遺跡がある。

年代を考えてみよう。

後述するが、私は、吉野ケ里が都になったのは、西暦五十年頃であろうと考えている。これは、前述の吉野ケ里の築造の歴史からみて、西暦五十年に北辺に墳丘墓を取り込んで、大規模で各所に出入り口を持つ外濠がつくられたという時期とも合致する。

となると、それ以前の都はどこだったのかということになる。

それが、ここ、三国遺事にでてくる多婆那国の南西千里の地、惣座遺跡のあたりとなる。

吉野ケ里が邪馬台国の都であったことを考察するなかで、それ以前の都をみつけだしてしまった。

吉野ケ里が都であったことは、年代と遺跡遺物が他と比較にならないほど規模が大きいということから判断できるのである。

そして、倭人伝の行程表記が不彌国からは、里表記から日数表記へと変化していることから遷都したと考えられることなどがあげられる。

第二節　倭国の歴史

委奴《いと》国論

西暦五十七年に、倭王は中国に貢献し、金印を授受した。その金印が江戸時代に、福岡県志賀島《しかのしま》から発見された。

その印面には、「漢委奴国王《かんのいとこくおう》」と陰刻されていた。

これは後漢書に記されている、「建武中元二年　倭奴国奉貢朝賀　使人自称大夫　倭国之極南界也　光武賜以印綬」の印綬である。

「建武中元二年（光武帝、五七）、倭の奴国が貢を奉じて朝貢した。使人はみずから大夫と称した。倭国の極南界である。光武帝（後漢第一代　二五―五七在位）は印綬（金印紫綬・志賀島発見の金印「漢委奴国王」であろう）を賜うた」と訳されている。

この短い文章には一つの、しかし大きな問題がある。

それは、この印面の文字「漢委奴国王」の読みである。

通常、これは漢の倭《わ》の奴《な》の国王と読まれている。委は人偏が省略（印面に彫る際に）されており、元は倭であったとされている。事実、後漢書には、倭奴国奉貢とある（一方では、後漢書でも元は委奴であったが、委は倭の間違いであると後世の人が勝手に考えて、書き写す際に倭の字に直したとの説もある）。

そしてこれは、倭の奴国、つまり、倭の中にある奴という名の国のことであるとされている。

それでは、奴はナと発音するという、今では誰もが疑わない定説でいいのであろうか。

この奴国は、魏志倭人伝の奴国が現在の福岡市周辺であるという誰もが疑わない定説により、福岡市周辺のこととなっている。そして、ここが古代に那ノ津と呼ばれていたことから、奴国が那ノ津にあったから、奴はナと古代には発音されていたという論法により、この読みがなされているのである。

そのため、倭人伝中に出てくる、奴国・姐奴国・蘇奴国・華奴蘇奴国・鬼奴国・烏奴国・狗奴国の奴は全てナと発音して、地名にあてはめて国々を比定していくこととなった。

ところが、この奴をナと発音するのは間違いであることは既に論じた。奴の字は上古音（隋代以前の北部中国音）でトまたはドである。

さらに問題は、漢の倭の奴国（カンのワのト国）なのか、漢の委奴国（カンのイト国）なのかということもある。

漢の印制からすると、「漢の何国」となるのが正しく、「漢の何国の何国」となる表記はないのである。となると、「漢の委奴国」となるのが正しい。

さらに、倭という字は上古音ではどのように発音されていたかという問題もある。

現在、倭は皆揃ってワと発音しているのであるが、上古音ではイ（ヰ）と発音していたようである。ワと発音するようになったのは隋代からで中古音という。よって、漢のイ（ヰ）ト国と発音するのが正しい。

戦前には一時、金印の委奴はそのままイトと発音するという説もあったが、この委奴のイトが伊都国のイトと同音であるとみられたことから、委奴国と伊都国は同じであるとし、前原に委奴国があったと考えられた。ところがそれではどうにも具合が悪かった。イト国のごとき千余戸の小国がどうして金印を貰えるのかということ。また、出土地の志賀島が博多に近く糸島ではないこと。伊都と委は音韻が異なることなどから、伊都国＝委奴国は否定されたのである。そして、倭（委は倭の人偏が省略されたとし）の奴国のことであるとされた。

これは、いかに日本の古代史文献史学が語呂合わせに頼ってきたかの好例である。

しかし真の伊都国は、糸島市前原ではなく多久である。

私は、これは漢の委奴国とするのが正しく、委奴の音はイトであるとみている。奴はトで国をあらわす倭の言葉である。委は国名で、つまり、委の国となる。

委奴国の使者が、楽浪郡《らくろうぐん》で自国名をイトと名乗ったとき、中国人の記録者は、倭人が国名をいうときのトは国の意味であることを知っており、それを奴であらわしたのである。

しかし、漢の時代、日本の西部から半島にかけては、倭（イ・ヰ）と呼ばれていたのであるが、このイ（ヰ）と委奴国のイ（ヰ）との違いはなんであろうか。

委奴国が倭国の首長となったのはいつかということや、いつからイトと名乗ったのかは、まだ疑問であるが、西日本各地をみてみると、イ（ヰ）のつく地名がけっこうある。東から、出石《いずし》・和泉《いずみ》・因幡《いなば》・出雲《いずも》・石見《いわみ》・壱岐《いき》・伊都《いと》・伊予《いよ》とある。委奴もこれらの国々の一国とみてもよいであろう。そして当時の倭国を代表する国となっているということである（倭国を代表する国となったので、委奴国と名乗った可能性もある）。

なお、中国史書における倭の諸国の漢字表記法であるが、魏志倭人伝が中心であることから、魏使が記録したものであるとみられているが、実際は、「前漢時代、西暦紀元前百八年　漢の武帝、朝鮮を滅ぼしてより、使訳漢に通ずる者、三十許国なり」（後漢書倭伝）とあるように、前漢の時代から倭の入貢《にゅうこう》があり、その時に決められ記録された国名が、時代を経てもそのまま使われているのである。よってそのときヰと名乗ったのが倭という漢字表記をされ、以降倭をイ（ヰ）と名乗っていたのが、隋代になり、中国人が倭をワと発音するようになったため、倭人も倭をワと発音するようになったのである。なぜイ（ヰ）という音の他の漢字を使わなかったのかというと、中国では字による表記が大事なのだから国名の漢字も倭と決めた以上は、時代が変わってなんと発音しようが倭という字での表記は変えられないのである。

後漢書には「倭は韓の東南大海の中にあり、山島に依りて居をなす。凡そ百余国あり」とあることから、もとは百カ国だったようである。それが前漢の武帝（前漢第七代・在位前一四〇～前八七）の時代には三十許国が朝貢してきたというのである。残りの七十カ国は三十カ国に合併吸収されてしまったわけではない。あくまでも漢に朝貢してきた国が三十許国である、ということである。

では、なぜ百余国中三十許国のみが朝貢したのであろうか。

倭の諸国は、もともとは楽浪郡《らくろうぐん》に貢献していた。問題はその時期である。前漢の武帝が朝鮮を滅ぼして、半島に四郡をおいたのであるが、そのときから倭の諸国が半島や大陸と接触を持ち始めたわけではない。

前漢が半島を支配する前には、半島には衛氏《えいし》朝鮮があり、その前には、箕子《きし》朝鮮があった。箕子朝鮮とは、殷《いん》の時代に、殷の紂王《ちゅうおう》の暴虐をさけて半島に移住した箕子が興した国であり、彼はそこに周制による王道楽土の国を拓いたのである。箕子が聖人であったことから、漢も一目置き、古の周の制度・政治を認めていた。箕子朝鮮は、半島からその周辺の地（倭も含む）の教化を行ったのである。

倭の百カ国はこの箕子朝鮮の都、現平壌《ピョンヤン》に貢献していたようである。そうすると、この時代に倭の諸国が漢字登録されていた可能性もある（箕子朝鮮ではどの字体が使われていたかわからないが）。となると、前漢は既に登録されている字をそのまま使ったのか、それとも御破算にして、新しく書き直したのかということになるが、私は新たに書き直したのだと思う。その時に登録した国は百カ国ぐらいであったろう。それがやがて後漢書に記される三十許国に減ってしまったのはいつごろのことであろうか。

狗奴国は中国が正統と認める邪馬台国に敵対する国である。それが奴という字であらわされているということは、かつては狗奴国も中国の友好国として貢献していたことを意味するのではないだろうか。それがある時期から、七十カ国もが離れていってしまったことになる。おそらくそれは、この七十カ国が正当なる倭国に敵対するようになったからであろう。それがいつのことで、その理由は、となると、今のところ全く見当もつかないのであるが。

委奴国の歴史

西暦五十七年に、金印を授受したと後漢書にある。金印はどこの国でも貰えるものではない。かなりの格がなければならない。もちろん、領土が広大で経済力、軍事力ともに強大であり、そして中国に忠誠を誓っていると認められたからであろう。この年以前までに、委奴国は、倭と呼ばれる領域を掌握していたものと思われる。

そしてこの年代に金印を授受したということは、倭国統一がこの金印授受の年代とそう離れていないことを意味しているようである。だから私は当初は、五十年代初めごろとみていたのであるが、この五十七年は実は特別な年なのでもある。それは、光武帝の晩年にあたるということである。光武帝の容態は前年から悪化していたようで、その病気見舞いも兼ねた朝貢であったようなのだ。皇帝はその忠義心に感じて特に金印を授けたのであろう。

しかしこの時以来、中国の皇帝から日本に下賜される印は、金印と決まったのである。であるから、かの豊臣秀吉に会いに来た明の使者も秀吉を日本国王に任じ、金印を持ってきたのだ。

ところが、この委奴国については日本の歴史書である古事記・日本書紀には全く出てこない。中国の史書においても以後不明となってしまっている。

そして、次に登場するのは倭面土国《いめんど》である。

委奴国が倭国を統一した時期に、福岡湾岸に倭面土国が成立した。

この国は高天原《たかまがはら》（背振山地《せぶりさんち》に存在した）から降臨した天照大神《あまてらすおおみかみ》の孫である瓊々芸命《ににぎのみこと》が治めた国である（当初は葦原中国《あしはらのなかつくに》）。

私の計算によると、その年代は西暦四十年代のことである。

やがてその子のスセリノ命（火須勢理《ほすせりの》命）が後を継ぎ、倭面土国の国王として漢に朝貢した。これが後漢書に記された、安帝の永初元年（西暦一〇七年）、倭の国王帥升《すいしょう》である。

倭面土の倭は、当時はイ（ヰ）と発音。面は前の訛り。土は奴と同じで、倭人が国をあらわすトまたはドにこの当時の中国人が当てた字である。古い時代は奴を当てていたのであるが、この時代にはその法則が忘れられていたのか、土という字を当てている。よって倭面土国が古い時代から存

博多湾岸諸国

在したとすれば、倭面奴国と記録されたはずである。このことからも、倭面土国は新興国であることがわかる。

面が前の訛り（マエがなまると、メエとなる。オメー、テメーのメーである）であるから、この国の名は本来は倭前国《いまえのくに》で倭の前の国のこととなる。中国側が前である。

今山《いまやま》・今宿《いまじゅく》・姪《めい》の浜（昔は前の浜）が現存している地名である。王の名は帥升であるが、当時はシュセンと発音されていた。今宿の近くに周船寺なる地名があり、王と縁のある地名である（博多弁ではスは訛ってシュとなるので、シュセンのもとの名はスセンである。周船寺はシュウセンジではなくスセンジと現在では発音する）。

このあたりが、倭面土国の中心だったのであろうか？天孫の邇々芸命の降臨地にしてその領地である。彼はこのあたりを拠点に、福岡湾一帯から北部九州に勢力を伸ばしていた。そしてその息子（三つ子の兄弟の二番目に生まれた子）の火須勢理命（スセリが訛ってシュセンとなった）の代になって、倭王を名乗るほどの勢力を持つことができた。

この間、倭国を統一した委奴国はすでに衰退していたようである。だからこそ倭面土国は勢力の拡大をはかれたのである。しかし、委奴国は消滅したのではなく細々と盟主の立場を保っていた。であるから帥升は、漢からなんの地位も印も下賜されなかった。漢からみて、正統なる倭国が存在していたからである。

西暦一一〇年頃、委奴国に英王が現れ、昔日の勢いを回復することができた。そして西暦一二〇年頃に倭面土国を滅ぼし、再び実質的にも倭国の盟主となることができた。ただ、倭面土国が滅びた時、邇々芸尊の三男である山幸彦の孫にあたる磐余彦《いわれびこ》（後の神武天皇）らの兄弟は九州にとどまっていても埒《らち》があかないと悟り、一団を率いて東へと旅立ったのであった。

倭面土国が滅んだのは西暦一二〇年頃（一二二年か）であったが、その故地を斯馬と呼び、数カ国に分割したのであった。斯馬は馬がつくので地域を表し、そのなかに怡土国や志登国が造られた。この怡土国の音が委奴国と同音でまぎらわしいことから、新しくできたイト国は斯馬のイト国で斯馬委国と、旧のイト国は邪馬の地域にあったので邪馬のイト国、つまり邪馬壱国《やまいこく》と呼ばれ区別されることとなった。邪馬壱国はあったのである。

委奴国を再興した英王の治世は、けっこう長かったようだ。倭人伝に、「その国、本また男子を以て王となし、住《とど》まること七、八十年」とある。この七、八十年とは二倍年暦であるから、実質三十五年から四十年といったところであろう。この英王は、一一七年から一二〇年ごろに、委奴国の王に就任し、倭面土国を打倒し、再び倭の国王たる地位を回復したのであるが、王の死後、またもや倭国は乱れることとなった。倭国大乱の始まりである。

倭国大乱は、王位継承問題に端を発したものである。どうやら倭国では、協議によって新王を決定していたようである。いわゆる大陸の民族で行われるクリルタイである。英王が死去したのち、新王の決定がもめにもめたのだろう。そして、決着がつかぬまま物別れとなり、それぞれが王を自称し、かつ攻撃しあうこととなった。

投馬国はなかった

ここで、邪馬台国にとって、もう一つの重要な国について記しておこう。

それは投馬国である。投馬国は現在の宮崎県で、旧国名は日向国《ひゅうがのくに》である。

トウマのトウは遠いのトオである（トウとトオでは違うのではと思われるだろうが、現代では遠いにトウいと読み仮名をふると間違いだが、それは学校教育において遠いにトウいと振り仮名をすると×となるからオにしているのであって、日本人にとってはトウとトオとトーの区別は厳格ではない。第一これは中国人が倭人の一部の人の発音を聞き取って当て字したものであり、字義から投という字を当てたわけではない）。

よって、倭の本拠地である邪馬（屋間）から遠いところという意味である。

ここは、倭人伝においては、不彌国の次に、南、投馬国に至る水行二十日。官を彌彌《みみ》といい、副を彌彌那利《みみなり》という。五万余戸ばかり。とある国である。

ここでの問題は、不彌国までは里数で表してきたのに、ここから日数表記となっている点である。距離が長いからというのであれば、半島西海岸全行程水行説からみると、水行七千余里は結構長いのであるが、日数ではなく里数で表されている。となると、これが日数表記となっているのは、別の意味があるのかもしれない。

隋書東夷伝・倭国には「夷人里数を知らず、ただ計《はか》るに日を以てす」とある。この夷人とは倭人のことであり、倭人は里数など知らぬから、日数で表したのだということになる。前述したように、里数は箕子朝鮮での周尺であることから、箕子朝鮮に関係する人達が計ったものと考えられる。では投馬国はとなると、つまるところ計測されていなかったということであろう。であるから、倭人伝の投馬国の記述は後世に継ぎ足されたものということになる。要するに、資料が異なるということであり、陳寿は様々な資料を集め、それを編集して倭人伝を書きあげたのである。

不彌国までの箕子朝鮮系の資料に、おそらく魏代の倭国探訪記（作者は魏使？）を継ぎ足したものであろう。そこで、西暦五十七年の金印授受以前（倭国統一以前）には、投馬国は、中国が認識する倭に入っていなかったことになる。

後漢書に、倭奴国（委奴国に同じ）は倭国の極南界なり、とあるが、倭国の都は有明海北岸であるから、ここを極南界と認識していたということになる。その後の倭人伝等からは、九州南端までを倭としていることから、時代により中国人が認識する倭の範囲は広がっていったらしいことがわかる。後漢書は多くの資料を集めてそれを取捨選択して書いたものであるが、その際、時代による変化をとらえきれていないようである。

倭国大乱の年代

では、後漢書にいう倭国大乱はいつから始まったのであろうか。原因は、王位継承による争いだと考える。

既述したが、倭面土国を滅亡させたのは、委奴国の中興《ちゅうこう》の男王である。

この男王は居ること七〜八十年、倍暦（一年を二年として数える。実際の年の二倍の数字で表されるので倍暦という）であるから、実際は三十五年から四十年である。

倭面土国の滅亡が一二二年とすれば、委奴国の中興はその若干前とみられるので、倭国大乱の始まりは、その中興の王の覇権から三十五年から四十年たった、王の死後に始まったとみてよい。桓・

霊の間の時代の桓帝の時代は、一四七年から一六七年であるから、中興の王の死は、一二二年から三十五年たった一五七年か、四十年たった一六二年の間となり、桓帝の在位中で当てはまる。

ところで、「三国史記」の新羅本紀に一五八年「倭人が来て礼物を献じた」とある。

これらは、一五七年から一六二年の間に入る。なぜ倭人がこの年にいきなり来て、礼物を献じたのであろうか。

これは倭国大乱と関係がある。

「倭国乱れ、相攻伐すること歴年」とあるが、まずこの場合の倭国の指す範囲である。

いままで多くの論者は、倭全体のこととしていた。

確かに、今の日本人が倭国大乱と言われたら、西日本全体、人によっては関東地方まで巻き込んだ乱と考えやすい。

しかし、確かに南北朝時代には、北は東北地方から南は九州まで、各所で南北に分かれて攻伐しあい、時には京の都まで攻めのぼって戦いが繰り広げられたことは確かである。

しかし、この時代は弥生時代である。そう考えるならば、攻伐しあう範囲はそれほど広大ではないだろう。大乱とは必ずしも広範囲と考える必要はなく、あくまでも大いに乱れたと解釈できる。乱れたとは、王がいないか権威が失墜し統制がとれない状態であろう。後漢書には「歴年主なし」とある。

私はこの大乱は北部九州中心の戦いであったとみている。中興の王が、七〜八十年（実年三十五〜四十年）治めた後、次の新王が直ちに位を継ぐのが本来である。それが、うまくいかなかった。新王が選出されなかったか、承認されなかったのである。

委奴国中興の王は、三十五年から四十年もの間、位にあったとすれば、死亡した時の年齢は七十歳ぐらいであろうか。すると、長男は五十歳ぐらいとみられる。ひょっとすると長男はもはや亡く、その兄弟や子の中で王位を争ったのかもしれない。

委奴国が、中国から金印を貰った後衰退し、倭面土国の勃興を許したのも、中興の王の死後、大乱が起こったのも、卑弥呼の死後、男王をたてたが国中が服さなかったのも、壱与の後、国が消息不明となったのも、全て王位継承がからんだものではないだろうか。

当時の倭王の選出には、何か根本的な欠陥があったのであろう。

卑弥呼が共立されたということに関して、共立は例外であったと考えられてきたが、逆に、倭王の選出はそもそも合議制だったのではないだろうか。女子の選出は例外だったが。

東北アジアでは、部族の運営は、会議によって成り立っていたという。これをクリルタイという。

「クリルタイとは蒙古語で〈集会〉の意。十二世紀の蒙古部の興隆期に際し、史上にこの名が現れ、はじめは氏族、特に部族連合の長の選挙、略奪戦争の計画、法令の頒布等の協議を目的として、その集団の全員参加のもとに開かれたが（中略）烏丸（ウガン）、鮮卑（センピ）、契丹（キッタン）

族などもこれと同様の制度を持ち、集会の席上で君主が選ばれ即位した」(世界百科事典　平凡社)とある。

記録は十二世紀からとなっているが、蒙古族の他、烏丸、鮮卑、契丹族にもみられることから、太古より東北アジアでは、この制度がとられていたことがわかる。

そして、倭国においても、これと同様、王を会議で選出していたと考えられる。合議により共立されるのである。もちろん合議の参加者は大人であろう。

中興の王は、後継ぎを指名したのだろうか。それとも、伝統を守り会議に任せたのであろうか。正式の王が決まらず、王位継承をめぐる争いが起こったのである。

クリルタイにおいて、誰を新王とするかで、会議はおおいにもめた。候補者が複数おり、話し合いでの決着がつかなかった。そうして、それぞれの候補者を擁したグループ同士が、各国をそれぞれ味方につけたうえ、戦いを始めたのである。

おそらく、戦いは突如はじまり、決着をみぬまま長い間続いたのであろう。

圧倒的な勢力がいなかったことから、各グループが諸国を巻き込み、離合集散し、まさに天下麻のごとく乱れたという古代の戦国時代といったところであった。

このような混乱の始めのころに、候補者の一人が既成事実を作ろうとして、隣国の新羅に「私が新王となりました」と挨拶の使者を送り、礼物を贈ったのである。それが先の三国史記新羅本紀の西暦一五八年の記事である。となると、倭国大乱の開始の年は、一五七年となる。

そして終結は、人々が戦いに飽きてもうやめようと、卑弥呼を共立（もちろんクリルタイで）した時であった。

第二章
卑弥呼の時代

第一節　卑弥呼の即位

卑弥呼の即位年

卑弥呼はいつ即位したのであろうか。この課題は簡単に結論がでているようで、意外と確定されていない。なかには西暦二百年代の前半ごろと考えている人もおるらしい。

卑弥呼は中国史書に登場するのであり、その中国史書に卑弥呼の即位年についても書かれている。とはいっても、何年とズバリ書いているのではなく、まわりの資料を検討していくと卑弥呼の即位年が割りだされてくるわけである。

中国史書における関係文書を並べてみよう。原文と読み下し文、または訳文である。

魏志倭人伝

「其国本亦以男子為王住七八十年倭国乱相攻伐歴年乃共立一女子為王名曰卑弥呼事鬼道能惑衆年巳長大無夫壻有男弟佐治国自為王以来少有見者以婢千人自侍唯有男子一人給飲食伝辞出入居処宮室楼観城柵厳設常有人持兵守衛」

〈その国、本《もと》また男子を以て王となし、住《とど》まること七、八十年。倭国乱れ、相攻伐すること歴年、乃《すなわ》ち共に一女子を立てて王となす。名づけて卑弥呼という。鬼道に事《つか》え、能《よ》く衆を惑《まど》わす。年已《すで》に長大なるも夫婿《ふせい》なく、男弟あり、佐《たす》けて国を治む。王となりしより以来、見るある者少なく、婢千人を以て自ら侍《はべら》せしむ。ただ男子一人あり、飲食を給し、辞を伝え居処に出入す。宮室・楼観・城柵、厳《おごそ》かに設け、常に人あり、兵を持して守衛す〉

後漢書倭伝

「桓霊間倭国大乱更相攻伐歴年無主有一女子名曰卑弥呼年長不嫁事鬼神道能以妖惑衆於是共立為王侍婢千人少有見者唯有男子一人給飲食伝辞語居処宮室楼観城柵皆持兵守衛法俗厳峻」

〈桓（後漢第十一代桓帝一四七―一六七在位）・霊（同十二代霊帝一六八―一八八在位）の間、倭国大いに乱れ、更々《こもごも》相攻伐し、歴年、主《あるじ》なし。一女子あり、名を卑弥呼という。年が長じて嫁せず、鬼道の道に事《つか》え、能《よ》く妖を以て衆を惑わす。ここにおいて、共に立てて王となす。侍婢千人。見るある者も少なし。ただ男子一人あり、飲食を給し、辞語を伝え、居処・宮室・楼観（楼閣）・城柵、皆兵を持して守衛し、法俗厳峻なり〉

隋書倭国伝

「桓霊之間其国大乱逓相攻伐歴年無主有女子名卑弥呼能以鬼道惑衆於是国人共立為王有男弟佐卑弥理国其王有侍婢千人罕有見其面者唯有男子二人給王飲食通伝言語其王有宮室楼観城柵皆持兵守衛為

法甚厳」
〈桓・霊の間、その国大いに乱れ、逓《たが》いに相攻伐し、歴年主なし。女子あり、卑弥呼と名づく。能《よ》く鬼道を以て衆を惑わす。ここにおいて、国人共に立てて王となす。男弟あり、卑弥〔呼〕を佐《たす》けて国を理《おさ》む。その王、侍婢千人あり、その面《かお》を見るある者罕《まれ》なり。ただ男子二人あり、王に飲食を給し、言語を通伝す。その王に宮室・楼観・城柵あり、皆兵器をもって守衛し、法を為すこと甚だ厳なり〉

晋書四夷伝倭人

「漢末倭人乱攻伐不定乃立女子為王名曰卑弥呼宣帝之平公孫氏也其女王遣使至帯方朝見其後貢聘不絶及文帝作相又数至泰始初遣使重訳入貢」
〈漢の末、倭人乱れ攻伐して定まらず。乃ち女子を立てて王と為す。名を卑弥呼という。宣帝の公孫氏を平ぐる也《や》。其の女王、使いを遣し帯方に至り朝見す。其の後貢聘絶えず。文帝、相《そう》と作《な》るにおよび、また、数至る。泰始の初め、使を遣し、訳を重ねて入貢す〉

南斉書東南夷伝倭国

「漢末以来立女王」

〈漢末以来女王を立てる〉

梁《りょう》書諸夷　伝・倭

「漢霊帝光和中倭国乱相攻伐歴年乃共立一女子卑弥呼為王弥呼無夫壻挟鬼道能惑衆故国人立之有男弟佐治国自為王少有見者以婢千人自侍唯使一男子出入伝教令所処宮室常有兵守衛至魏景初三年公孫淵誅後卑弥呼始遣使朝貢魏」

〈漢の霊帝の光和中に倭国は乱れ相攻伐すること歴年であった。乃ち一女子卑弥呼を共立し王とした。〔卑〕弥呼は夫壻がおらず鬼道を挟して（身につけて）能く衆を惑わした。故に国人はこれを立てた。男弟がおり、国政をたすけた。王になってから姿を見るものは少なく、婢千人をもって自侍せしめた。唯一男子をして出入りせしめ、教令を伝えた。処する所の宮室、常に兵有りて守衛している。魏の景初三年公孫淵の誅の後、卑弥呼は遣使を始め、魏に朝貢した〉

そして朝鮮の資料で、

三国史記新羅本紀に、

「阿達羅王二十年夏五月、倭女王卑弥乎遣使來聘」

〈阿達羅王二十年夏五月、倭国の女王の卑弥乎《ひみか》が使者をよこして礼物を献じた〉とある。

以上が卑弥呼に関する資料であるが、これらから卑弥呼の即位年を割り出してみよう。

ちなみに日本の記紀等の資料には、邪馬台国や卑弥呼という名は一切出てこないが、卑弥呼の活躍したと思われる年代の箇所（神功紀）に、卑弥呼を意識したと思われる記述があるのみである。

魏志倭人伝では、「倭国乱れ相攻伐すること歴年、乃ちともに一女子を立てて王となす。名づけて卑弥呼という」とある。

晋書では「漢の末、倭人乱れ攻伐して定まらず。乃ち女子を立てて王と為す。名を（卑）弥呼という」とある。

これらから分かることは、倭国が長期間乱れていたが、一女子を共立して卑弥呼と名づけたということである。しかし、漢の末としか年代がわからない。

そして年代については、後漢書に次のようにある。

「桓・霊の間、倭国が大いに乱れ、かわるがわるたがいに攻伐し、歴年主がいなかった。一女子がおり、名を卑弥呼といった」とある。

梁書では、

「漢の霊帝の光和中に、倭国は乱れ、相攻伐すること歴年であった。乃ち一女子卑弥呼を共立し、王とした」とある。

後漢書では、桓・霊の間とあり、梁書では霊帝の光和年中とある。

つまり、倭では、漢の末の桓帝と霊帝の時代にかけて大いに乱れたというのだ。相攻伐とあることから、正当なる王がおらずに互いに攻撃しあったということである。

やがて卑弥呼という一女子を王として共立することによって、この大乱は終息したという。

つまり、乱の終息と卑弥呼の共立即ち即位は同時であるということになる。

それでは倭国大乱の時期はとなると、桓帝の時代（一四七年～一六七年）から霊帝（一六八年～一八八年）まで続き、その期間中に終わったということになる。もちろん霊帝の在位中に終息したはずなので、もっとも伸びて一八八年終息となり、吉川弘文館標準日本史年表では、卑弥呼即位年一八九年？となっている。

霊帝の在位中であることになるが、霊帝は在位二十年であるから範囲はかなり広い。更に範囲を狭めてみよう。

梁書には、

「漢の霊帝の光和中に、倭国は乱れ、相攻伐すること歴年であった。乃ち一女子卑弥呼を共立し、王とした」とある。これには光和という年号が記されている。光和年中とは一七八年から一八四年の七年間のことである。この七年間のどこかで、乱が終息し卑弥呼が即位したことになる。

七年間で歴年とは短すぎる気がする。桓・霊の間とあるのであるから、始まりはやはり、桓帝の時代であろう。

ではなぜ、光和中という記事になっているのであろうか。

「光和中」は、「倭国乱相攻伐歴年」にかかるとみられていたが、もう少し考えてみたい。

魏志倭人伝――住七、八十年、「倭国乱相攻伐歴年乃共立一女子」為王名曰卑弥呼

梁書諸夷伝倭――桓霊帝光和中「倭国乱相攻伐歴年乃共立一女子」卑弥呼為王

これから梁書の方は、魏志倭人伝の「　」の部分を切り継ぎしたのではと思われる。

つまり、梁書の記事は、二つの事柄を一つにまとめたもののようにみえる。光和年中に起こったあることを、倭国乱と結びつけてしまったのである。

倭人伝の方の「為王名曰卑弥呼」を略して「卑弥呼為王」とした、と考えられてきた。確かに読んでみると同じ事にとれる。しかし「　」を引用してきたなら、なぜ「為王名曰卑弥呼」まで引用しなかったのかという問題が残る。

結局これは、梁書の「漢霊帝光和中卑弥呼為王」の文の中に、なぜ卑弥呼を王としたのかの事情説明として「　」の文をそのままつっこんだことによるとみられる。

卑弥呼が王となったのは、「倭国が乱れ長い間戦いが続いたからだ」という文を切り取ってつないだからである。そのため、ややちぐはぐな文となった。

意訳するならば、「光和中に、それまで倭国は乱れ攻伐することが長くつづいたが、一女子の卑弥

呼を共立して王とした」となるのである。こうして光和中の一七八～一八四年の間に即位したことがわかった。

東大寺山古墳中平年刀

次の資料は、国内の出土品からの資料である。

それは、東大寺山古墳出土の鉄剣である。それには中平という年号が刻んであった。

東大寺山古墳は奈良県天理市櫟本《いちのもと》町にあり、そこから一九六一年（昭和三十六年）に発見された。

「古墳の命名は、古墳が所在する丘陵一帯がかつて東大寺の所領だったことに基づくが、全長一四〇m、後円部の径八四m、前方部先端の幅が約五〇mの前方後円墳である（中略）四世紀後半頃の築造といわれている。

鉄刀の刀身は、全長一〇三センチ・鉄刀背部の切っ先から七五・五センチにわたって二十四字（金象嵌《ぞうがん》）が一行で次のように刻まれていた。

中平□年　五月丙午造作文刀百練清剛上応星宿下辟不祥

この釈文を示せば次のとおり。

「中平□年五月丙午文刀を造作す。百練の清剛にして上は星宿に応じ、下は不祥を辟く」

（中平□年の五月丙午に名文を刻んだこの刀を造った。この百度鍛錬した立派な刀は、天上では、星

座の神々のお役に立ち、地上では不祥事を避けることができる）

中平は霊帝の治世期間の年号で西暦一八四年から一八九年にあたる。『梁書』倭伝で第一次倭国大乱があったという「漢霊帝の光和中」につづくのが中平年間なのである」（卑弥呼の正体　遠山美津男　洋泉社）

この鉄刀がなぜ問題になるのかというと、まず、なぜこれが日本にあるのかということである。

ここで当時の中国の情勢をみてみると、後漢帝国は末期を迎えており、国内に経済的矛盾が拡大し、騒乱状態となっていた。特に黄巾《こうきん》の乱は有名である。

霊帝の中平元（一八四）年、乱は洛陽から、青、徐、幽、荊、揚、予の各州に拡大して、中国東半の村落を荒らしまわった。まさにこの時をもって漢帝国は、崩壊への道を辿ることとなった。

そのような中平年代の鉄刀が倭国へもたらされた理由はなんであろうか。

一つは当然下賜品である。倭国の誰かが中平年間に朝貢をし、その際に下賜されたものと考えられた。そして、この下賜品が畿内で発見されたことから、当時の倭国には畿内に有力な政権（邪馬台国）が存在した証拠の一つであるとされている。

ところがこの鉄刀には不思議なことがある。まず出土した古墳は、四世紀後半ごろに造られたとみられ、鉄刀の製造年とは百数十年の差があることである。そのため、伝世されてこの時期に埋納されたという説明がなされた。

もう一つの不思議は、この鉄刀の頭についている飾りである。この頭部には、日本の家屋が装飾としてついているのである。中国のではない。同じ型の家屋の文様がやはり同時期の家屋文鏡《かおくもんきょう》にある。これらについては、特鋳（特注）説があり、特別に中国側に注文して日本の家屋をデザインして作ってもらったという。また、頭部は銅製であり、付け加えられたものだという説もある。実際、発掘時には刀剣は数本あり、頭部と刀身は離れており、この頭部はこの鉄刀のものではないかと推測して取り上げられたという。

これらの伝世説、特注説は、三角縁神獣鏡《さんかくぶちしんじゅうきょう》についての解釈と共通しているものである。三角縁神獣鏡とは、鏡の縁が三角の断面をしている鏡であり、主に前方後円墳の初期の墓に納められ、柩のまわりにずらりと並べられて出土する鏡である。

これらの鏡の中には景初三年とか正始元年などの銘が刻まれているものがあり、それらの紀年は邪馬台国卑弥呼にかかわる年号である。

よってこの鏡は、魏志倭人伝に記されている、卑弥呼が中国から貰った鏡（舶載鏡《はくさいきょう》）であるとし、邪馬台国はそれらが大量に出土する畿内にあった説の証拠の一つとされていた。

しかし、この舶載鏡説については多くの反論がなされている。特に肝心の中国からは一枚も出土していないことや、倭人伝には百枚と書かれているのに現在では五百枚も出土しており、散逸したり未発掘のものも含めると一万枚は製造されたのではないかともいわれ、さらに材質の問題、中国の学者の反論、その銘文が正しい中国語ではなく、銘文の法則を踏んでいない、文章が日本語文法によっているようなものもある、などが挙げられ、現在では邪馬台国畿内説の論者でもこの鏡を卑弥呼と結びつける人は少数となっている。

それでは、日本での出土品になぜ魏の年号が記されているのかというと、まず、年号が入っているからといってそれが正しい製作年号であるとはかぎらないのである。ラーメン丼の底に「乾隆製」などの年号が焼きつけられているのをみたことがある。「万暦」の号入りの磁器が安価で売られていたりもする。それらの年号は、有名な時期の年号にあやかってつけられたもので、実際はその年代に作られたものではないのだ。

以上のようなことから、私は、三角縁神獣鏡は国産であり、明器《めいき》（葬儀につかわれる器）であったとみている。文章や年号は卑弥呼の時代にあやかってつけたものである。（私は古墳時代の大和の貴族たちは、九州を合併したあたりから、邪馬台国のことを知るようになったと考える。そして鏡が魏志倭人伝に記されていることから、それにあやかって明器を造ったものであろう）

以上のように、鏡の紀年銘があてにならないとすれば、同様に出土した中平年刀の紀年もまた同様である。そもそも後漢時代の鉄刀は何千と出土しているが、年代の刻まれたものは二～三振りしか発見されていない。

この刀を発掘した金関恕《かなせきひろし》氏は、次のように述べている。

象嵌《ぞうがん》された文字の字体について、後漢の官営工房の字体は様式化が進んだ隷書体となる。しかし、中平年刀の字体は、様式化が進んでいない。よって後漢の官営工房で象嵌されたものではない、としている。

また、官営以外の中国のどこかで造られたとする説もあるが、なぜそのようなところで造られねばならないのか不思議であるし、こういうものは皇帝の命をうけて官営でつくられるから価値があるのである、と。

四世紀のころ、中国の資料（現存しない）の中から、倭国に関する中平年の記事をみつけ、大和の工人がそれを刀身に刻みこんだのである。鉄刀の飾りも特注ではない。そもそものような下賜品は、中国製と分かるから価値があるのであって、和風の物であっては、権威が減少してしまう。

よって中平年刀が国産であることは明白である。

それでは、中平年の倭国関係の記事とはいったい何であろうか。

先に卑弥呼の即位は光和年中のことであるとしたが、それではそれに続く中平年中に起こったことは（光和が一八四年でおわり、同年から中平年となった）、卑弥呼の後漢朝への朝貢であった。その記録が大和の工人の目に留まり、刀に刻まれたのである。

これで卑弥呼の即位年が光和年中であることが確実となった。即位後、卑弥呼はさして間をおかずに中国への使者をたてたものであろう。

これらのことから私は、卑弥呼の即位は光和年中の一八三年とみる。

最後の資料は、朝鮮の資料である三国史記新羅本紀である。

「阿達羅王二十年五月に倭国女王卑弥乎《ひみか》が使いをよこして礼物を献じた」

という記事である。

阿達羅王二十年とは西暦一七三年である。このことから、この一七三年を卑弥呼の即位年ととらえる人も多い。

しかし、卑弥呼が一八三年に即位し一八四年に中国に貢献したとすれば、新羅への挨拶は翌一八五年が適当であろう。となれば、三国史記の阿達羅王の二十年とはいったいなんであろうか。

一七三年は霊帝の時代であるから合うが、梁書の光和年中には合わない。一七三年に即位し、二四七年に没したとすれば、卑弥呼の在位は七十四年となり、三十歳で即位となると、没は百四歳となる。壱与並みに十三歳で即位としても八十七歳とかなりの高齢となる。(倭人伝には年已《すで》に長大とある) まあ可能性は〇《ゼロ》ではないが。

ところで、朝鮮の古い時代の記録には、中国の皇帝の年代を使って表されたものがある。例えば、「後漢の世祖光武帝建武十八年壬寅年三月上巳日亀旨峰《クシホン》に村人が集まると……」

という具合である。この他に、年号ではなく皇帝が即位して何年という表示法もある。

そこで、この一七三年と一八五年をこの即位からの年代でみてみよう。

一七三年は漢霊帝六年癸丑年熹平二年

一八五年は漢霊帝十八年乙丑年中平二年

この二つの文を比べて、誤写が生じたとすればどれであろうか。

それは六年と十八年だと思う。

最初の記録がメモ書きのようなもので粗雑に書かれたとすれば、または、木簡や竹簡の状態が悪くかすれたようになったとすれば、十八を丁寧に書かず亠のように十の字の下半分が消えていたとすれば、その下に書いた八は六の字の下の部分のようにみえる。となれば、清書した人はその粗雑な十八を六と見、誤写してしまったと考えられる。よって霊帝六年と誤写され、その年を換算して阿達羅王二十年となったのである。誤写の傍証としては、卑弥呼が卑弥乎となっているが、これも呼の口偏を落としたものであろう。

霊帝十八年であるとすれば、西暦一八五年のこととなり、即位が一八三年、翌一八四年（一八五年早期の可能性もあり）に中国に貢献し、その翌年の一八五年に新羅に通交したとすれば、年代がすんなりとつながり合理的である。よって、新羅への通交年は一八五年のこととなる。

一八四年も光和中であるから一八四年即位説も考えられるが、大乱後の復旧も考えると、直ちに遣使をたてることは難しいと思う。また、中国と新羅への通交が同時とも考えられない。新羅では倭の女王は卑弥呼という名であるとしているが、卑弥呼の字は中国が付けた当て字であって、倭国が付けた字ではない。倭国の使者が、中国からヒミコにこのような字を付けてもらいましたとして紹介したのである。中国と新羅が偶然同じ当て字になるということは絶対にない。よって、新羅への通交は倭国使者が帰国した後のことである。

卑弥呼の出自

卑弥呼が王として共立された背景の一つは、彼女が行う鬼道にあったと思う。

倭人伝には、卑弥呼は「鬼道に事《つか》え、能《よ》く衆を惑わす」とある。

この鬼道については、卑弥呼シャーマン説が広く認められ、邪馬台国ではシャーマニズムが行われ、卑弥呼は有力なシャーマンで、女王となってもそのシャーマニズムによって君臨していたとみられている。

鬼道とは鬼神を祭るもので、倭人のほかに、烏丸・高句麗・馬韓・弁韓にも鬼神の祭りがみられる。中国本土においても、民間宗教が道教を起こし、その一つ、五斗米道では、「鬼道」をもって民を教えたという。しかし、中国の知識階級での儒教ではこのようなオカルト的なものは排除され嫌われていた。よって、民間宗教や他民族の原始宗教などは全て、鬼神による鬼道であるとされていた。

武光誠氏はその著書「テラスで読む邪馬台国の謎」（日本経済新聞社）の中で、

「要するに、『三国志』の編者、陳寿は、中国の支配層の信仰に合わない宗教を、すべて『鬼道』と記したのであろう。中国の支配層は、儒教（礼）にもとづいて古い時代から天や日月、星辰、山川の祭りを行っていた。そのため、陳寿は前章にあげたような異民族の天の祭りは、中国風に『祭天』と記したのだろう。そのように考えてくると、卑弥呼の『鬼道』を弥生時代の日本で広く行われた農耕神の祭祀とみるのがもっとも妥当である。それは、水稲耕作とともに伝わった、日本の稲作文化のふるさとである江南（中国の揚子江流域）に起源を有する南方系のものであったろう」

と述べている。

要するに、倭人が行っていた民俗行事宗教は中国のそれと同一であろうがなかろうが、ひとまとめにして鬼道と呼ばれたのだ。

倭人では、神や霊に畏服する人は、それらを祭る巫女や祈祷師にも当然畏服するものであるから、当然それらの人も人々から畏服されていたのである。

現在でもこのような祈祷師は存在し、御託宣を述べたりするのであるが、それらが依頼者の願望にマッチすると、「あそこのカミサマはよくあたる」などと言って評判を得ている。

卑弥呼はかような祈祷を行い、人々の評判を得ていたのであろう。

次に卑弥呼は女性であったことがあげられる。

それまでの王は全て男性であったと考えられる。そのために、王位をめぐる争いは武力を伴いやすく、争いの収拾がつかなくなったと考えられたのではないだろうか。個々の欲望や、それ以上に面子や立場等さまざまな要因が重なりあい、あとに引くわけにはいかなくなったのであろう。そこで、女性ならそのような事情はないと思われたのかもしれない。しかも、卑弥呼は独身であったことから、亭主はおらず、そちらからの干渉の心配もない。

そして、なにより人々の信望を得ていたということである。相談にくるのは敵同士の人や家族であっても、どちらにも加担せずに平等にみたのであろう。

もちろん、上流階級である大人《たいじん》の出身である。倭人伝に「下戸《げこ》、大人と道路に相逢えば、逡巡《しゅんじゅん》して草に入り、辞を伝え事を説くには、あるいは蹲《うずくま》りあるいは跪《ひざまづ》き、両手は地に拠り、これが恭敬を為す」とあり、これが当時の身分制度であるから、いかに御託宣がよく当たろうとも奴婢の出では、権力闘争をしている上流階級には受け入れられないであろう。

卑弥呼は当時の音では「ヒミカ」と発音する。卑弥呼とは称号である。

倭人伝に、「乃ち共に一女子を立てて王となす。名づけて卑弥呼と言う」とあることから、共立されてから卑弥呼と名づけられたのであり、本名は別にあった。

ヒミカとは、美しいとか素晴らしいという意味を持つ。現在でいう、ピカピカの一年生とかピカ一とかのピカと同義であり、アイヌ語のピリカとも同義語である（この件についてはのちほど再論）。そのような形容でよばれる女性であることから、さぞかし美しい女性であったと思われ、読者の方々も同様、素晴らしい美女であったと思われていることでしょう。

もちろん、かなりの期間統治していたので、晩年はそれ相応の容貌であったのではあろうが。

王位に就く前は人々の面前に出ていたようであり、生まれつき霊能力があり、神を祭る女性は結婚しないか神と結婚するようであるから、倭人伝に「夫婿《ふせい》なく」と書かれ、生涯独身であった。

卑弥呼は共立されたとある。

大乱が続くうちに、初期の当事者の多くは、戦死や病死、暗殺等により命を失い、王位継承を主張する人も変わっていったものと思われる。かくして、時がたつにつれ王位継承者の正統性は薄れていったものであろう。

そうして人々が戦の大義名分を感じなくなり、戦に飽いた時、事態を収拾しようとして再び王位継承者会議が開かれ、「男を王としようとするから収拾がつかないのだ、女ならよいのでは」となったとき、ちょうど最適な女性がいたというわけである。

卑弥呼の即位後、当然戦乱はおさまり、平和な時代が到来したのであった。

＊卑弥呼の即位年を考証しているときに、不思議な論に行き当たった。
それは、邪馬台国の時代という場合、三世紀の中ごろを指すことがあるということである。これは、邪馬台国がいつ成立したかについて考えずに、卑弥呼が対外的に活躍したあたりをさしているよう

なのである。これは邪馬台国について論ずる場合、この時代、つまり倭人伝の時代を中心としているることからそう呼んでいるのであろう。

ところが問題は、卑弥呼の即位年をそのあたりにもってきて論ずる傾向がみられることである。つまり、卑弥呼が倭人伝に登場し、対外的に活躍したころに即位したという説だ。

倭人伝の邪馬台国の時代はともかく、卑弥呼が即位した年はもっと古いのである。

後漢書という書があるが、この歴史書はその書名どおり、後漢の時代のことを中心に書いた書である。その中に、邪馬台国と卑弥呼が登場している。つまり、卑弥呼は後漢の時代にはすでに即位していたということだ。

ちなみに、後漢の滅亡は西暦二二〇年だから、卑弥呼の即位年は、二二〇年以前でなければならない。

事実、後漢書には、後漢の桓・霊の皇帝の時代の倭国乱の直後に即位したとある。

この文面については、後漢書の成立は、四三二年范曄《はんよう》によるものであり、魏志倭人伝の二八五年の成立よりぐっと後世であることから、後漢書は魏志倭人伝をみて書いたという説がある。

確かに范曄は倭人伝をみたであろうが、だからといって魏の時代のことを後漢の時代のこととして、後漢の歴史書の中に書き入れるようなミスを犯すであろうか。しかも、かなり重大な内容を、である。事象の時代を間違えるほど杜撰《ずさん》な編集を彼はしたのであろうか。

そう考えるならば、やはり卑弥呼の即位は後漢の時代、つまり二二〇年以前でなければならないということになる。

さらに、時代が合わないのは文献が間違っているからだとする見解もあるが、そうなるともはや科学でも学問でもなくなってくると思う。

王者の証し

卑弥呼が王位に着いた時、その即位式がどのような形でおこなわれたかは分からないが、委奴国以来の国を受け継ぐ王位継承者であるから、その象徴となる御印《みしるし》もまた受け継いだであろう。

例えば天皇家では三種の神器を受け継ぐのであるが、北部九州の諸国でもそれぞれを象徴するものがあり、それを受け継いだものであろう。委奴国、すなわち邪馬台国でも同様であった。

しかし、卑弥呼つまり邪馬台国王が継承するものには、他の諸国にはないある特別なものがあった。それは「漢委奴国王」の金印である。

卑弥呼は単に、倭国三十国の中の邪馬台国女王であるだけではなく、中国承認の倭国の女王なのである。その中国承認の御印が、かの金印なのであった。

委奴国が中国から授与された印璽《いんじ》は、その国王の身分をあらわすものであり、代々の王が伝世し所持するものである。また、倭国の代表国は、委奴《いと》国・邪馬壱《やまい》国・邪馬臺《やまたい》国と国名が変化していっ

漢委奴国王印

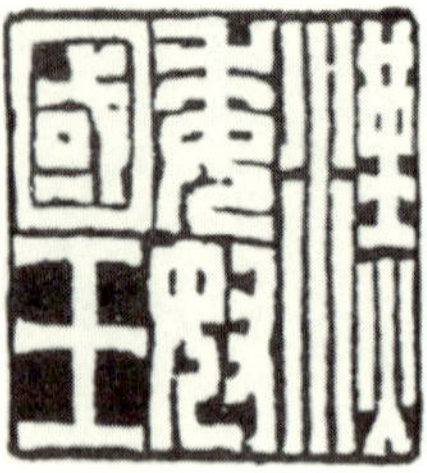

漢委奴国王印陰刻

ても（後述）同一国家であるから、この金印は邪馬台国の時代まで代々通用するものであった。つまりこの金印は、建武中元二年の時以来の代々の倭国王から、卑弥呼の即位のときまで受け継がれていき、卑弥呼の即位時に継承したものであった。

しかるに、皆さんご存知のように、この金印は江戸時代に、博多湾の志賀島《しかのしま》の叶《かな》の崎《さき》の波打ち際で発見され、今は福岡市立博物館に国宝として展示されている。この発見は奇跡的と言ってもよいだろう。

この金印の発見は、状況から墳墓からではなく、かつ祭祀の施設でもないようであり、誰かが一時的に隠しておいたものであると推測できる。そもそも金印は倭国の首都の宮殿等に安置されていたはずである。そしてそこは、吉野ケ里であったはずである。そこからどのような事情で、どのような経路で博多湾の孤島に流れ着いたのであろうか。

邪馬台国では中興の王の死後、会議が開かれ、新王を選出しようとしたが失敗、内乱へと発展していったと考えられるが、王都である吉野ケ里には自称王がいたものと思われる。

新羅に一五八年に礼物を献じた王が彼であったろう。彼は、全体の支持をえられなかったのであるが、強引に王を自称し、新羅に就任した旨を伝え、既成事実を作ろうとしたのである。

やがて吉野ケ里に座する王に対して、別の勢力が攻撃を仕掛けてきた。おそらく、吉野ケ里は陥落したのであろう。そのとき、自称王かその支持者は、都から金印を持ちだして志賀島まで逃避してきたものと考えられる。しかし、彼が逃避した先の志賀島の支配者が庇護してくれるか分からないため、金印を隠匿したものであろう。志賀島の支配者の前に現れた倭王（？）は、どのような運命をたどることになったかは知れないが、その後王位に着くことはなかった。そして、江戸時代まで金印は大石の下に眠り続けたのである。

結局は卑弥呼が即位したときには、金印は行方不明になっていたことは確実である（紛失の時期については、他の年も考えられる）。

卑弥呼は、倭国王として対外的に顕示する大事な金印のないままに即位することとなったのである。

即位した卑弥呼は、都の吉野ケ里に住むこととなった。その邸宅は濠と塀に囲まれ、兵士が監視し、まるで幽閉されているようである。卑弥呼は約半世紀の間、ここに住み続けた。吉野ケ里の北内郭がそれである。この北内郭は卑弥呼のために造られたものである。その威厳はまさに侵さざるべきものであり、諸国はみな彼女に畏服したのであるが、その支配地域は北部九州と日向国のみとなり、狗奴国一国にすら手こずるようになっていた。委奴国の旧領の回復とはならなかったのである。

倭国大乱の痛手は、思いの外大きかったのかも知れない。

もう一つの倭国大乱

「漢委奴国王」の金印の紛失について、倭国大乱（一五七〜一八三年）の間ではないかとした。

しかし、金印の紛失に関しては、他の時代の可能性もある。

五十七年に金印を授受した後、漢に貢献した記事がないこと。百七年には、委奴国に代わって倭面土国が貢献していることはあるが、委奴国の貢献は記録されていない。

これは、一つには記録するほどの貢献でなかったか、金印を紛失したが故に正式の貢献とは認められなかったということであろう。

卑弥呼即位前の倭国大乱の他に、金印紛失の時期について考えてみると、六十年頃にはいまだ政権は安泰であったようである。しかしその後、委奴国は衰退していったようなのである。

三国史記新羅本紀に、婆娑王十五年（西暦九四年）から十八年にかけて、新羅と加耶との紛争が記されている。倭国統一時（西暦四〇年頃）には半島の南岸部もその勢力圏内であったと考えられるが、これをみると、この年代に加耶は独自の行動をとっている。つまり、委奴国の統制が緩んでいたとも解釈できる。その緩みが金印の行方にも関連したのではと思われる。

西暦九〇年代は、倭面土国の隆盛期でもある。博多湾岸を中心にじりじりとその勢力を広げていった倭面土国であるが、その背景には、委奴国の衰退があったのではと考えられる。倭面土国の隆盛は、一〇七年に国王帥升が自ら中国朝廷に詣でるほどのものであった。

その間、委奴国は逼塞《ひっそく》していたものであろう。

倭国大乱の前は、男王が七〜八十年治めていたとあるから、この時期は政情の安定期であろう。となると、この男王の前の委奴国は一時期争乱の時期があったということであり、それがこの男王の登場により、倭国は平和な時代となったというのである。

この男王は即位するやいなや、再び北部九州の支配に乗り出したようであり、ようやく最大の敵である倭面土国を一二二年に倒したのであった。

この時の北部九州統一の戦いがもう一つの倭国大乱なのである。

そしてこの王が北部九州を統一できたとすれば、おそらく中国に貢献したであろう。となると、中国側に記録が残っているはずだ。が、ないとすれば、この時代には既に金印は行方不明であったということにもなる。

金印の紛失は、この委奴国の衰退期にあったのではとも考えられる。

また、倭面土国が中国に貢献したにもかかわらず、なんら成果を上げることなく帰国したのは、金印の紛失の他に、衰えたとはいえ委奴国は存在しており、倭国王の地位を明け渡さなかった（金印を譲渡しなかった）からであろうか。

即位後の改革

卑弥呼が共立された背景は、日ごろから彼女に人望があったからである。

一つは、敵味方なく平等に相談にのっていたこと。

二つは、祈祷等で、心情的に人々をひきつけていたことであった。

その卑弥呼が、邪馬台国（邪馬壱国）の王に共立されたときに、彼女はいくつかの改革をおこなったようである。

その一つは、都の吉野ケ里に北内郭を造り、その中に邸宅を設け、住まいとしたこと。

その様は、倭人伝に表記されている如きである。

次に行ったことは、墓制の改革である。

それまでの北部九州の西側の墓制は、甕棺墓であったが、それを卑弥呼は廃止したのである。

甕棺墓は、弥生時代前期末期から盛んに行われた埋葬法である。特に、吉野ケ里の北墳丘墓から南へと続く道の両側に並ぶ甕棺墓群は圧巻といえるほど有名である。それをなぜか、卑弥呼は廃止したのである。

安本美典氏によれば、甕棺は、西暦百八十年頃に一斉に姿を消したという。

この年代は卑弥呼の即位と重なる。ということは、卑弥呼が王位に着いたこととなんらかの関係があるということである。

しかも、このような宗教的習俗は本来そう簡単には改められないものであり、場合によっては大きな抵抗や弾圧を伴うこともある。

しかし、この時はそのような混乱を招いたような痕跡もないことから、切り替えはスムーズに行われたようである。

この背景には、卑弥呼の宗教上の教祖的立場が影響したものであろう。案外これは、「神のお告げがあった」として公布し、人々は神がそういうならと受け入れたのではないか。

北内郭が完成した後、卑弥呼は厳重に囲われた区画の中で殆どを過ごすことになり、「見るある者は少なし」であったという。それまでは、祈祷などによって人々に接してきたのだが、この時をもって隔絶された生活となったのは、本人がそう望んだからであろうか（倭人伝は卑弥呼の晩年近くの様子を書いたものであり、卑弥呼はかなりの長命であったから、若い時からかどうかは不明ではあるが）。

卑弥呼の最期については、狗奴国との戦いにおいて戦死したと論ずる人もおられるが、このような閉鎖的な生活において、戦場などに出るはずはない。仮に都が陥落して殺されたとするならば、その後に大いに墓を造るようなことはないだろう。

卑弥呼が即位してから行った事業でわかっていることは以上の二点である。

第二節　王都吉野ケ里

倭国の政治形態

卑弥呼、壱与治下の北部九州の国々は、どのような政治形態だったのであろうか。
それについては、魏志倭人伝の戸や官名についての記述から考えてみよう。
狗邪韓国《くやかんこく》も倭の一部ではあるが、戸も官も記述がない。記述があるのは、対馬国からである。

対馬《つしま》（対海《ついかい》）国　大官を卑狗《ひく》、副を卑奴母離《ひともり》という。千余戸。
一支《いき》（一大《いだ》）国　官を卑狗、副を卑奴母離。三千許家。
末盧《まつろ》国　官名無し。四千余戸。
伊都《いと(た)》国　官を爾支《にき》、副を泄謨觚《せつぼこ》・柄渠觚《へいきょこ》。千余戸。
奴《と》国　官を兕《じ》馬觚、副を卑奴母離、二万余戸。
不彌《ふみ》国　官を多模《たも》、副を卑奴母離　千余戸。
投馬国　官を彌彌《みみ》、副を彌彌那利《みみなり》、五万余戸。
邪馬台国　官を伊支馬《いきま》、副を彌馬升《みません》、（次）彌馬獲支《かくき》（次）奴佳鞮《ぜ》、戸七万余戸。
狗奴《くと》国　官を狗古智卑狗《くかちひく》、戸数記載なし。

以上のように、各国の戸数や官名の記述には異同がみられる。従来は、戸については戸数の問題が、官については官名の解釈について語呂合わせ的な論戦がなされていた。そこでここでは、新たな視点から両者を分析し、その意味するところを探っていきたい。

まず「戸」の問題であるが、倭人伝では、各国の戸数の表記は、国によって、「戸」と「家」をもって記されており、同じページの中なのに、記述が統一されていないのは不自然である。従来は「戸」も「家」も同義であるとみられ、問題とされることはなかった。

そこで改めて同時代の中国史書の三国志・後漢書を紐解いてみよう。

まず「戸」と記録されている箇所である。

三国志魏書に、

「夫余《ふよ》は人家は八万戸ばかり」

「東沃沮《よくそ》は戸数は五千戸」

「濊《わい》は戸数は二万戸」

「高句麗《こうくり》は戸数三万」

とある。

一方、「家」と表記されている例は、
三国志魏書夫余伝に、

「諸加《しょか》はそれぞれ四出道を司り、勢力の大きなものは数千家、勢力の小さなものは数百家を支配している」

「また逃亡してきた胡族の五百余家を配下にした」

「〔馬韓諸国のうち〕大国〔の人家〕は万余家、小国は数千家で、〔馬韓の〕総〔戸数〕は十余万戸である」

後漢書韓伝に、

「伯済〔国〕は、〔韓の七十八国中の一国である。〔これらの国々の〕大きなものは一万余戸、小さなものは数千家で、それぞれ山と海との間にある〕」

（とある。以上、「東アジア民族史―正史東夷伝」井上秀雄　東洋文庫）

こうしてみると、国の中のまた小さな国（江戸時代ならば藩にあたる）や集団は、「家」で表記され、大きな区分としての国は、「戸」で表記されているようである。

それでは、倭国ではどうなのかということになる。

倭人伝では、ほとんどの国が「戸」の表記であり、「家」で表記されているのは、一大国（三千許家）と不彌国（千余家）の二ケ国のみである。

倭人伝の記事からでは、この二カ国は他国と比べて何か違いがあるようにはみえない。そのため、「戸」と「家」は同じであると解釈されていたのであるが、それでは、なぜ、どちらかに統一して記述されなかったのかという疑問が生じてくる。となると、やはり、この「戸」と「家」の表記の違いは何らかの理由があるのではと考えられるのである。

その前に、官名について考察してみよう。

国々には官と副官があり、その名が倭人伝に記されているが、その名は数種存在する。分類してみると、まず、副官が卑奴母離（ヒトモリ）というのが四カ国ある。対海国・一大国・奴国・不彌国である。

まず一大国（壱岐島）であるが、この国は、対馬南島（対海国）・対馬北島（対蘇国）と共に海峡中の国である。

対海国の官は、「大官」と特記されていることから、対海国がこの地域の中心的存在であったのだろう。おそらく、対蘇国の副官も卑奴母離であったであろう。

奴国（肥前山口）であるが、官の兕馬觚の觚は、伊都国（多久市）の副官の泄謨觚・柄渠觚の觚と共通である。奴国は、伊都国の南隣であり、伊都国は「世世王有り」とあることから、別格の国である。奴国はその分家的従属的な立場にあって、その官は伊都国の副官並みであったとみられる。

不彌国（小城市不二町）は、宮処の直近に、卑弥呼の邪馬台国（小城市甘木）が遷都してきていることから、殆ど独立性がなかったようである。

こうしてみると、副官が卑奴母離である国は、倭国内では、主体性独立性の弱い地位の国であったようにみえる。

対海国も卑奴母離で、本来は地位の低い国であったが、特別に大官を置いて、周辺を統率したものであろう。卑弥呼直属の官であったとも考えられる。

以上のことから、「戸」と「家」の違いについては、「戸」であらわされる国は、「家」であらわされる国よりも、格が上であったようである。

となると、倭人伝においても、「家」で記されている一大国と不彌国は共に副官が卑奴母離であるところから、倭国内での地位は低いものであったと考えられるのである。

卑奴母離でない諸国をみてみると、伊都国は「世世王有り」と特筆され、邪馬台国は倭国の代表国であり、投馬国（宮崎県）は遠方国であり、狗奴国（熊本県北半）は、北部九州連合には入っていない。

結論をいうならば、倭国内の諸国の地位はそれぞれ対等ではなく、江戸時代の親藩・譜代・外様のように身分が分けられていたと考えてよいであろう。

特に、一大国・不彌国は、「家」で表記されるほどの格の低い地位であったと考えられる。

王と官について

この問題に取り組むことになったきっかけは、魏志倭人伝における次の文である。

「東南陸行五百里にして伊都国に到る。官を爾支といい、副を泄謨觚・柄渠觚という。千余戸あり。世々王あるも、皆女王国に統属す。郡使の往来常に駐まる所なり」

実は、倭人伝においては、王は三人しか登場せず、多くの諸国は王ではなく官となっている。王はいないのであろうか。いや、そんなことはない。王と同様の地位にあった人は居たはずである。倭国は東夷三十カ国と記されており、後漢書倭伝には、「国、皆王を称し、世世統を伝う」とあることから、後漢時代には諸王が存在したようである。それが、次の魏の時代には、官となっている。となると、官とは王のことであり、表記上の違いだけのようである。

ところで、倭人伝には王として出てくるのは、次の三カ国の人物である。

伊都国王（不詳）、邪馬台国王卑弥呼、狗奴国王卑弥弓呼の三名である。

一方、戸五万の大国である投馬国においては王がおらず官となっている。

まず、倭には東夷三十ヶ国があるが、それを統率しているのが倭国王卑弥呼なのである。

倭国王の存在は、西暦五十七年の金印授受以来認められている。

つまり、倭には倭国を統率している王が居るということであり、卑弥呼の時代には、東夷三十ヶ国中の邪馬台国に居て治めていたのである。

ようするに、倭国王は卑弥呼のみであり、他国には王は存在することはない。

これは、中国の思想によるものであり、天下に二帝が存在しないと同じく、一国内に二王の存在は認めないということである。（王朝の正統性を争った三国時代は特に）

つまりは、中国配下の倭国という範囲でみると、倭国王は一人であり、倭国を構成している他の諸国の首長は官とよばれていた。後漢書に「国、皆王を称し、」とあることから、倭国を構成している諸国の独立性はかなり高いものであった。

ではなぜ狗奴国には王が居たのかというと、狗奴国は、中国治下（中国の王朝に貢献している国）の倭国に入っていないからである。つまり狗奴国王は倭国王と対立し、服していないのであるから、中国から承認された倭国には入っていないことになる。であるから、独立した王の名をもって呼ばれたのである。

この法則で行くならば、卑弥呼治下の倭国に入らない、他の国々にも当然王とよばれる首長は居たはずであるが、残念ながら狗奴国以外の記録はない。

それでは、世々存在した伊都国の王についてだが、倭人伝をみる限りでは、伊都国と邪馬台国は親密な関係であるようである。

倭人伝には、「世々王あるも、皆女王国に統属す」とあることから、伊都国は、卑弥呼治下の邪馬台国に属していたはずである。

となると、原則によれば、伊都国に王は存在できないはずであるが、「世々王あり」と王の存在が明記されている事情はどのようなことであろうか。

これは、倭国には、王を名乗る資格のある人物が二名居ることをあらわしている。

倭国の国家構成をもう一度みてみよう。

先にも述べたが、倭国では、中国のような中央集権・皇帝唯一ではなく、複合国家であったようである。

江戸時代をみてみよう。武家社会には将軍という地位が存在する。それ以外の領国の主は全て守《かみ》である。つまり、将軍が王にあたり、守が官にあたる。

ところが、実は将軍の上に居る人物が居る。それが天皇である。征夷大将軍はその下におり、政治の実権を握っているのであるが、格式では天皇のほうが上位である。征夷大将軍は天皇により任命される。だから、天皇は格式では最も上位なのではあるが、その行動は幕府の定めた「禁中《きんちゅう》並びに公家諸法度《くげしょはっと》」により規制されていた。

古代においても、このような状態が倭国ではあったようなのである。

では、伊都国には天皇にあたるような地位の人がいたのであろうか。

邪馬台国にはその前身となるような国があって、それが伊都国であり、邪馬台国にとっては本家のような存在であったのであろうか。伊都国が本家（宗家）であり、邪馬台国等は分家であると。

大胆に論じてみるならば、大陸からの渡来人たち（扶余系）が唐津に上陸し、松浦川を遡り、多久盆地に定着し、そこで勢力を蓄養し、やがて東の佐賀平野へ進出し、邪馬台国等が成立していった。

しかし、本家である伊都国の主は多久を動かなかったし、領土を拡大することもなかったが、本家としてそれ相応の待遇を受けていたのではないだろうか。

確かに席次は上位ではあるが、政治的には邪馬台国に統属されていたということになる。

考えてみれば、伊都国はわざわざ、「郡使の往来常に駐《とど》まるところ」と記され、倭国において絶大な権限を持つ一大率が居るということは、それほど重要な国だからである。

それは、地理的な位置ばかりではないのである。

それほど重要な所であったから、郡使は単に休憩や宿泊ということではなく、ある程度の公務（表敬訪問のような）を行ったのではないだろうか。

中国はその二重構造を知っていたが故に、伊都国の主をも王と認めていて、中国が承認した倭国王に統属されているとわざわざ説明したのである。

問題は、邪馬台国の官のことである。

官とは漢の時代では諸国の王にあたるとした。

卑弥呼は倭国王「親魏倭王」である。

では邪馬台国の官とは一体なんであろうか。

倭人伝に、「南、邪馬壱（台）国にいたる。女王の都する所。水行十日陸行一月。官に伊支馬あり、次を彌馬升といい、次を彌馬獲支といい、次を奴佳鞮《ぜ》という」の官である。

これをそのまま読むと、邪馬壱（台）国には女王がおり、その下に官という役職があるようにみられる。邪馬台国の官が他の国々での王のことだとすれば、倭国王と邪馬台国王は同一人物ということであろうか。官の名は倭国王の俗称であろうか。それとも倭国王と邪馬台国王は別人なのであろうか。しかし、王位のような地位を保つには、それ相応のバックボーンが必要である。卑弥呼も壱与も共立されたのであるから、そのようなバックボーンは必要ないとも考えられるが、それでは倭国大乱は一体なんだったのだろうかということになる。

倭国大乱は、委奴国（邪馬台国）の王位継承争いであったのだから、たとえ共立にせよ、卑弥呼は邪馬台国王になったのである（南、邪馬台国に至る。女王の都する所）。

そしてその後は倭国王に任ぜられている。

となると、卑弥呼は倭の国王と邪馬台国の王（官）を兼ねていたとなり、倭国王にして邪馬台国王卑弥呼となる。

それに世界的にみても、連合国家の場合はそもそも本貫地があり、そのうえで連合の王となっている。そして一番強い者がなる。

それはそうだ、軍事的経済的基盤がなければ、連合の主などの立場を守れるはずはない。

江戸時代の徳川家もそうである。征夷大将軍になったからといって、徳川家の惣領を譲り、無領主となったわけではない。徳川家の領地八百万石を背景に征夷大将軍の権威を保っていたのである。

となると、邪馬台国に登場する官の伊支馬とは、卑弥呼のことなのであろうか。卑弥呼は共立された後の尊称なのであるから、俗称があるはずであり、それが伊支馬だったのだろうか。

ところが問題は、この記事は卑弥呼の時代のことなのか、壱与の時代のことなのかということもある。そもそも魏志倭人伝は、多くの資料を取捨選択して書かれたものであるから、行程記事と政治体制の話は別物ともとれる。

従来の見解では、卑弥呼が魏と通交を始めたあたりから、壱与の就任までが詳述されていることから、倭人伝は、そのあたりの事が書かれているとみられていたが、その後も通交は行われ、それは、魏が滅んだ二六五年まで行われていたとみられ、そしてその間の報告書も存在したとみてよい（その後は晋と）。

となると、政治形態についての記事は、卑弥呼の時代のことばかりとは限らない。

そして、魏使が最後に会った女王は壱与なのである（二四八年か二四九年）。普通、このような情報は、最新のものを報告するものであるから、伊支馬とは壱与の事だと考えられる。壱与という名は、対中国通交のための名とみれば、俗称は伊支馬であったとみることができる。壱与という名のイは伊支馬のイからとったものとも考えられる。

それでは、邪馬台国王の卑弥呼と狗奴国王卑弥弓呼について、もう少し考えてみよう。

卑弥呼の呼は当時カと発音されていたので、本当はヒミカと発音するのが正しい。

卑弥呼の語源について、私はアイヌ語のピリカと同義語で光やピカなどの意味があるとした。人々が崇《あが》め奉った名であって、現在なら御光様《おひかりさま》といったところであろうか。

確かに、卑弥呼がピリカと同義語（アイヌ語と大和言葉はかつては同一であった）であるならば、状況からみてもピッタリである。

ところが問題は、狗奴国王の名である卑弥弓呼である。

この両者の名前の類似が邪馬台国を論ずる人々の一大難関となっていた。

卑弥呼を日の御子のこととすると、卑弥弓呼は日の何となるのかとなってしまう。

私は卑弥弓呼の弓は、倭人がクといったのを、中国人がキュウと聞きとったものと解釈する。クは朝鮮語での男性を表す言葉で、女性の卑弥呼に対して、男性をあらわすものとして間にクを入れたものとみた。

しかし最近、私は別の見方をするようになった。

高天原の男神はイザナギである。女神（出雲の出身か）の名はイザナミである。どちらもイザがつく仲の良い夫婦である。

ところで、福井県にイザサワケという神がいる。この神は神代紀に出てこないところから、高天原とは別の出自の神であると考えられる。つまり、当時の倭には、イザという名がつく神（その地方の主神）がかなりいたのではないだろうか。

ではそういう目でヒミカ、ヒミクカをみてみよう。両者にはヒミという共通の名がついている。となれば、ヒミとは、この時代の国王につけられた名ではなかろうかとなる。ヒミが冠、美称でありその下に本名がついているとみることができる。狗奴国の王の名は、キュウカもしくはクカということになる。

となれば、ヒミクカのクカと官名のクカチヒクのクカは同一であるとなり、ヒミクカとは、ヒミクカチヒクの省略形であるということができる。魏使の情報は邪馬台国滞在時の情報であることから、正しい名ではなく敵国の邪馬台国人から呼び捨てにされた名であったかもしれない。

この論法でいくとかようになるのであるが、自分としては、卑弥呼ピリカ説がどうにも捨てがたいのである。なにぶんにも十数年も温めてきたものであるから。

結局、卑弥は美称であるらしいということは推測できるのであるが、何かもう一つ決め手が欲しいと思った。

そうしている際、隋書俀《たい》国伝に思いあたった。

「倭王がおり、姓は阿毎《あめ》、字は多利思北孤《たりしほくこ》、阿輩雞彌《あはけいみ》（オオキミか）と号する」「王の妻は雞彌《けいみ》（キミか）と号する」とある。

この雞彌はヒミのことではないだろうか。雞は鶏と同じく漢音でケイと発音する。つまり、ケイミである。このケイミは、現在ではキミと発音することになったとみてよいであろう。つまり、ヒミが後世ケイミ、キミと変化していき、やがて漢字の君をあてはめたものである。よって、卑弥呼の卑弥は、君（キミ）のことであるということになる。卑弥呼は当時の音では、ヒミカと発するのであるが、それでは、このカとはどんな意味なのであろうか。

邪馬台国のある佐賀県は元々「カ」の国であったようなのである。佐賀は佐嘉と本来書いた。県の中央を流れる最大の河は嘉瀬《かせ》川である。ところで佐賀県は旧称肥前国で一方狗奴国のあった熊本県は肥後国である。もともとは両国ともヒの国であり、後に肥前肥後に分けられたとされている。

しかし、検討してみると、両国のヒの由来は、意味が異なるようである。肥後熊本は巨大火山があることから、火の国と呼ばれたようで、一方の肥前佐賀県は、「栄（さかえ）の国」とか豊かな国なので「肥の国」と名づけられたとの伝承がある。

このような地名俗解は、そのまま信じるわけにはいかないのであるが、肥前の国がかつて、カとかヒとか呼ばれていたことはわかる。

となると、卑弥呼のカは、これに由来する言葉だと考えられる。

後世漢字が使われるようになって、このカに、一日二日三日四日の日の字をあてて日《カ》の国と書き、やがてその字を訓読みでヒと読んで、日《ひ》の国となり、それが熊本の火の国と混同され、ヒに肥の字が使われ、佐賀県が肥前となり、熊本県が肥後国となったのであろう。

では狗奴国の王卑弥弓呼であるが、ヒミが美称であるなら、弓呼が名であり、これは、官としての名の狗古智卑狗のことであるとみて無理はない。卑狗は現在の彦であろうから、固有名は、クカチ（菊池）であるとみられる。このキクチは当時でも地名だったのではないかと考えられる。現代風にいうと、菊池彦であろう。

こうしてみると、両者の名前は、卑弥―呼、卑弥―弓呼と分けられることがわかる。となると隋書俀《たい》国伝にでてくる卑弥は、呼の書き落としとばかりはいえないようである。一方、梁書には、卑弥呼で三回、卑弥で一回、弥呼で一回出てくる。出てくる正誤の順は、卑弥呼―弥呼―卑弥呼―卑弥―卑弥呼である。

一大国

壱岐島のことである。

古事記の国生みにおいて、「伊伎島《いきのしま》を生みき。亦の名は天比登都柱《あめのひとつばしら》と謂ふ」と出てくる。日本書紀には、「大八洲国《おおやしまのくに》の名ができた。対馬島、壱岐島および、ところどころの小島は、潮の泡が固まってできたものである。あるいは、水の泡が固まってできたともいう」とある。

古事記においては、大八島国の一つとなっている。

古事記のほうが古い伝えを残していると考えられるので、ここは壱岐島が、天比登都柱とよばれていたとみる。

国生みにおいて、生まれた国や島については男性の名（別《わけ》）と女性の名（比売《ひめ》）をつけているが、人名がついていないのは、この壱岐島（天比登都柱）と佐度島《さどのしま》と女島《ひめじま》（天一根《あめのひとつね》）と両児島《ふたごのしま》（天両屋《あめのふたや》）

である。佐渡島に人名がついていないのは、本来は高天原系ではなかったからであろう。

女島（大分県宇佐市北部）と両児島は小さい島であるから、人名がついていないのはわかるが、壱岐島は大きな島であり、当時においても三千余戸の人口をかかえていた。こう考えるならば、一つ柱の名からして、この島は特別な島で天の、つまり倭人の中心地であったとみてよいであろう（形状からすると、この島は、鍋ブタ島といわれる如くまっ平で、柱のような形状は全くない）。

次に不彌国である。ここは戸千余戸の国であり高天原のある背振山地の真下である。

ところで、古事記には、伊邪那岐大神《いざなぎのおおかみ》について次のように載っている。

「故、その伊邪那岐大神は、淡海《あふみ》の多賀《たが》に坐《いま》すなり」

これは、伊邪那岐大神は死後、淡海の多賀というところに葬られたということである。この淡海は滋賀県とされ、多賀神社も存在する。よって、この地が伊邪那岐の葬られた所となっている。

しかし、記紀の編者による神代紀等、古い時代の舞台設定は、現在の視点からみるとおかしいところがみられる。

記紀編纂は、地名設定を、語呂合わせによったり、地名俗解や、似た、または同名の地名を当てはめているようで、正しい地理を以て照合して決めたものではない。実際当時は地図などなかったのであるから。

高天原神話の舞台は、かつて伝えられたような広範囲なものではなく、北部九州の沿岸部を中心としたところであることが近年指摘されている。となれば、この淡海滋賀県説も一考してみる必要があると思われる。高天原神話の舞台を北部九州とするならば、あまりにも飛び離れて、しかも唐突に存在するからである。

淡海は、あふみと読むが、もとはこのあふみに似た地名があり、それに似ているからとして、近江（あふみ）があてられたとみてよい。あふみは、淡海に合わせた音とみられるから、おふみ、またはあふみがその原型かとみられる。つまり、おふみまたは縮めてオミかフミである。

この所はとなると、魏志倭人伝に不彌なる国名（地名）がある。

またおうみという発音から、おみとも聞き取れ、不彌はオミと発音されたと以前述べたことがある。これは不をオと発音していたとして、不呼国をオカ国と発音して岡田付近とした。しかし、淡海がなんという言葉を元にしていたのか等がはっきりしなければ、いかんともしがたい。状況からみて現在オと発音する語であったろうと推測される。

しかしここは、あふみが不彌国のことで、背振山地の南麓の小城《おぎ》市であるとして話を進めていきたい。

小城市は高天原の南麓に位置している。高田《たかだ》・高原《たかばる》なる地名があり、この高が記紀に出てくる多賀であろう（古代には濁音がなかったというから、元々はタカであったろう）。

であるから、伊邪那岐命の葬られた地は、佐賀県小城市小城の高原なのである。

高天原神話の頂点に立つ伊邪那岐命の墓が不彌国であるここ小城市高原にあるとすれば、不彌国というのは、高天原にとっては、重要な地であるとみられる。

ここでまとめてみると、一大国と不彌国は、高天原系の国であるということになる。

となると、当時の北部九州は高天原系の国と邪馬台国系の国があったということになる（ほかにも遠賀川系の国もあったようである。墓制が箱式石棺）。

邪馬台国系とは渡来系であろうから、高天原系とは日本在来系の人々による国ということになる。

そして当時は渡来系が優位で、その渡来系の中心となっていたのが邪馬台国である。

＊記紀神話における国生《くにうみ》神話の領域であるが、東方にも、佐渡島をはじめとし、畿内およびその周辺にも関連する地が多く登場するが、記紀の神話の殆どが九州の地が舞台であることからみて、どうも畿内までというのは広範囲すぎると考えられる。
秋津島《あきつしま》は大倭豊秋津島《おおやまととよあきつしま》であることから、豊国即ち大分県国東《くにさき》半島の安岐《あき》であるとの説もあることから、地名と該当地について再考する必要があろう。

イザナギノ命の墓所は、近江（滋賀県）の多賀と従来考えられていたが、話の舞台の中心である九州から遠すぎるということで、類似音から考えて不彌国の高田・高原であると考えてみた。

ここに不思議な島がある。それは志賀島《しかのしま》で、かの有名な金印が発見された島である。この島の不思議な点は、国生み神話に登場しないということである。博多湾《はかたわん》に浮かび、堂々たる大きさのこの島が、神話に登場しないのはどうもおかしい。

そう考えてみると、神話の中の島々で、これに該当するのは淡路島《あわじしま》ではないだろうか。国生みの時、初めに生まれたのは淡島《あわしま》であるが、これは、泡のようにはかない島、つまり海中に隠れてしまうような島ということであると、これは砂嘴《さし》状の島であったろう。となると、これは博多湾に存在する、海の中道のことではないだろうか。とすると、淡路島とは、志賀島をさすことになる（他に国生み神話では、天草がでてこないのは不思議である）。

卑弥呼の住居

卑弥呼は即位するや、都の吉野ケ里の環濠の内側の北部、北墳丘墓の南に新たに二重の環濠をめぐらし（北内郭）、邸閣を造り、柵を設け、守衛を置いたという。そして、もはや人前に姿を現すことは少なくなり、会う人も限られていた。

「男弟あり、佐《たす》けて国を治《おさ》む。王となりしより以来、見るある者少なく……ただ男子一人あり、飲食を給し、辞を伝え、居処に出入りす」（魏志倭人伝）とある。

この内郭について、「神と女と古代」（楠戸義昭著　毎日新聞社刊）に沿って説明してみよう。

この北内郭（南北七十ｍ、東西五十ｍ）は、北に祖先を祭る墳丘墓、南に南墳丘墓（墓かどうかは不明）

吉野ヶ里北内郭
（弥生時代後期）　建設省『建物等復元検討調査報告書』より引用

とあり、南北に連なる建物構造線上にある。これは他の都市でもみられ、南北に走る聖なるラインといわれる。

そして、北内郭の祭祀殿は、夏至の日の出と冬至の日の入りを結ぶ線が、この南北と交差する所に、頭を冬至の日没、お尻を夏至の日の出の方向に向けて建っているのである。

北内郭の方が、建物でも南内郭より優位にある。

「北上位・南下位」の吉野ケ里の思想は、環濠集落全体に反映されており、北に祭祀的性格の強いものを、南に統括組織の南内郭だけでなく村を取り込むなど世俗的、生活的なものを置く。これは中国の礼制における「坐北朝南」の考えによるものだという。

高島忠平さんによれば、これは後漢の時代の思想で、前漢の時代には、西に天子の館を置き、東に臣下の建物を配したという。後漢では北に天子の館を、南に臣下の建物を配した。この天子南面の思想の影響が吉野ケ里の内郭建設にみられたというのである。

『弥生後期の吉野ケ里で最も重要で神聖な一角は「オバQ」の形をした北内郭である。この北内郭(南北七十m、東西五十m)は非常に閉鎖的にできていた。

二重に空堀がめぐり、両方に土塁と柵が施され、入り口は西南隅に一カ所しかない。しかも道は中世城郭のように、鍵の手(L字型)に曲がって土橋でつながり、内部はまったくみえないようになっている。

この北内郭から平成五年度の調査で、十二・五m四方で十六本の柱、その柱も一本が四十～五十センチもある太い柱跡がみつかったのだ。それは祭殿で、二重三重の楼観風の偉容を誇り、まるで天守閣のようだった。(中略)この祭殿の構造や用途が討議された結果、佐賀県教育庁次長(当時)の高島忠平さんは、高床の建物で一階は吹き通しで、二階、三階はそれぞれ異なる機能をもっていたと推察したという。

二階は共同体として重要な案件を決定する支配者層の政治的集会の場であり、祭りの際は神事を終えた後に神酒や神饌《しんせん》を降ろしていただく酒宴の会場、つまり直会《なおらい》の場と考えた。

一方の三階は新嘗祭《にいなめさい》・大嘗祭的《だいじょうさいてき》なことをやる場所。祖霊のための祭壇が設けられ、祖霊に豊饒を祈るため、新穀がささげられた。特に建物の一番高い部分、この祭殿では三階の天井裏は、中国から伝わった思想により、天上界と地上界の境界とみなされた。現在でも神社や天守閣などでは、屋根裏を神聖な場所とみなしている。(中略)

そしてこの三階こそ、男子禁制、吉野ケ里の女王、女シャーマンが神と交信する場であり、神がかりし、祖霊の託宣をさずかる最重要な場所だったのだ。（中略）

北内郭からは、さらに四つの物見櫓跡がでた。この櫓は戦いのためのものではなく、四方を祭る祭祀的なものとみられる。また、潔斎したり、祭りの道具を置いたとみられる斎堂も確認された。高床式住居が一棟みつかった。ここに吉野ケ里の女王・女シャーマンが住んでいたとみなされた。そしてこのすぐそばに、北内郭ではただ一つ、竪穴住居が検出された。おそらく女王に仕えた者が寝起きしていたと思われる』

『吉野ケ里の環濠集落は中国の最新情報を取り入れ、応用した弥生の〈最新都市〉であった。吉野ケ里の北内郭は、中国の皇帝が先祖を祭る重要な施設である「明堂」の考えを取り入れているともいわれる。

明堂は丸型の垣に囲まれた中に、東西南北四つの門を設け、隅々に望楼と屋舎をつけた内垣を方形に巡らせて、中央に高い基壇を築き、三層の建物（明堂）を建てたものだった。

二重の丸みをもった濠の囲まれた北内郭の四隅に物見櫓を配して、威風堂々として建つ楼観風二層三階の建物はこの明堂を思い描かせる。

二つの聖なるラインのもと、祖霊を祭り、さらに太陽を拝し、農耕上重要な暦を支配する。これは古代中国において、天子が一連の最高神を祭る儀礼であり、天子の権威・権力の誇示と深く結びついた祭祀であった。これを「天祭」といった。その中国の最高指導者に倣って、吉野ケ里の女王の日々はあった』

そして現在の北内郭の復元建物は、この見解に基づいて復元されているのである。

実は、吉野ケ里は学界では、邪馬台国の都ではないということになっている。一部の在野の研究家や地元の人にのみ支持されている状態であるが、既述したように、ここは邪馬台国の真の都であり、卑弥呼はこの北内郭にお住まいになっていたのである。

再現された遺跡は、地元の要請により、邪馬台国の都そのものとして、復元されている。そしてそれは、偶然にしろ当たっているのである。

卑弥呼の領域

卑弥呼は邪馬台国の女王であり、かつ倭国王である。倭国は中国のように中央集権国家ではなく、多くの倭人の居住する国々が寄り集まって作られた国なのである。各国はかなりの独立性をもっていたようなのだ。邪馬台国の前身の委奴国は、本来そういった国々の一国なのであるが、西日本、つまり倭の諸国を従えることにより、後漢より倭国王の認証を受け、「漢の委奴国王」の金印を授受せられたのである。

邪馬台国の女王となった卑弥呼は、自動的に倭国王ともなり、倭国に君臨したのであった。つまり、卑弥呼の直轄地は邪馬台国ではあるが、倭国王としては、もっと広大な地域を支配し治めていたのである。

ところで、委奴国は西日本全部を支配していたのであるが、卑弥呼の時代ではどうなのであろうか。西暦五十七年のころから卑弥呼即位の百八十三年までの間に、倭国は、倭国大乱も含めて何度かの戦乱に巻き込まれていた。その結果、委奴国が支配する倭の領域は大幅に縮小し、ほぼ北部九州のみの領域を支配するにとどまってしまった。

魏の時、「今、使訳通ずる所三十国」とあり、後漢書には、「凡そ百余国あり、武帝、朝鮮を滅ぼしてより、使駅漢に通ずる者、三十許国なり」とある。

もともと倭の諸国の数は百余国あり、箕子朝鮮に貢献していたものであろう。それが前漢の時代に、武帝（前一四〇～前八七）が箕子朝鮮の次の衛氏朝鮮を滅ぼし（前一〇八）、楽浪郡を築いたときに、そこに貢献したのも百余国であった。

その後、何らかの事情により、後漢（二五年成立）の楽浪郡に貢献する国が三十許国となったのである。これは七十余国は通交を止めたということであり、百余国が統合されて三十許国となったということではない。卑弥呼はその三十許国を束ねる倭王となったのであるが、その領域はかつての百余国を束ねた時代には遠くおよばなかったのである。

この三十許国とは、北部九州が主体であり、九州の中でも中部の熊本は入っておらず、熊本北部の狗奴国とは交戦状態にあった。

宮崎にあった投馬国は、倭人伝の時代には、倭国王を宗主と仰いでいたようであるが、壱与の時代となると、離反するようになった。それはまた後述することにして、卑弥呼の支配する地域は、倭全体の中ではかなり狭い範囲であったことがわかる。

卑弥呼を共立したのは、この北部九州の三十許国のみである（半島南端の狗邪韓国等については、この地域も倭に属しており倭国王に服していたと思われるが、卑弥呼の時代においては分離していたものと思われる）。

となると、この程度の領土しか治めていない王が、倭国王を名乗るのはおこがましいとなる。そういう状態において倭国王の金印を授受したことは、卑弥呼の心の中に引け目と共に、大きな野望を生みだすことになった。（後述）

北内郭での卑弥呼

卑弥呼が北内郭において、どのような状態のもとで政治を行っていたかについて述べてみよう。

魏志倭人伝に、「男弟あり、佐けて国を治む」「婢千人を以て自ら侍せしむ」「ただ男子一人あり、飲食を給し辞を伝え居処に出入りす」

隋書倭国伝には、「男子二人あり、王に飲食を給し、言語を通伝す」

梁書諸夷伝・倭には「男弟がおり国政をたすけた」「婢千人をもって自侍した」「唯一男子をして出入せしめ、教令を伝えた」

とある。

ここでわかることは、身辺に付く男子の存在である。一人は彼女の弟であり、国政を助けているという。古代倭国においては、兄弟統治ということが行われていたようで、記紀をみても、小さな村のようなところでも、兄弟が登場し二人で政治をみていたような記述がある。

景行紀をみても、兄弟や姉妹が共に政事を執り行っていたような情景がみられる。また神武天皇の東征においても、途上において、兄弟統治を行っていたような部族がみられる。

そのような風習に沿って、卑弥呼も弟と共に統治をしていたようだ。

卑弥呼は魏の時代にはかなりの高齢であったようであるが、弟もやはり高齢であったのであろうか。しかし、考えてみよう。兄弟統治が慣例であるならば、弟が居ない場合も考えられるのではないだろうか。卑弥呼の場合は弟がおり、そして、共に高齢の状態で政治を執り行っていたのであろうか。弟が途中で亡くなったらどうしたのだろうか。

そう考えるならば、どうやらこの兄弟統治とはある程度形式的なものであって、肉親の弟が居ない場合は、他の人を弟として、つまり義兄弟の契りを結んで共同統治をしたと考えられる。

卑弥呼の場合も、肉親の弟とはかぎらないであろう。行政を助けたとあるが、それがどの程度の範囲なのか、単なる助言をするだけなのか、ある程度の裁量があったのかは不明である。

次に、唯一男子が女王の居処に出入りし、女王の食事の世話をしたり言語を伝えたという（隋書の男子二人ありの一人は弟で、もう一人はこの男子のことであろう）。

婢が千人も居るのであるから、その中の一女子でもこの程度の用は足りるであろうが、男子を使用したわけはなんであろうか。この男子はおそらく少年であったろう。とはいっても、十歳未満の幼少ではない。立派に役目を果たせるほどには成長していなければならない。後世の武士社会の小姓《こしょう》のような立場であったのであろう。ある程度の年齢になれば、交代したものであろう。大人《おとな》を使うとなると、弟との仕事がダブったり、国政に口を出したりとまずいことが起こるかもしれないので、大人になる前に交代したであろう。着替え等の身のまわりの世話は、女子の奴婢の仕事であっただろう。もう一人、重要な男が居る。それは都の吉野ケ里ではなく伊都国に居り、国中に刺史《しし》の如く畏憚《いたん》されていたという、一大率《いだそ》という役職にあった男である。

後漢朝への貢献

倭国は既に、箕子朝鮮の時代から半島とは通交があった。箕子朝鮮の都は現平壌にあった。ついで、衛氏朝鮮の時代となる。そして、前漢の武帝が衛氏朝鮮を滅ぼし、半島に四郡(楽浪郡・真番郡・臨屯郡・玄菟郡）を置いた。

これ以後、倭の諸国は楽浪郡に入貢することとなった。後漢書には、「武帝、朝鮮を滅ぼしてより、使駅《しえき》漢に通ずる者、三十許国なり」とあり、魏志倭人伝には、「山島に依りて国邑をなす。旧百余国《もと》。漢の時朝見する者あり、今、使訳通ずるところ三十国」とある。

旧百余国、倭国にあったというが、今使訳通じる所三十国という。これは、後漢書にいうところと同じである。漢の時代の三十国と魏の時代の三十が同じ国であるとするならば、漢の時代は四百年も続いた中で、いつの時代から三十ヶ国になったのであろうか。

委奴国が西暦四十年頃に倭国を統一した時は、百余国を統一した国であったはずであるが卑弥呼の時代は三十許国となっていた。卑弥呼の即位は一八三年であり、後漢の時代であるから、後漢書に使駅漢に通ずる者三十許国と記されたのは、この時期であろう。国々の位置から考えると、北部九州中心の地域である。

委奴国が倭全体を統括できなくなったのは九十年代、倭面土国《いめんど》の隆盛あたりから、つまり委奴国の衰退が倭面土国の隆盛を招いたと考えられる。しかし、倭面土国も委奴国の最盛期の勢力には至らなかったようである。やがて、委奴国は倭面土国を滅ぼし主権を回復したが、中興の王の時代においても以前の勢力を回復することはできなかったようである。楽浪郡への使訳する国が三十許国となったのは、この時期から（または西暦百二十年代）であろう。勢力圏が縮小したとはいえ、倭の正統なる政権は委奴国であることにかわりはない。結局楽浪郡への貢献が許されたのは、委奴国（当時は邪馬壱国と称した）をはじめとして、その配下の三十許国であり、あとの七十カ国は貢献できなくなったのである。

つまり、北部九州の政治形態は、各国がかなり独立性の強い連邦制であり、中国では周の時代の春秋戦国時代のような形であったろう。

邪馬台国が頂点に立ち、倭国全体を統制するという形で、後の徳川幕府のようなものである。但し、徳川幕府のような鎖国政策はとらなかったので、各国は自由に楽浪郡に使者をたてたらしい。

それでは、卑弥呼はどうであったのかということになる。

卑弥呼の貢献が記録されているのは、魏志倭人伝における景初三年西暦二三八年の魏朝への貢献である。それ以前の後漢朝への貢献は記録がない。

しかし卑弥呼の即位年のところで述べたように、即位直後の百八十四年（中平年）に後漢朝に貢献していたようである。これは楽浪郡へ、ではなく、都への、つまり本朝への貢献である。

ところがこの貢献には大きな問題があったことは既述した。肝心の「漢委奴国王」の封印がないからである。卑弥呼が倭国王として貢献する際には、絶対に必要な物であった。

しかし長い戦乱の時を経てようやく天下が治まり、国々・人々から大きな支持を受けて新しい統治者に定まったのであるから、やはり、中国へは使節をたてて新王即位の報告の貢献をするべきであると判断したのである。

おそらく事情を説明すれば、納得してもらえると考えたのであろう。またうまくいけば、新印が貰えるかもしれないと。中国では、貢献の際には、その文書が、真の国書であることを証明するために、文書を箱に入れ、紐で縛り、その上に粘土を付けて、その粘土に印を押して本物であるとした。前述したように、国王印は国都吉野ケ里から持ち出され、志賀島の海岸の石の下に隠されて所在不明となっていた。そのために「漢委奴国王」の印を押すことができなかったのである。

しかし予想は甘かった。押印のない文書は受け付けられなかった。皇帝から下賜された印鑑を紛失するなどもってのほかということである。

かくして、卑弥呼の遣使一行は、スゴスゴと国に帰らざるをえなかった。報告を受けた卑弥呼はさぞ意気消沈したことであろう。

新国王としてはりきっていた矢先の衝撃であった。

新国王としての面子が丸潰れとなったからである。

倭国王としての公式の訪問とは認められなかったが、遠路はるばるの貢献にはそれ相応の返礼があったであろう。また公式の記録にはなかったが、なんらかの記録がされていたようであり、後世その記録を大和の工人がみて、その年号を刀に刻んだのではないかと考えられる。

それが、東大寺山出土の中平刀である。これ以来、金印がないために卑弥呼は倭王として後漢朝に貢献することはなかった。史書には全く登場しないことからそう判断できる（但し、東夷三十カ国の一国の邪馬台国としては楽浪郡に貢献したようである)。

この後、卑弥呼はこの屈辱を噛みしめて生きてきた。この通交の失敗を持衰《じさい》のせいにし、「私は旅行の安全のためだけの役目です」といっても聞きいれず、百叩きにして生き埋めにして殺しても心は晴れなかったものと推察される。

それが大きな転機を迎えることになったのは、漢王朝の滅亡のときである。実は卑弥呼が朝貢した中平年には、漢は衰退をはじめていた。後漢朝は末期を迎え、国内には経済的矛盾が拡大し、各地に黄巾《おうきん》の賊をはじめとする農民一揆が起こり争乱状態となっていった。後漢朝末期には中国は三つに分裂し、(魏《ぎ》・呉《ご》・蜀《しょく》の三国時代)更に東北部の遼東には公孫氏《こうそん》が自立、半島北部をもその支配下に収めた(帯方《たいほう》郡の新設)。邪馬台国をはじめとして、東夷三十カ国は、この公孫氏の支配する楽浪・帯方郡に貢献していたのである。二百二十年に漢が正式に滅ぶまで、公孫氏は漢に属していた。その後、後漢は魏に禅譲したが、公孫氏は燕として独立するまでは、後漢に仕えているという立場をとっていた。そのため、公孫氏が滅ぶまでは、東夷は公孫氏を通して貢献しているという形をとっていたことになる。

後漢に入貢できなかった卑弥呼であるが、楽浪郡への使者をたてることは可能だったようである。

倭人伝に「東南陸行後百里にして伊都国に至る。(中略)世々王有るも、皆女王国に統属す。郡使の往来常に駐《とど》まる所なり」とある。郡使が倭国と往来するときには、常にこの伊都国に駐まるというのである。従来の説では、この郡使というのは魏使だけであると信じられていた。これは倭人伝は魏の史書で魏の郡使の報告書をもとに書かれたものであると信じられているからである。しかし、史書は普通（現在日本でも）多くの資料を元に編纂されるものだから、そういった資料の中に魏の使者の報告書もあったかもしれないが、そればかりではないのである。中国との通交は紀元前一〇八年から始まっており、倭側からばかりではなく、中国からの使者もきたのではないだろうか。よってこの郡使たちの郡とは、帯方郡ばかりでなく、楽浪郡のことも含んでいるのである。そして、彼ら中国の使者の基地同様の宿泊地が伊都国にあったという。

伊都国の都は、佐賀県多久市中小路の庄集落であるが、ここは既述したように、行政の集落であったようで、王や一大率、臣下の住居、そして接待用の建物が並んでいたようだ。

一大率《いたそ》と大倭《だい》

倭国は各国が半独立国的であったと書いたが、それを統括する人物が必要である。本来は王がそれをやるのであるが、王の代わりに一大率という役割の者がそれを担った。

それは、倭人伝にいう、

「女王国より以北には、特に一大率を置き、諸国を検察せしむ。諸国これを畏憚《いたん》す。常に伊都国に治す。国中において刺史の如きあり。王、使を遣わして京都・帯方郡・諸韓国に詣り、および郡の倭国に遣いするや、皆津に臨みて捜露し、文書・賜遺の物を伝送して女王に詣らしめ、差錯するを得ず」

とある、一大率である。

一大率の役割には二つあるという。一つは諸国を検察するということ。もう一つは外交である。諸国を検察して歩くと、諸国の人達はこれを畏憚するという。畏とはおそれる（神仏を）の意味で、憚は憚《はばか》るという意味である。つまり、そうとうおそれられるほどの権威があったということになる。単なる行政官ではないようである。「国中において刺史の如きあり」とある（「刺史」というのは、漢の武帝がつくった職制で、郡国を監察してその成績を皇帝なり中央政府なりに報告するのが当初の任務であった。刺史は担当地方にいて、その地域の行政権、監察権、軍事権をもにぎっていた地方長官であった）。

一大率とはイタソという発音になるであろうか。イチダイソツでは、日本語読みである。漢字表記では大率とあるが、中国の大率のことではないようである。あくまでも倭人の言った言葉への当て字である。

では、イタソの意味はなんであろうか。

これに類似した言葉にイタコというのがある。イタコとは、東北地方に現存する巫女のようなもので、死者の口寄せといって死んだ人の霊の言葉を伝える役をする人である。となると、イタコとは言霊に関する言葉なのであろうか。

アイヌ語のイタグ（神霊なる言葉）や琉球のユタ、朝鮮語のイルタ（言う、告げる）日本語のウタに共通する意味を持つ言葉に類するものであろう。

前に、卑弥呼はアイヌ語のピリカと同じ意味だと述べた（卑弥呼アイヌ語説はなりたたないようだとも述べた）。今また、イタソはイタグといい、アイヌ語に似ているとみた。

しかし、弥生時代の九州でアイヌ語が使われているとは、どういうことであろうか。

地名をみても、セフリ・ヒレフリ・クシフルや、北海道のアンヌプリ・チャチャヌプリなど山名に共通するものがある。唐津付近にはコタリの浜、出雲にはウップルイなどと、これもアイヌ語ではという所もある。

しかし、どう考えてもおかしい。弥生人の女性の象徴ともいえる卑弥呼が、縄文人（アイヌ人に近い）であるはずがない。

そう考えていてある日ふと気づいた。これはアイヌ語ではない、朝鮮語だ。それも古いタイプの朝鮮語だ。となると疑問はたちまち氷解していった。

セフリなどのフリ地名は朝鮮にもある。ウップルイを朝鮮語と解する人もいる。

北部九州各地からは、小城郡も含めて、朝鮮系の土器や道具が大量に発見されている。

弥生文化は朝鮮からやってきたという説からすれば、当然、朝鮮語も入ってきたであろう。というよりは朝鮮語と倭語の区別はまだそれほどなかったのではないだろうか。

言語学的にいえば、朝鮮語とアイヌ語は、六千年から五千年前に分離したという。ということは、朝鮮語とアイヌ語は、かつては同じ言葉であったということである。

朝鮮語とアイヌ語という形で述べたが、卑弥呼・一大率に似た言葉が各民族で使われていることからわかるように、太古、アイヌも朝鮮も日本も沖縄も、かつては同一民族で、同じ言葉を使っていたのである。だから、それから数千年たった九州にも、アイヌ語で解せる語彙が残存しているのだ。

次は大倭である。これも政治的な役割を担っている役職である。

「租賦を収む、邸閣あり、国国市あり。有無を交易し、大倭をしてこれを監せしむ」

とある。

この大倭の仕事の一つは、市があって物々を交易するので、それを監督するというのである。この市は昔からある交易法で、各村の人々が産物を持ち寄って交易をするところである。これらは近代ではみられなくなったが、今でも神社や寺の祭り等の時にみられる屋台にその伝統が受け継がれている。

屋台を出す時に、場所などをとりしきったりするのがその筋の人達で、彼らの親分のことを代貸《だいがし》と呼んでいる。この代貸の代が大倭のことである。つまりその筋の人達の仕事は邪馬台国時代まで遡るのである。

邸閣があり、租税を納めるとあるが、大倭はこれにも関わっていたのであろうか。

租税の徴収に文字が必要かどうかの論議もあるが、当時は、現在のような複雑な課税法ではなく、どの村落は今年は米俵何俵というようなどんぶり勘定であったろう。記録としては、結縄を用いていたのではという説もある（沖縄にワラ算があった）。数は八百万までは数えられたのではないだろうか。

第三節　対魏外交

公孫氏滅亡

漢の末期、日本では卑弥呼が即位したあたりから漢の権威は失墜を始め、国内の官僚の腐敗と経済的混乱から遂に中平元年（一八四年）黄巾《こうきん》の乱が始まった。黄巾の乱とは、鋸鹿《きょろく》（河北省順徳）の張角が指導した新興宗教の太平道の信徒が起こした反乱で、大いに勢いを増した。その時、革命的に組織された信徒は数十万にも達したという。「蒼天已《そうてんすで》に死し、黄天当《こうてんまさ》に立つ、歳は甲子にあり、天下大吉」をモットーに、彼らは皆黄色の頭巾をかぶっていた。黄色は土徳《どとく》の象徴であった。霊帝の中平元（一八四）年、乱は洛陽から青、徐、幽、荊、揚、予の各州に拡大して、中国東半の村落を荒らしまわった。

まさにこの時をもって、漢帝国は崩壊への道を辿ることとなったわけである。

この乱の発生と、それに伴う漢帝国の弱体と混乱は中国東北部にも影響を与え、公孫氏の勃興をまねき、一八九年には公孫度《こうそんど(たく)》は遼東に拠ることとなった。

後漢は、霊帝の中平六（一八九）年、その部将の董卓《とうたく》が、帝の没後、少帝を廃して献帝を立てた。しかし翌年、山東に拠った袁紹《えんしょう》らの連合軍に攻められ、帝を擁して長安に入り、自ら太師となったものの、凶暴な性格だったため部下の手にかかって殺された。献帝は東に逃れて兗州《えんしゅう》の曹操《そうそう》のもとに行った。

曹操は南方の孫権《そんけん》と西方の劉備《りゅうび》の連合軍に赤壁《せきへき》の戦いに敗れ、天下三分の「三国時代」となった。曹操は、漢の丞相《じょうそう》（首相《しゅしょう》）として実権をにぎり、お手盛りで魏王に封じられたが、その子の曹丕《そうひ》は献帝に譲位を強要して天子の位についた。ここに後漢朝は終り、魏朝が始まったのであった。西暦二二〇年のことである。

これより先、献帝を擁立した董卓は、公孫度に遼東太守の印綬を授けた。太守に任じられた度は遼東の有力者百余人を斬って人々をおそれさせた。

さらに勢力を増して、外は西の烏丸《うがん》、鮮卑、東は高句麗を討ち、遼東郡を三郡に分け、楽浪、玄菟《げんと》二郡をあわせ、海を越えて山東方面を収めてこの地に営州刺史をおいた。こうして彼は自ら号して遼東侯平州牧といい、その威名は周囲に轟き、その出入進退はこれを天子に擬するというまでになった。公孫度は一九〇年には国家の体制を整えて自立した。

さらに、度の子の康の代になると、公孫氏の勢力はますます強くなり、高句麗を討ってその王位継承に干渉し、朝鮮に出兵して韓、濊貊《わいはく》族を討伐し、楽浪郡の南に帯方郡を新しく置いた。康が死ぬと、その弟の恭が代わって遼東太守となったが、康の庶子の公孫淵が長ずるにおよんで叔父の位を奪って自ら遼東太守となった。

つまり、遼東の遼陽付近で小部隊長クラスだった初代の公孫度は、董卓がその懐柔策として遼東太守にしてくれたのをチャンスとして後漢の末期的症状のごたごたに乗じ、遼東方面を中心に朝鮮にまで手を伸ばして、着々と火事場泥棒式にかせいでいたわけである。

公孫度の建てた政権は、度から康・恭・淵へと伝えられて、遼東以東の地域は、一時中国から分離したのである。

ところが、公孫淵の時になると、中国の中原《ちゅうげん》には魏の勢力が興ったので、さすがの淵も遼東で独立政権を保つことが難しくなり、魏に対してひたすら恭順を誓った。

しかし、結局は魏の怒りを買い、魏の明帝はその部将司馬懿《しばい》を出兵させ、公孫氏は三代にしてここに滅ぼされた。景初二（二三八）年のことである。

まず、その経過について説明すると、「三国志」東夷伝の韓伝は次のように記している。

「建安年間（一九六—二二〇年）に、公孫康が屯有県《とんゆう》（いまの黄海北道）以南の未支配地に帯方郡を建てた。そして、そこに公孫模《も》、張敞《ちょうへい》らを送って、そこにいた中国人を結集して、韓と濊《わい》を攻撃した。そのため、韓や濊《わい》の地にいた中国人が帯方郡に属するようになった。この後は、倭も漢もついに帯方郡に属するようになった」

二〇四年、公孫康が執権すると、遼東以北の世界に大きな変化がみられた。一つには、新たに帯方郡を設置したことである。後漢末以来、緩んだ東方支配をひきしめ、朝鮮半島南方の諸族を統制するために、楽浪郡の南部をさいて設置した。京城南方の漢江の南岸の土城址であろう。それ以後、韓族や日本列島の倭人までこの新しい帯方郡に属することになった。

一方、このころ高句麗は分裂の危機にあり、公孫康はこれにつけいって国都を破った。やがて分裂した一派が南下して、二〇九年に別に新しい国（新国）をたてることになった。

二三二年のこと、突然遼東に呉の使者がきて、公孫淵を「燕王」に封じ、魏を牽制した。ところが淵は呉使を殺し、その首を対立する魏に送り歓心を買った。

策謀にたけた淵は、魏と呉の争いをみて、いっぽうでは南方の呉にも通じて、魏と対抗しようとした。他方、高句麗は、高句麗に逃れ着いた残りの呉人を助け、そのまま呉に送りかえした。その四年後、呉はあらためて高句麗に使者を送り接近してきたが、今度は高句麗は呉使を殺し、その首を魏に送りとどけた。

「二三六年魏の皇帝曹叡《そうえい》から上洛を求められた際、公孫淵はついに魏に反旗を翻して燕《えん》王を称した。翌年には年号を紹漢《しょうかん》と定め、本格的に支配体制を確立。近隣部族に玉璽《ぎょくじ》を与えるなど魏を刺激し、いよいよ争乱は決定的となった。魏の討伐をうけた淵は、今度は呉に救援を求めたが、当然無視された。

公孫淵は一度は魏の幽州刺史の軍勢を退けたものの、二三八年大尉司馬懿の討伐を受けて国都襄平に包囲され、一族ともども滅ぼされた（遼隧《りょうすい》の戦い）。

公孫氏の裏切り行為には、討伐した魏の司馬氏も相当怒っていたらしく、襄平を落とした際、その臣下と成年男子七千人を殺し、その死体で京観《けいかん》（死体で築く塚）を築いたという。

こうして景初二年（二三八年）、ついに遼東の公孫氏は三代にして滅ぼされた。

さて問題は、卑弥呼の魏への貢献である。

魏志倭人伝に、

「景初二年六月、倭の女王、大夫難升米等を遣わし郡に詣り、天子に詣りて朝献せんことを求む。太守劉夏、吏を遣わし、将って送りて京都に詣らしむ。その年十二月、詔書して倭の女王に報じていわく」とある。

景初二年は西暦二三八年のことである。この年に、倭の女王は使いを郡に詣らせ、朝献したいと求めたという。それで太守（郡の長官）劉夏は役人を遣わし、京都まで送らせた、という。

問題はここにある景初二年六月の日付である。公孫氏の討伐にむかった司馬懿の軍は、景初二年六月に遼東に到達。八月七日（丙寅）の夜、流星、八月二十三日（壬午）落城、公孫氏は滅亡。つまり、二年六月の倭国貢献は早すぎる、まだ戦いが終わっていないではないかということである。ところが、魏志倭人伝では景初二年となっているが、他の書では三年となっている。そのため、倭人伝の二年は三年の誤写である、となっている。しかし、二年でよいとする説もある。では、二年説をみてみたい。

もう一度、当時の情勢をみてみよう。

景初二年春正月（明帝は）大尉司馬宣王（司馬懿）に詔して、衆を帥いて遼東（公孫淵）を討つ。〈魏志三　明帝紀〉
景初二年秋八月　丙寅、司馬宣王、公孫淵を襄平に囲み、大いに之を破る。淵の首を京都に伝え、海東の諸郡平かなり。〈魏志三　明帝紀〉
景初二年十二月乙丑　帝（明帝）は寝病不豫（急病を発し）……帝の疾に及び、飲水験無し（薬水効なく）〈魏志三　明帝紀〉
景初三年春正月丁亥　即日、嘉福殿に崩ず。〈魏志三　明帝紀〉
景初三年正月丁亥朔　帝（明帝）病甚し。乃ち立ちて皇太子たり（皇太子をたてた）。是の日、皇帝（斉王）の位についた。大赦を行った。〈魏志四　斉王紀〉
景初三年十二月詔して曰く、「烈祖明皇帝、正月を以て天下を棄背し、臣子永く忌日の哀を惟《おも》ふ。其れ復た『夏正』を用ひよ。先帝三統之義に通ずるに達すると雖《いえ》ども、斯亦《これまた》礼制の由りて変改する所なり。又『夏正』数において天正を得《う》と為す。それ建寅の月を以て正始元年正月と為し、建丑の月を以て後の十二月と為す」〈魏志四　三少帝紀〉

要点を簡略に述べると、「景初三年十二月、斉王は詔勅を発し、『一年間先帝の喪に服していたが、年も改まるので、停止していた諸公事を再び始める』として、建寅の月を以て正始正月とし、建丑の月を以て後の十二月とする、ということである」（夏正とは夏の時代の暦のこと）

また、公孫氏討伐に際し、ひそかに軍を海上より朝鮮半島に送り、先ず楽浪・帯方の二郡を制圧させたようである。

景初中大いに師旅を興し、淵を誅す。又軍を潜めて海に浮かび、楽浪・帯方の郡を収め、而して後、海表謐《ひつ》然、東夷屈服す。〈魏志三十　東夷伝序文〉

景初中、明帝密かに帯方の太守劉昕《きん》、楽浪の太守鮮于嗣《せんうし》を遣はし、海を越えて二郡を定めしむ。〈魏志三十韓伝〉

これらの文に海という言葉が出てくる。つまり海（黄海）を越えて二郡への作戦が行われたことを指すようである。そもそも、その前半の景初元年に失敗したが、田丘険《かんきゅうけん》を遣わして遼東を討たせているのである。景初中とあることから、すでに田丘険を派遣した段階において海軍を出動させていたのかもしれない。これは、公孫淵に対し、海陸両用での遠大なる大包囲網を使った作戦をとったものであろう。

（景初）二年春、大尉司馬宣王を遣はし、淵を征せしむ。六月、軍遼東に至る。（中略）遂に軍を進めて城下に造《いた》り、囲塹《いざん》を為す。会《たまたま》、霖雨《りんう》三十余日、遼水暴長し、船を運《めぐら》し、遼により径《ただち》に城下に至る。雨霽《は》れ、土山を起し、櫓《やぐら》を脩《おさ》め、為に石を発し、弩を連《つら》ね、城中を射る。淵窘急《きんきゅう》す。糧尽き、人相《あい》食ひ、死者甚だ多し。将軍楊祚等降る。〈魏志八・二公孫伝〉

六月には、水陸両路から、司馬懿の軍は遼東の公孫淵の城下に殺到していた。おりからの長雨の中に「囲塹」（とりまいた濠、城下の池）を築き、城を包囲し、糧道を絶った。公孫淵は窮地に陥って、敗色日に日に濃く、「人相食ふ」までにいたっている。その末期的戦況が、ありありと描きだされている。すでに大勢は六月には決していたのである。

倭国は、戦いまだ終わらぬこの時点で、すばやく魏に使者を送った。明日の東アジアの動向を見極めた、機敏な外交である。倭国側の使いと奉献物が異常に少ないのも当然である。

魏が、このあわただしい「戦中遣使」を特別に喜び迎えた心情も、容易に理解できる。公孫淵に対する東西からの挟撃、海上治安の確保、東夷諸国の服従――それを大きく前進させる手がかりだからである。

年明けて景初三年正月となり、そこで明帝の「死」をみることとなったのである（『「邪馬台国」はなかった』古田武彦著　朝日新聞）。

以上が景初二年でよいという見方である。つまり、六月には公孫氏は籠城においこまれており、そこ以外の地はすでに魏におさえられていたから行けたということである。

では、もう少し当時の戦線の状況をみてみよう。

景初二年六月襄平に達した魏軍は、早くも八月には公孫淵を斬首し、平定を終えた。

景初二年六月に、卑弥呼の使者が洛陽に到着したとすれば、帯方郡には相当はやく到着していなければならないから四月ごろであろう。

襄平に向かう魏軍の進軍中である。

この段階での公孫氏から魏朝への乗り換えの判断は早すぎると考えられる（帯方郡に到着が六月としても早すぎるであろう。情報の伝達は、倭への往復の日時が必要である）。

ところが、ここに別の見方もある。

従来の説では、この景初二年の司馬懿による討伐のみが論ぜられるのであるが、魏は景初二年（二三八年）から公孫氏討伐を初めて行ったわけではない。すでに前年の景初元年から討伐を始めていたのである。

二三七年明帝は毌丘倹を幽州刺史に任じ、高句麗や烏桓に援軍を求め、公孫淵征伐を行わせた。毌は公孫氏を攻めきれずに撤退した。出水に逢い兵をひいたという。

二三七年魏は公孫淵に上洛を命じたが、淵はこれを拒否、挙兵して遼隧で毌丘倹を撃退したのである。同年公孫淵は燕王を称し、年号を紹漢と定め独立を宣言、周辺部族を掌握して玉璽を与えた。年号を独自に制定するということは完全な独立を宣言したということである。しかも勝手に玉璽をあたえたのは完全に魏への挑戦でもあった。

魏としては、これを討滅しないわけにはいかなかった。よって、司馬懿の出兵の前年に、毌丘倹に命じて攻撃を開始していたのである。

毌丘倹の時には、すでに海上から帯方・楽浪を攻めて攻略に成功していたのではないだろうか。

となると、倭国の貢献が二年六月でも早すぎないということになる。しかも、倭国が貢献の使者を送っていた先は、帯方郡である。帯方郡がすでに景初元年に魏によって落とされていたとすると、倭国の貢献先は魏治下の帯方郡となる。すなわち魏に朝貢することになる。魏を宗主とすることになったのである。

東夷伝序文においては、「景初中、おおいに師旅を興し淵を誅す。又、軍を潜めて海に浮かび、楽浪・帯方の郡を収め、而して後、海表謐然、東夷屈服す」とある。

すなわち、軍を潜めて海に浮かび、つまり、水軍を使って半島を攻めたのである〈帯方の太守劉昕《りゅうきん》、楽浪の太守鮮于嗣《せんうし》を遣わし、海を越えて二郡を定めしむ〈韓伝〉。

しかし、この毌丘倹の攻撃は失敗で陸路撤退しているのである。ということは、海軍をもって半島に上陸した魏軍は孤立したということになる。陸軍の撤退後、公孫氏は南下して魏軍を追い払うことを当然するであろう。となると、半島に上陸した魏軍は孤立することをおそれて本国に引き返したものであろう。

本格的半島攻略は、景初二年中に行われたものとみられ、その時に水軍を使って攻略が行われたものと思われる。そして同年八月に公孫氏を滅ぼしている。

この段階で、倭国は魏への貢献の使者を出せたかということになる。

前年毌丘倹が失敗したのであるから、公孫氏が滅ぼされたと確認されたあとでないと行動に出られないであろう。どのような形で情報を得たにしろ、八月二十三日に滅亡し、その情報を得て渡航の準備をしたとしても、季節は晩秋から冬になっており、渡海は危険であろう。つまり、どうしても翌年を待たねばならないのである。

例えば、倭が公孫氏に遣いを出したが、途中で魏が有利とみて、魏への貢献に切り替えた、ということはいくらなんでもないであろう。

第二に、明帝は景初三年の一月一日に崩御している。しかも、急死ではない。明帝は十二月八日から病に伏せ、二十七日には、曹宇罷免の詔勅も直筆できなかったという（『三国志』斐注引用　習鑿歯《さく》『漢晋春秋』）。

魏志倭人伝には、「その年十二月、詔書して倭の女王に報じていわく」として制詔されている。もし、これが景初二年だとすれば、十二月七日までに行われていなければならない。こうみてくると、どうにも景初二年中に、魏に貢献するのはどう考えても無理であろう。

また、貢物が乏しい事をもって、急な使者であったので準備不足であったとの説もある。その時の倭国の貢物は、「男の生口《せいこう》四人、女の生口が六人、班布二匹二丈」のみであったという。いくら急いでいたにしろ貧弱すぎる。そして皇帝は、「汝がある所、踰《はる》かに遠きも、乃ち使いを遣わして貢献す。これ汝の忠孝我れ甚だ汝を哀れむ」とある。気の毒に思われているようである。

ずばり、倭の使者は、帯方郡治への途中に盗賊に遭ったのである。貢物の貧弱さはそれによるものである。

昔の盗賊は、数十人から数百人の群れをなして襲撃するのである。

平時の治安の良い時はそれほど襲われないのであるが、政変や戦争のときのように治安が乱れた時に発生する。日本でも戦国時代、織田信長が本能寺の変に倒れたとき、畿内の治安は一気に乱れ、部下を引き連れた武将までもが襲われて落命した。治安が行き届いた日本ですらこうなのであるから、一時的に治安が悪化した半島においては盗賊団はかなり跋扈《ばっこ》したものであろう。

倭の使者は、まさにその盗賊団に襲われ、貢物の多くを失い、命からがら帯方郡治に辿りついたのである。その様が魏帝の同情をかったのである。

景初三年六月に郡に到着し、その後、都の洛陽におくられて、喪が明けるのを待ち、公事が再開された十二月に制詔を受けたのである。

これでうまく解釈説明ができる。

景初三年正月に明帝は崩御したが、改号は行われず、景初三年のままで一年間喪に服し、一切の行事（儀典）が行われなかった。そして年末（景初三年十二月）になって斉王の諸行事再開、年号改定の詔書となり正始元年を迎えたのである。

ということは、景初三年六月に卑弥呼の使者が魏に到着しても、一切の儀典は行われなかったということになる。そして倭国の使者は、服喪のためそこに留めおかれたということになる。

公事が再開された時、斉王はかつての倭国の使に対する「欠礼」を服することとし、明帝の遺志となった詔書内容を実行することとなった。そのため、魏の側から倭国への遣使となり、大量の下賜品が詔書内容のままに、卑弥呼のもとに届けられることとなった。

それが、翌正始元年の「太守弓遵《きゅうしゅん》、建中校尉梯儁《ていしゅん》を遣わし、詔書印綬を奉じて、倭国に詣り、倭王に拝仮し、……」である。

以上のことから、景初二年は景初三年の間違いであるとして問題はない。

景初二年をとる説では、時間的に無理をすれば成り立つということと、下賜品の伝達がスムーズに行われていない、というのが論の中心であるようである。

次に、日本書紀神功紀において、書紀は卑弥呼を神功皇后に比しているのであるが、その年代は景初三年となっている。現存する魏志倭人伝の紹熙本や紹興本が、十二世紀南宋の出版であるのに対し、日本書紀の成立は、それより遙かに早い七世紀の完成であり、現存最古の写本は、平安時代極初期の八、九世紀のものである。写本は古いほど誤写が少ないとみるならば、日本書紀のほうが正しいとなる。

また梁書においても、景初三年と記されている。

以上のことから、倭国の朝貢は、景初二年は誤りで景初三年が正しいとなる。

ついでに言うならば、当時の年号が刻まれている紀年鏡は、景初三年鏡はあるが、景初二年と刻まれているものはないのである。

＊紀年鏡

青龍三年鏡二面　景初三年鏡二面（三角縁神獣鏡一面、画文帯神獣鏡一面）

景初四年鏡二面　正始元年鏡三面（三角縁神獣鏡三面）

赤烏元年鏡一面　赤烏七年鏡一面

元康？年鏡一面（晋の年号）

景初二年論の背景だが、私が引用した本の著者は、現存する魏志倭人伝に間違いはない、陳寿を信じるという立場から解釈しているようである。

船の使用　郡から西唐津まで

郡から西唐津までのコースであるが、必ずしも魏志倭人伝の行路どおりとは限らない。倭人伝のコースは箕子朝鮮への朝貢が始まってからの、倭人のもっとも一般的なコースとみてよい。しかし、時代を経るにつれて、造船技術や航海術の発達につれて、コースの変化などがみられるようになったと思う。

さて、卑弥呼が初めて魏に貢献した時代は、中国東北部は動乱の真っ最中であり、当然、半島もその影響を多大に受けていたわけである。当然、治安も大きく乱れていたのであるから、陸路を進むよりも海上を進んだ方が安全である。さらに、帰りは皇帝からの大量の返礼の品々を運ばなければならない。

反物だけでも、百六十三反、金八両と五尺刀二口、そして、銅鏡百枚、真珠、鉛丹がそれぞれ五十斤と、結構な量であり、これらを難升米と牛利の二人で担いで持って帰るのは無理である。となると、船で運ぶのが一番であろう。となると、問題は船である。くり舟のような倭船では、一、二艘では無理であろうし、第一、帯方郡の近くにいつも倭船がいるわけではない。

となると、中国船ということになる。当時の中国船は、映画「レッドクリフ」に登場したような帆船で、かなりの人数や荷物を運ぶことができる。

公孫氏征伐の時、魏は相当数の船舶を以て半島を攻略していることは前述した。

また、呉が公孫氏と通交した時も、船でもって呉から遼東に達している。

二四〇年頃には、戦争が終わったばかりで、帯方郡・楽浪郡には、まだ戦争に使われた船が残されていたものであろう。魏使や倭の使節は、その船を使って倭に渡ったものであろう。魏の軍船に荷物一切合財を積み込んで、倭国へと向かったのである。

半島西海岸に沿って、しかし、半島の諸港に寄港することもなく、できるだけ岸から離れて航海を進めていく。そのほうが安全なのである。

読者の多くは半島の諸港に寄りながら、と考えがちであるが、くり舟のような手こぎ小型船ならともかく、帆走するある程度大きな船となると、寄港せずに岸から離れた方が安全である。岸に近づくと座礁の危険がある。もちろん水先案内人は必要であるが。

さて、問題は、倭人伝に書かれている、狗邪韓国、対馬、壱岐に寄ったかどうかである。

隋書倭国伝によると、大業四年（六〇八年）、文林郎裴清《はいせい》が倭国に派遣されたときに、

「百済に度《わた》り、行きて竹島に至り、南にタン【身偏に冉】羅国（済州島）を望み、都斯麻《つしま》国（対馬）を経、逈《はる》かに大海の中にあり。また東して一支国（壱岐）に至り、また竹斯《ちくし》国（筑紫）に至り、また東して秦王国（周防？）に至る」

とあり、半島南西部を大回りした後、対馬、壱岐に寄っているのである。その後筑紫となっているが、この場合は博多であろう。

そういえば、魏志倭人伝においては、狗邪韓国は倭国であるといっているのに、対馬や壱岐や末盧のような詳しい描写は描かれていない。それは、狗邪韓国には寄らなかったからではないだろうか。

こう考えてくるならば、倭国を訪問する際には、対馬、壱岐に寄ってくるのが通例となっていたようである。もっとも、倭人伝行路では、対馬では小茂田《こもだ》浜、壱岐では勝本であるが、魏の時代には対馬は厳原《いづはら》、壱岐は石田と変わっていたようである。

魏使や難升米・牛利を乗せた魏船は、西唐津八幡町に到着し、港で積荷を捜露《そうろ》し、積荷が目録と違わないか調べ、文書賜遺の物を伝送して女王に報告し、間違いのないようにした。これは一大率の仕事であったという。一大率は伊都国（多久市中小路庄集落）に在住していたから、船が着くと直ちに伝令が多久に走り、連絡を受けた一大率は準備を整え、西唐津へと向かい、右記の仕事を行ったものであろう。

点検後、一大率は魏使を案内し都へと向かった。途中伊都国に一泊である。郡使の往来常に駐まる所なり、である。そして、郡使梯儁《ていしゅん》等は、倭国王卑弥呼に、詔書印綬を拝仮したという。

その後魏使は唐津に戻り、待たせてあった船に戻り、倭国を後にしたのである。

第四節　卑弥呼の野望

卑弥呼の最初の魏への貢献

卑弥呼の即位は西暦一八三年であるが、二三九年の魏朝への貢献までは空白となっている。これは倭の争乱時に「漢委奴国王印」を紛失したために、たとえ洛陽までいって貢献しても、正式な貢献とは認められずに、正史に記録されなかったからである。公孫氏が勢力を拡げてきても、名目的には公孫氏は中国王朝の機関であるから、帯方郡への貢献は中国正朝への貢献となっていた。ただ、公孫氏は末期に自立独立して燕という国をたてたが、東夷諸族がどのくらい燕に貢献したかは不明である。燕は短期間であった。

魏が公孫氏を滅ぼし、半島での支配権を確実とするや、邪馬台国の女王卑弥呼はさっそく使いを送った。

景初三年六月に、倭の女王は、大夫難升米等を使わして帯方郡に詣り、魏の都に行って皇帝に朝献することを求めたという。そこで帯方の太守の劉夏《りゅうか》は役人を遣わし、京都まで送らせた。

そしてその年の十二月、魏の朝廷で喪が明け公事が始まると、皇帝（斉王）に面会し、詔を受けている。

皇帝は、はるかに遠い所から使者を使わして貢献したことをあげ、忠孝をいとしく思うという詔

「親魏倭王」の印影
藤貞幹が掲載したもの
(『好古日録』より

書を出した。
そして、倭王に金印紫綬《しじゅ》（紫の組み紐）を与えた。そして、種人（同一種族の人）を安んじいたわり、勉めて孝順するように諭した。また、難升米と牛利には、その功労にむくいて率善中郎将（五官・左右三署の長官）と率善校尉（宮城の宿衛・侍直）とし、銀印青綬を仮授して引見労賜（ねぎらって物を賜う）をした。

そして、次のようなものを賜った。
絳地（こいあかぢ）交竜錦（蛟竜の模様のある錦）五匹　絳地縐《すう》粟罽《ぞくけい》（ちぢみの粟絞のあるうおあみ、けおり、もうせん）十張　蒨絳《せんこう》（あかね、深紅色）五十匹　紺青《こんじょう》（群青《ぐんじょう》の一層濃いもの、金青・空青）五十匹
これらは、倭王の献じた貢へのお返しである。
次に倭王に対して特に、
紺地句文錦三匹　細班華罽《さいはんかけい》五張　白絹五十匹　金八両　五尺刀二口　銅鏡百枚　真珠五十斤　鉛丹（炭酸鉛・紅色結晶性の粉末）五十斤。
これらを装封して難升米、牛利に渡した。
そして還り到着したら目録どおり受けとり、ことごとくあなたの国中の人に示し、国家（魏）が

あなたをいとしく思っていることを知らせよ。故に鄭重にあなたに好物を賜うのである、とある。

そうしてこれらを装封して帯方の太守に付し仮授せしめたという。

以上が倭王卑弥呼の第一回目の魏への貢献のありさまである。倭国の貢物の、男生口四人・女生口六人、班布二匹二丈に対する返礼である。対価としては破格の賜物である。

あくる正始元年（斉王芳二四〇年）、帯方郡太守弓遵《きゅうしゅん》は、建中校尉梯儁《ていしゅん》らを遣わし、詔書、印綬を奉じて倭国に行き、倭王に拝仮して詔をもたらし、金帛（黄金と絹帛・金繒《きんそう》）・刀・鏡・采物（采色文章を施したもの、旌旂《せいき》衣服などに品級によって異なる彩色を施す）を賜わった。倭王は、使に因って上表文をたてまつり、詔恩（天子からの恩典）を答謝した。

ここで大事なことは、付き添ってきたのは郡使であること、そして彼らは直接倭王卑弥呼に面会しているということである。

論者の中には、郡使は卑弥呼に会っていない、伊都国までしか行っていないという論を持つ人もいるようであるが、この文章を読むかぎり、使者は卑弥呼に確かに面会し、皇帝からの賜物を渡している。そして、魏が倭国王卑弥呼を大事に思っていることを国中に知らせるようにと伝えている。

さて、倭国の使節は、帯方郡に行く途中に賊に襲われボロボロの姿であったことは述べた。そして、正始元年の郡使の帰還に際しては、上表文を奉っているのに、一回目の遣使は上表文を持参していなかった。

倭国は、それまでも後漢に対して公式と認められなくとも楽浪郡へ貢献の使者を何度も送っていたはずであるから、上表文を書くことはよく知っていたはずである。それがなかったということは、やはり、賊に襲われて上表文を奪われたからであろう。

この襲われた所が、海上なのか陸上なのかはっきりしないが、若干の生存者、特に生口がいたことから、陸上（半島内）であったようである。さて問題は帰りである。倭国の貢物よりはるかに豪華な品々を無事に送り届ける役目を担ったのは帯方郡である。

陸路には賊が充満していたであろう。もちろん、天下の魏の帯方郡であるから、護衛の兵も十分であろうが、はたして固城《こそん》まで陸路をとったであろうか。

なぜこう書くのかというと、魏志倭人伝の行路記事は周尺をもって記されていることから、これは、魏代の行路ではないのでは、との考えからである。

そもそも、倭人伝は、種々の史料を切り貼り継ぎ足しして作られたものなのである。論者の中には、倭人伝は「魏略」（魚豢《ぎょかん》）をもとにして書いたという論を述べる方もおられるが、確かに魏略もみたであろうし、引用したかもしれないが、それればかりではないのである。

陳寿は、晋の史官であったことから、晋室の図書館に入り、文献をかなり自由に閲覧できる立場にあったはずである。となると、陳寿は、多くの東夷に関する文献を眼にし、その中から必要な部分を抜きだして記述したのである。倭国への行路記事もその中にあり、それが記録されたのは、魏朝の始まるずっと前であったろう。

陳寿は、元々は魏に敵対していた蜀の出身である。

蜀が滅亡したのは二六三年であり、その後、魏の洛陽に出たが、二六五年には、魏に変わった（禅譲）晋に仕えることとなった。そしてそこで、魏朝の最高の有力者の中で、張華という人物に見出され、庇護されることとなった。

当然史官としての立場は有利となり、魏晋朝の図書館に出入りし、あらゆる資料に接することができたはずである。

つまり、中国中から集められたと思われる多くの資料を活用できたのである。

魏志倭人伝の行路記事の主要部分は陳寿の編集ではない（一部書き加えた）。書庫にあった東夷に関する資料の中の倭国への行路記事をみて、彼は、現在（魏の時代には）変化したところを、他の資料（例えば魏使の報告書）を使って補正修正して記述したものである。行路記事の大部分の行路の里による距離の測定と記録は、漢の時代や箕子朝鮮のものであり、それに魏の時代の資料を継いだのである。

行路記事後部のちぐはぐさはそこに原因があった。陳寿自身も魏使自体も、しっかりと全般を把握できていなかったのであろう。

行路記事はもともと全文里程表記であったはずである。考えてもみよう。帯方郡から半島南部の狗邪韓国（現固城）まで七千里と里程で書いておいて、投馬国まで二十日とか、水行十日陸行一月と、なぜ日数表記に変わるのか。七千余里が計測できる技術があるなら、投馬国までの二十日や水行十日陸行一月も計測でき、里程で表記できたはずである。

そうでないということは、この不彌国以降は、後世の資料（魏使の報告か？）をもって、継ぎ足したからである。

それではその継ぎ足したと思われる投馬国について検討してみよう。

投馬国は、倭国（委奴国）の初期のころは倭国の中に入っていなかった。後漢書に「倭奴国は倭の極南界」とある。委奴国の当時の都は吉野ケ里であった。いやそれ以前の惣座（佐賀市佐賀平野北部）であり、この惣座の南は有明海であったから、まさに倭の南はずれであった。それより南の投馬国や狗奴国は、まだ倭の中に入っていないとみなされていたのである（金印を授受した五七年には、投馬国も倭に含まれていたのだが、極南界の記事は、かなり古い資料の文面をそのまま掲載したものであろう）。

つまり、投馬国は、後から倭に入ったが故に、里数で計測されていなかったということになる（または、遷都により、出航地が移動したため里数がわからなくなった）。

では、投馬国までの水行二十日は、誰の計測なのだろうか。

これはやはり、倭人からの伝聞を記録した報告書によるものであろう。

「女王国より以北は戸数・道里は得て略載すべきも、その余の旁国は遠絶にして、得て詳かにすべからず」とあるにもかかわらず、投馬国は戸数も官名も記載されている。

水行十日陸行一月は、行程の総日数である。

総里数は万二千余里とあり、これは、女王国に至るである。唐津（末盧国）まで既に一万里は超えているのであるから、残りの距離が、水行十日陸行一月もかかるはずがない。問題は、不彌国の南にある邪馬台国までの記述があやふやなことにある。不彌国の次に「南至投馬国水行二十日、官曰彌彌、副曰彌彌那利、可五万余戸南至邪馬台国女王之所都水行十日陸行一月……」とあっては、水行十日陸行一月が女王国までの日数と受けとられても不思議はない。いや文のつながりからいくと、その方がすんなりと受け入れられる。つまり、魏使は里程を測っていなかったのだ。

彼らは倭人からの伝聞で報告書を書いた。不彌国まで来て、そこから南へ二十日行くと投馬国へ行ける。南に進むと邪馬台国の都に着くと書いたのである。

そして、第一回の魏使の訪問先は吉野ケ里なのである。この時にはまだ遷都は行われていなかった。とはいっても、倭人伝の都の光景の描写は吉野ケ里なのか新都小城甘木なのかは不明であるが。

卑弥呼の即位は西暦一八三年であるが、二三九年の魏朝への貢献までは、中国の記録にはなく空白となっている。

これは、倭国の混乱時に「漢委奴国王」印を紛失したために、中国への正式の使節を送れなくなったからである。そのために中国の史書に記載されなかった。

だからといって、中国と全くの没交渉となったわけではない。一章第二節でも解説したように、倭国は数多くの国々に分かれていたため、それぞれが楽浪郡に使節を送ることができたので、委奴国は倭王としては朝貢できなかったが、委奴国王としては楽浪郡に貢献できたのである。ただ、楽浪郡の公式文書がもう存在しないがために不明となっているのである。後漢朝末期であるが、楽浪郡は公孫氏の支配下に入り、南に帯方郡がつくられ、倭の諸国の使節はそこに詣でることとなった。ただし、公孫氏の支配とはいっても、公孫氏は後漢朝の官僚という立場であることから、公孫氏治下の帯方郡に貢献しても、後漢朝に貢献したと同じとなる。二二〇年、後漢朝が滅んで三国時代が始まった。公孫氏は自立はしていたが、新王朝をたてたわけではなく、魏に従っているという建前をとったり、呉と交流したりであったが、倭の諸国の貢献は依然として帯方郡が受けていたようである。二三七年に燕という国を造り、魏と戦い滅ぼされたが、その短い間の倭の貢献はどうであったのだろうか。

魏が公孫氏を滅ぼし、半島での支配権を確実とするや、倭の女王卑弥呼はさっそく帯方郡に詣で、さらに京師洛陽まで赴き皇帝に拝謁することを望んだ。以後、卑弥呼は何度か洛陽まで使節を派遣している。

景初三年の最初の遣使については既に述べたが、景初三年と正始元年の貢献記事は同じ使者のことである。その次の貢献は、正始四年（二四三）である。倭王はまた使者の大夫伊声耆・掖邪狗ら八人を遣わしたという。今度の貢物は結構多く、生口・倭錦・絳青縑・綿衣・帛衣・丹・木狦に・短弓矢などである。量は書いてないが、相当の量であったことは想像でき、生口以外はそれほどの重量ではないことはわかる。

掖邪狗らは率善中郎将の印綬を拝受した。

さらに正始六年（二四五）に、詔して倭の難升米に黄幢《こうどう》を賜い、郡に付して仮に授けた。難升米は使いとして帯方郡にきたようである。貢物等の記録はない。

さらに正始八年（二四七）、帯方太守王頎《おうき》が赴任してきた。

倭の女王卑弥呼は、狗奴国の男王卑弥弓呼ともともと不和であった。倭の載斯烏越らを遣わして郡にゆき、互いに攻撃する状態を説明した。

そこで太守は塞曹掾史張政らを遣わして詔書・黄幢をもたらし、難升米に仮授し、檄をつくってこれを告諭した、とある。

ところが、これに次の文が続いている。

「卑弥呼以て死す。大いに冢《ちょう》を作る。径百余歩、徇葬《じゅんそう》する者、奴婢百余人、更に男王を立てしも、国中服せず。更々《こもごも》相誅殺し、当時千余人を殺す、また卑弥呼の宗女壱与年十三なるをたてて王となし、国中遂に定まる。政等、檄を以て壱与を告諭す」とある。

卑弥呼の葬儀後、騒乱があり、壱与が即位した後に魏使は帰国の途についた。唐津に待たせてあった船に乗って、であるが、卑弥呼死後のごたごたで帰還はかなり遅れたようである。

倭人伝には、「壱与、倭の大夫率善中郎将掖邪狗等二十人を遣わし、政等の還るを送らしむ」とある。政等を送って魏の都洛陽まで派遣したのが、壱与の最初の貢献であった。貢物は男女生口三十人、白珠五千孔・青大勾珠二枚・異文雑錦二十匹を貢す、とある。

ここまでが、魏志倭人伝における記録である。

さてここまでの貢献のことで重要なのは、正始四年と正始六年、正始八年の貢献である。次に、正始四年に遣使をしており、ついで正始六年、そして正始八年にも遣使をしている。

正始六年になると、貢物や使者の人数などは省略され、難升米に黄幢を仮授したことのみが記録されている。

正始四年と六年は、一年おきの遣使であるが、六年に難升米の名が記されていることから、もし四年に一緒にきたのであれば、四年の方にも難升米の名がなければならない。なぜなら、難升米の方が倭国では位が上であったようなのだから。よって別々の遣使である。

六年においては、「詔して倭の難升米に黄幢《こうどう》を賜い、郡に付して仮授せしむ」とある。

黄幢を賜るには、郡の一存ではできなかったようで、都に赴いて申告し（郡の役人が）郡に送られてきて、それを授けられたもののようである。「郡に付して」の表現はそれをあらわしているようである。

しかし、八年の記事では、再び詔書・黄幢が出てくる。そして倭国の重大事件の記録となっている。貢物についての記録はないが、魏側の事件への対処が記されている。

そして予想外の重大事である、卑弥呼の死とその後の混乱の記事となっている。そして、政等の還るを送らしめる際の貢献（壱与の即位報告）を最後に記録は途絶えるのである。そして、晋書の泰始初の遣使の記録を最後として、倭国と中国との通交は一切記録されていない。ちなみに、壱与即位挨拶は二四八年か二四九年であったようであるから、次の貢献の、魏から晋への禅譲による晋朝の成立への賀詞の貢献までは、十八年の間、記録がない。貢献は行われたであろうが、特記すべき事がなかったのであろう。

第五節　卑弥呼の野望

金印授受

卑弥呼は魏への最初の貢献を以て倭国王に任命され、その証として「親魏倭王」の金印が下賜された。

この金印授受は、卑弥呼にとってたいへんな感激をもって受けとられた。

既述したが、卑弥呼にとって金印は特別な意味を持っていた。

即位して最初の貢献の時、「漢委奴国王」の金印による封印がなかったが為に、正式な貢献として受け入れられなかった。

このことは、彼女の心の中に大きな傷となって残った。国王としての立場を否定されたようなものである。

しかし、思わぬ転機が訪れた。

それは後漢の滅亡である。後漢は二二〇年に、皇帝献帝劉協（一九〇～二二〇）が、曹操の子曹丕《そうひ》に位を禅譲して滅んだ。曹丕は魏を建国した。

この結果、中国への貢献に「漢委奴国王」の印を使う必要がなくなったのである。

但し、直ちに魏朝に朝貢というわけにはいかなかった。

東夷である倭の諸国は、楽浪郡や帯方郡に貢献することになっており、そこはいまだ公孫氏の支配する所であった。

当時の三国時代といわれる中国の情勢は特殊であり、漢が滅び魏が興っても、他の二国の呉と蜀は魏を正当な朝廷とは認めず、それぞれ独立した王朝をつくったのであった。

公孫氏も魏に対して、従属していたわけではなく、独立国の状態であった。しかし、公孫氏は形の上では後漢の官吏であったことから、公孫氏を無視して直接魏朝に詣でるわけにはいかないのである。

しかし、その公孫氏も二三八年に滅ぼされ、帯方郡は魏の支配下に入った。そこで翌景初三年六月（二三九年）に、卑弥呼は使いを郡に送り、天子に参って朝見することを求めた。

こうして倭国は、ようやく中国の朝廷に直接接見できるようになり、最初の貢献において、膨大な下賜品と親魏倭王の称号を得ることができたのである。

それらの中で、特別な品物は、「親魏倭王」と刻された金印である。

何度も記すが、卑弥呼にとって金印は因縁の深いものであった。思えば、王に共立され、初めての貢献を西暦一八四年に後漢朝に詣でたのであるが、先に述べたように、「漢委奴国王」の印の封印がなかったがために正式には認められなかった。その時以来、まさに五十六年が経っていた。

それがここにきて、ようやく入手することができたのである。

卑弥呼の胸中の喜びは、察するに余りあるものであろう。

卑弥呼八十五歳の時のことである。

倭国王の象徴としての魏の皇帝から下賜された、まばゆいばかりの金印をためつながめつしているうちに、彼女の胸中には大きな野望が湧きあがってきたのであった。

金印をみつめながら、卑弥呼は考えた。

かつて委奴国王が金印を戴いた時代と、今の自分を比較し考えてみた。

「委奴国の時代は、その領域は東は名古屋から南は鹿児島、北は半島南部まで及び、倭の全体を束ねる王であった。それに比べ、現在の私は、九州の三十カ国を束ねるだけの王者ではないか」

そう考えた時、卑弥呼はこの金印を所持するのにふさわしい王者となろうと決心した。

つまり、倭の一地方政権のような倭王ではなく、倭全土を支配するような真の倭王になろう。真の倭王となる以上、真の倭王としての誇りある業績を上げよう、と。

そこで卑弥呼は、次の三つの事業を始めることとした。

一つは国名の改定であった。

それまでの邪馬壹国《やまい》を邪馬臺国《やまたい》と改めた。これは、邪馬にある大いなる壹の国という意味である。

倭国を代表する自国は、魏に認証された偉大な国であるからである。

二つ目は、遷都である。

それまでは、紀元四十年頃より、吉野ケ里に都していたのであるが、これを機にもっと西寄りの小城に都を移すことにした。

場所は、不彌国の都の南、それほど離れていない所である。現在の小城市甘木《おぎしあまぎ》がそれにあたるであろう。甘木とは、「天の基」つまり、天子（王）の住む所という意味である。

但し、北部九州各地に今でも甘木という地名があるところから、倭国全体の王ではなく、各国の王が住む所を全て甘木と呼んだようだ。

そして後に墓所となる桜ケ岡《さくらおか》の南でもある。

造営の基本は、吉野ケ里のように南北のライン上に造られるものであるから、新都もそのような構想によってつくられたであろう。楼観・城柵を厳かに設け、兵を持して守衛させたという。この造りは、後漢書に記載されるものと同じである。魏志倭人伝の記述は新都のほうであろうか。

そうして問題は、三つ目なのである。

その三つ目とは倭国王に関するもので、かつての委奴国の権威繁栄を取り戻そうということであった。それは当然、旧

邪馬台国小城甘木都城址

領の回復を意味した。

もともと卑弥呼が女王となったのは、倭国大乱の終末期に、もういい加減戦いはやめようという諸国の合意により共立されたのであり、戦いを避けて平和を維持しようというものであった。しかし、倭国大乱以来、既に六十年近くを経過しており、戦いに対する忌避は弱まってきており、更に、狗奴国の侵攻を受けたりという状態であったことから、最早戦いへの拒絶はなくなりつつあった。

そこで卑弥呼は、倭国統一をめざして行動を開始した。

まず諸国に使者を送り、統一倭国への参加（倭国王の配下に入ること）を呼びかけた。

不参加を表明した国に対しては、当然武力討伐となった。

それでは、卑弥呼のこの三つの事業について、年代に沿ってみてみよう。

魏への遣使は、二三九年のことである。

卑弥呼が金印を授受したのが、二四〇年である。

そして卑弥呼の死は、二四七年のことである。

この足掛け八年の間に、卑弥呼はこの三つの事業を実行に移したのである。

まず、第一の国名変更は簡単にできた。

二三九年の貢献の時は邪馬壹《やまい》国と名のったが、四年後の正始四年（二四三年）の貢献時にはヤマタイ国と名のったのである。中国人はそのタイに壹の字に似た臺という字を当てて邪馬臺国と記録した。

そのため、その後、最初の邪馬壹国の壹は臺の誤写ではないかと思われ混乱が起こったのである。

邪馬壹国と名のったのはたったの一回で、その後、国名を倭人に確かめてみても倭人は皆新しい国名であるヤマタイ国と答えた。そのため壹は臺の誤写であるとつい最近まで考えられていた。

つぎの行動は遷都であった。

場所を決め、工事に入る。二四一年頃からであろうか。二～三年で完成したであろう。正始四年（二四三年）の貢献は、国号変更と遷都の報告もあっての使者であろうか。

国名を替え、遷都も済んだ卑弥呼は、早速、倭国統一の事業にとりかかった。

卑弥呼の統一倭国への呼びかけに、どのくらいの国々が参加したのかは知れないが、参加を拒否した国は確実に二ヶ国あった。

一ヶ国は言わずと知れた狗奴国である。

狗奴国とは「素より和せず」であるから、不参加は当然であった。

もう一ヶ国は投馬国であった。投馬国がなぜ不参加を表明したのかは不明であるが、考古学的資料により、不参加であったことは確実である。

投馬国に関しては後述することにして、まず最初の狗奴国について述べてみよう。

狗奴国は国王卑弥弓呼のもと、徹底抗戦の構えをみせていた。長年にわたって邪馬台国連合との戦いを繰り広げ、優勢であったことがその自信のもとであった。

そこで卑弥呼は統一倭国に参加する国々の軍を集め、一挙にそれを攻め滅ぼそうとした。そしてその余勢を駆って他の国々をも攻める予定であった。

確かに倭国最強の北部九州軍を擁しているとはいえ、古えの委奴国の領土を復活することは、まさに野望ともいえるものであった。

卑弥呼の野望が、その後どのような経緯を辿ることになったのかは、九州の高地性集落の分布から読みとることができる。

詔書と黄幢が意味するもの

倭国統一の事業を興すことにした卑弥呼であるが、服従しない国との戦いを考えなければならなかった。いや、事実、狗奴国は、卑弥呼と敵対し侵攻しているではないか。

となると、統一に際しては、戦いは避けられないものと考えなければならない。

そうなった場合これは、卑弥呼個人の欲望によるものだととらえられてはならない。この戦いが倭国統一という大義からなるものであることを示さなければならない。これは私戦ではなく、大義ある聖戦なのであると。

そのためには、卑弥呼の権威だけではなく、もっと大きな権威付けが欲しい。そこでそれを表す御標《みしるし》、つまり、錦の御旗のようなものを掲げて統一事業を行いたいと考えた。

そこで、宗主国である魏もこれを支持している、という大義名分の詔書と御標を手に入れようと考えた。

そこで卑弥呼は、魏にたいして詔書と御標の下賜を求めた。

それは、正始六年（二四五年）の貢献であった。

倭人伝には、「その六年、詔して倭の難升米に黄幢を賜い、郡に付して仮授せしむ」とある。

それをもう一度、魏が公孫氏を滅ぼした時代から探っていこう。

景初元年毌丘倹による第一次公孫氏討伐において、遼東を支配できることを前提に、魏は楽浪太守に鮮于嗣を、帯方太守に劉夏を、それぞれ任命していた。公孫氏滅亡後、倭の大夫難升米が訪れたのはこの劉夏の時である。

やがて、正始元年、帯方太守は弓遵に交代した。難升米が正始元年に倭国に帰る時の太守はこの弓遵である。

ところが、弓遵は韓との紛争から正始七年（二四六年）に戦死してしまった。そのあとを継いだのが王頎《おうき》である。よって、王頎の赴任は正始七年の終わりか正始八年である。倭使の載斯烏越が面会したのはこの王頎であり、赴任したばかりであった。よって、倭人伝の「王頎官にいたる」とは、新しい太守の王頎が帯方郡に赴任してきたことを言っているのである。

赴任するや、倭の女王卑弥呼の依頼を聞いて、塞曹掾史《さいそうえんし》の張政を都に遣わして詔書・黄幢を戴き、難升米に拝仮し、檄文をつくってこれに告喩したのであった。

張政の地位はそれほどのものではなく、倭国の用件だけで都へ行ったわけではないともとれるし、特別に都まで急派されたともとれるのであるが、その後の迅速さを考えると、張政の京師への派遣は、太守直々の倭国のための派遣と考えられる。

問題は、この正始六年（二四五年）と正始八年（二四七年）の記事である。今までは、この記事をそのまま読んでいたのであるが、どうやらこの両記事には極めて密接な関係があることがわかった。

それは卑弥呼の死亡年とも関係がある。正始六年の記事は、「詔して倭の難升米に黄幢を賜い、郡に付して仮授せしむ」とある。

この時、難升米は帯方郡におり、黄幢を倭に与えることになった、ということである。決定したがまだ渡してはいないのである。

ところが、話は飛んで正始八年の記事になる。実はその前の正始七年（二四六年）に、重大な事件が起こっている。

それは当時の太守弓遵がこともあろうに、反乱軍のために戦死したという事件である。

正始六年（二四五年）に、嶺東へ遠征して濊《わい》を討った後、郡内の韓族の反乱にあって、居所の崎離営《きりえい》を襲われて戦死したのである。反乱の理由は領土の変更であった。辰韓の八カ国を楽浪郡の領有とした。その際、帯方郡の役人の通訳による説明の中に誤訳があった。その結果、韓人達は激怒し、太守のいた崎離営《きりえい》を襲撃したのである。その時に太守の弓遵は戦死したが、二郡の乱は最終的には鎮圧された。

これが、正始七年（二四六年）のことである。

弓遵が戦死したので、直に後任の帯方郡太守王頎が決まり、赴任してきたのが正始八年（二四七年）のことである。

つまり、正始六年から半島は戦争状態となり、公事に支障がでていたのである。であるから、黄幢を授ける旨の詔は発せられてはいたのであるが、実行はされていなかったということになる。

新任の太守王頎は正始八年に到着したと記されている。そして同年に、倭国の狗奴国との争いや、倭国からの使者や郡からの使者、そして卑弥呼の死と葬儀、その後の混乱等が記されている。

ここまでの倭国の関係する年代をおってみよう。

景初三年（二年は間違い）六月、景初三年十二月、正始元年、正始四年、正始六年、正始八年となっている。ちなみに正始は九年までである。しかし魏朝は二六五年まで続いているのであるが、倭人伝の記述は、正始八年で終わっている。その後も壱与治下の倭国は存続していたのであるが、一切の記述がない。晋書では、女王卑弥呼の朝貢後、倭国の貢聘は絶えることはなかった、とある。「倭国の貢物の献上はその後絶えることなく、（西晋の）文帝（司馬昭、武帝の父）が（魏の）丞相であった時代にまで及んだ。またしばしば（帯方郡へ）やって来た。（西晋の武帝の）泰始（年間）（二六五年～二七四年）の初めに使者を派遣して再び入貢した」とある。泰始の初めとは泰始二年（二六六年）のことである。であるから、正始八年以降も貢献が続いていたということになる。主な貢献のことしか記事にしていないということであろう。

晋書四夷伝倭人自体は、三百七十字ほどで短いので、倭国については簡略な説明と、史的には卑弥呼のことと、晋への代替わりの時の遣使があったことぐらいしか書いていない。

三国志韓伝では、弓遵の戦死（二四七年）のあたりまでである。扶余伝では、毌丘倹の高句麗攻略（二四四年）までである。三国志の記録はざっとこのあたりまでである。

正始八年の記事の倭に関する部分をみてみよう。その内容は倭の国内事情についてが主体である。箇条書きにすると次のようである。

① 倭の女王卑弥呼、狗奴国の男王卑弥弓呼と素より和せず。
② 倭の載斯烏越等を遣わして郡に詣り、
③ 相攻撃する状を説く。
④ 塞曹掾史張政等を遣わし、因って詔書・黄幢を齎《もたら》し、難升米に拝仮せしめ、檄を為《つく》りてこれを

告諭す。
⑤ 卑弥呼以て死す。
⑥ 大いに冢《ちょう》を作る。径百余歩、徇葬する者、奴婢百余人。
⑦ 更に男王を立てしも国中服せず。
⑧ 更々相誅殺し、当時千余人を殺す。
⑨ また卑弥呼の宗女壱与年十三なるを立てて王となし、国中遂に定まる。
⑩ 政等、檄を持って壱与を告喩す。
⑪ 壱与、倭の大夫率善中郎将掖邪狗等二十人を遣わし、政等の還るを送らしむ。
⑫ 因って台に詣り、男女生口三十人を献上し、白珠五千孔、青大勾珠二枚、異文雑錦二十匹を貢す。

ここで終わっているが、唐突な感もいなめない。

魏朝はまだ二十年近く続くのにである。これは前述したように、三国志東夷伝がだいたいこのあたりで終わってはいるのではあるが。

まず、①から④までで一くくりである。

ここでは、魏の女王卑弥呼が狗奴国との紛争について、載斯烏越等を派遣して訴えている。ところが、詔書、黄幢を拝仮したのは難升米なのである。難升米は、六年には郡に居り（その六年、詔して倭の難升米に……とある)、黄幢を賜うことになっている。それが八年になっているということは、この八年の記事は六年からの続きであろう。

前述したように、正始七年は帯方郡太守弓遵の戦死や新任の太守の赴任などのゴタゴタが続き、公務が滞っていた。

④の張政等を洛陽に遣わし、倭の女王への詔書・黄幢を持ってきたというのは、②③の倭の使者からの報告を改めて聞き、急ぎ郡への使者をたてたのである。

③の相攻撃する状のわけは、①の倭の女王卑弥呼と狗奴国の男王卑弥弓呼が、素より仲が悪いからであるということを述べている。

そのように齎《もたら》された詔書・黄幢は、載斯烏越ではなく難升米に拝仮され、檄文を作って告喩したという。というのは、難升米の方が位が上だからである。難升米は、正始六年に帯方郡に来ていて、詔書・黄幢を賜わることになっていたのであるが、その後の郡の混乱により、貰えずに、そのまま郡になすすべもなく留まっていたということである。

やがて正始八年に新任の太守王頎が赴任してきたが、その前に倭国から新しい使者載斯烏越等がやってきていて、邪馬台国と狗奴国が互いに攻撃する様子を報告したのである。

先の使者がいたのに次の使者が来たわけは、最初の難升米が行ったきり戻ってこず、しかも狗奴国との戦争が始まってしまったため、急ぎ黄幢を貰うために二度目の催促の使者を派遣して事情を

漢代の幢の図　左は山東省聊城の画像石、右は遼寧省遼陽北園の墓室壁画。
（林巳奈夫編『漢代の文物』より）
（日本の古代１　倭人の登場　森浩一編　中公文庫）

訴え、少しでも早く黄幢を下賜されるように願い出たということである（事情については後述）。

黄幢にこれほどこだわったわけは、錦の御旗として、自軍に掲げたかったからである。

それでは、黄幢とはどのようなものであろうか。

【黄幢】　棒にふさの類をつけた旌旗《せいき》の類で節《せつ》と同じく、天子が部下に権限を仮したしるしとして与えられるものである。その重みは節より劣る（節は上の図参照）その形は、馬車の蓋《かさ》のようで、ちょうど、円い傘状のものの縁に短い垂れ飾りがめぐらされたものである。黄はその色であるが、漢代では五行思想に基づいて、派遣される方角の色に従った。黄は五行思想では中央の色である。

ところで、大庭脩氏が指摘するように、三国時代には、寝返る側の者に、印とともに数十とばらまくようなことがあり、難升米が得た黄幢も、魏王朝側からみれば、それほど貴重視されていなかった可能性がある。（日本の

古代1　倭人の登場　森浩一編　中央公論社）

黄幢の幢とはのぼりのことであり、黄色とは皇帝を表す色であるから、皇帝直属の、またはそれに近い軍が掲げることのできる幢である。

これを所持して軍団を指揮するのは、中郎将である。よって、景初三年の最初の貢献において、魏は倭の大夫難升米に率善中郎将を、牛利に率善校尉の官位を授けている（率善中郎とは郎中令に属する五官・左右三署の長官。秦制。五官・左右中郎将の三将がある。秩比二千石）（率善校尉とは宮城の宿衛・侍直をつかさどる官）。また景初四年には、大夫の掖邪狗等は率善中郎将の印綬を壱拝している。

ここに倭国の難升米らは、黄幢を掲げて戦う資格を持つことができたのである。

このように再度の催促までして黄幢を求めたわけは、一つには、卑弥呼の体力の衰えであったろう。卑弥呼は黄幢をどうしても手に入れたかったのである。正始六年に下賜を求める使者を出したが、半島の混乱のため延ばされていて、それでも待ち切れずに使者を送ったのは、卑弥呼自体の体力の衰えがあったからであろう。卑弥呼の身体は急速に衰えており、気長に黄幢の届くのを待っているわけにはいかない状態となっていたのである。二番目の使者はそれを伝え、太守はその意を汲んで急ぎ京師に使いを出したのである。

卑弥呼がそれほどまでに黄幢を望んだわけは、彼女の野望にあった。前述したように、卑弥呼が即位した翌年、金印の封印がなかったがために、正式な貢献とは認められず、失望したことがあった。それがいつまでも彼女の心に深い傷を残していたのである。しかし、新しい金印を魏朝より貰うことにより、積年の恨みがようやく晴らされたのであった。

そして卑弥呼は考えた。魏王から下賜されたまばゆいばかりの金色の印をためつながめつしているうちに、彼女の胸中には、大いなる野望が湧きあがってきた。この金印を貰ったからには単に倭王の名分だけではなく、それに相当する実績をも獲得しようと。名実ともに真の倭王となろうと。

まずは、長年の狗奴国との抗争に決着をつけることであった。その戦いにおいて、錦の御旗を掲げて戦いたかったのである。最早、狗奴国との戦いは、たんなる小競り合いにとどまらず、狗奴国を徹底的に叩き駆逐しようという算段であった。

そのために、相当大がかりな討伐を計画していたのである。邪馬台国単独でよりも、配下の諸国を総動員するためには、これが倭王の正義の戦いであることを指し示すための御標が欲しい。それが、魏朝からの錦の御旗である黄幢であった。

さて、待望の黄幢が届いたとき、倭人伝はいう。

「卑弥呼以て死す」と。

黄幢が届いたとき、卑弥呼は既に死んでいたか、死の間際であったようである。どちらにせよ、魏使は卑弥呼に接見することはなかったようである。そして、卑弥呼の埋葬の準備がはじまった。

または、埋葬の準備中に訪れたようでもある。

倭人伝の記述は墓の築造の様子をみたように書かれている。卑弥呼は死んでいたにしろ、それほど時間はたっていなかったようなのである。

⑥　大いに冢を作るとある。径百余歩、徇葬するもの奴婢百人。

とあることから、築造中の墓の様子をみていたようにとれる。かなり大規模な工事とみたようであるが、卑弥呼の墓である小城市桜ケ岡（サクラオカ）は、自然丘（風化堆積岩）に土を盛るなどして整形したものである。

冢とは土を盛ったりして山のようにしたもので、それを墓にすると墳となる。魏使がみたのは、墓にするための盛り土工事をもみたということになる。

「以」には、既にという意味もある。卑弥呼に魏使が会った様子等、なんの記載もないことから、魏使が到着したときには、すでに亡くなっており、墳墓の造営の最中であった。

径が百余歩とある。この一歩は中国式であるから、日本式の一歩の二倍である。文字通り歩く距離で、ざっと百四十～百五十㎝である。それが百余歩であるから百四十ｍから百五十ｍ、余歩がついているからもっと大きいということになる。ただし、魏使が実際に墳墓の回りをあるいて計測したわけではない。ざっとみて百余歩だろうな、ということである。

ところでこの墳墓についても、形や大きさについてさまざまな見解がある。大きいものは記述通りに百五十m以上とみる向きもあれば、三十~四十m説から、方形周溝墓説、そして、「大いに」とは、形の大きさではなく、墓を一生懸命大勢の人達で造っている様子のこととの説まである。このような諸説諸論の背景には、要するに、自分の比定地にそれほど大きな墳墓に相当するような丘がみいだせないということのようである。それで、もっと小さいというわけである。小さければ、消失しやすいので不明となったと言えるわけである。しかし、私の小城説においては、それに相当する大きさの丘がある。それが桜ケ岡である。市の北部の須賀神社に登り見下ろすと、町の中に堂々と鎮座しているのがみてとれる。

畿内説では箸墓を卑弥呼の墓としているようであるが、径で表現している以上は、円形か方形のような単純な形であろう。箸墓は前方後円墳であるから、みる方向によっては、円形にみえるだろうが、円形にみえる方向にしかいかなかったというのもおかしい。それに最近の研究によれば、前方後円墳は横からみて祭祀をおこなったとの説が有力である。となると、箸墓は幅は百余歩を大きく超えてしまうので、候補からはずれてしまう。

そして徇葬するもの、奴婢百余人とある。

この徇葬とは殉死者の埋葬のことである。奴婢が百余人であるが、それ以外の人でも殉死した可能性がある。後世戦国時代でも多くみられた。最近では明治時代の乃木希助の殉死が有名である。弥生時代の北部九州では、殉死が行われ、貴人が没するとその周りに従者等を葬ったということである。殉死者を埋葬するときは、縊死《いし》させて埋葬する。百名というとかなりの面積が必要と考えられるが、メザシのようにならべて埋葬するならば、それほどの面積は要しないであろう。奴婢であるから、箱式石棺などではなく土葬であったろう。また、奴婢は装身具等は身にまとっていなかったであろうから、死体は年を経るに従い、溶けて跡形もなくなってしまっているだろう。

いくら魏使でもみられた（入れた）のはここまでであろう。

卑弥呼の墓室や棺などの形態等は書かれていない（倭人伝には一般に「棺あるも槨なし」とある）。しかし、当時は甕棺墓は廃止されていたので、箱式石棺とみられる。丘の頂上部に収められたと思われる。

卑弥呼墳丘墓頂上部　松田男爵碑
この建設時、大量の土器と鉄の直刀が出土した。

大正時代に、頂上部の一隅に松田男爵の碑を建てたときに、大量の土器と鉄刀が発見されている。大正時代の事ゆえそれらは保存されておらず、土器の年代等も不明のままであるが、大量との形容がつくようであるから、何らかの儀式に使用され埋められたのではないかと推測される（石碑の周りにまだ掘り残しがあるかも知れない）。

この一帯は、後に茶筅塚古墳が上に造られており、その周りを若干発掘調査したのみで、丘の発掘は手つかずの状態である。

⑦　問題はこの⑦である。ここには卑弥呼死後の邪馬台国の混乱のことが書かれている。卑弥呼の死後、当然新王が即位することになったが、「さらに男王を立てしも、国中服せず。更々《こもごも》相誅殺し、当時千余人を殺す」という状態となった。

古来、女王の存在は、東アジアにおいては稀有であり、特に北方系においては極めて珍しいことであった。邪馬台国でも、本来は男の王だったのである。倭人伝において、卑弥呼の記事が特に多いのはそのためであり、男が皇帝となる中国人にとって特に関心をひいたものであろう。

それにもかかわらず、卑弥呼の描写に関する記述は少ない。

卑弥呼には、正始元年、最初の貢献の返礼として、郡の建中校尉梯儁等が直接面会している。その時の様子が書かれていない。せいぜい「年已長大《としすでにちょうだい》」ぐらいであろうか。

たしかに、「王となりしより以来、見るある者少なく」であれば、伝聞も少ないし、使者としての役割からの記述とすれば、必要外の記述は書かないのではあろうが。

面会したときの様子も書かれていない。ちなみに言うならば、郡使は卑弥呼より上位である。なぜならば、倭国は中国から冊封を受け、郡使はその中国の皇帝の名代としてやってきたのだから、郡での地位はどうであれ、倭国王よりも上位なのである。

この正始元年の面会は、吉野ケ里であったと思われる。

帯方郡使の二度目の訪問は、正始八年のことである。しかしその時には、卑弥呼は死に瀕していたか、死亡して葬儀の準備の真っ最中であったようであり、郡使の卑弥呼との対面はなし得なかった。場所は小城甘木の新都である。

卑弥呼の死はおそらく病死であろう。死に関しては、狗奴国との戦いの最中に死んだとか、日蝕が起こって霊力がなくなったとして殺されたなどの説がみられるが、九十歳ぐらいの老婆で、宮殿の中に閉じこもり、まれにしか外に出ない女王が、戦いの先頭に立てるはずがない。日蝕説については、卑弥呼＝天照大神とか、自然科学的解明とからめて興味をひかれた人も多いようであるが、日蝕は珍しいものではなく、しかも皆既日蝕の暗闇はほんの数分しか続かない。

私は六十年ぐらいしか生きていないが、日蝕にはずいぶんあっている（部分日蝕であるが）。弥生時代でも、ときたま日蝕現象がみられることは知られていたはずである。伝承などにも、日蝕ではないかと思われるものはみられる。しかも皆既日蝕は数分ぐらいしか暗闇が続かないものであるから、ワイワイ騒いでいるうちに明るくなり、元に戻ってしまう。どうも責任を論じて殺害するほどの時間はないようである。第一、天気が良くなければ、日蝕はわからない。卑弥呼の死日蝕起因説は、北部九州説の人に人気である。卑弥呼の死は二四七年（二四八年の可能性もある）で、丁度その年に北部九州を日蝕が通過しているからである。

しかし、その後かなり大きな葬儀を行っているようであるから、霊力が衰えたからといって殺した者に、かような立派な葬儀を行うものであろうか。普通ならうっちゃっておくのでは。

確かに、従来の考古的遺物遺跡や文献による研究ばかりでなく、天文学等の異分野をも巻きこんだ新しい歴史研究ということにおいては、極めて魅力的であり効果も大であることは間違いないのであるが。

かくいう私も、神功皇后や日向国風土記、三国史記の日蝕記事を考える際に、アスキー社製のパソコンソフトであるステラナビゲータを購入し、研究に多大なる成果を上げ得たことは確かである。

卑弥呼は晩年病を得て寝込むようになり、詔書と黄幢の到着を待ちわびながら絶命していったものであろう。末期《まつご》の言葉は「黄幢はまだか。黄幢、黄幢～」（ガクッ）であったろう。

卑弥呼の死後

卑弥呼は倭国の、そして邪馬台国の女王であったから、その死後、直ちに新王を決めなければならない。

しかし、卑弥呼は生涯独身であったが故に子はいなかったから、直系の後継者はいない。

そこで当然、次王を誰にするかの問題が起こることとなった。

ところが、倭人伝には次のように記されている。

「更に男王を立てしも、国中服せず。更々《こもごも》相誅殺し、当時千余人を殺す」

「更」はあらためる、かわり、継ぐ（続）、通りすぎる、さらに、新しいこと、という意味があるが、この場合は、かわるがわる、とか、さらにという意味であろう。

新王は男子である。しかしこれは不思議なことではなく、倭国でも、元々は男子が王であって、卑弥呼のように女子が即位するのは異常な事態であったわけである。なのに卑弥呼が即位した背景は、既に説明したとおりである。

よく卑弥呼は職掌名であって、代々継承されるもので、複数の卑弥呼がいて何代か別の人物が王を務めたとの説もあるが、本来、男子が王であったと倭人伝には明記されている。

よって、当然のごとく元にもどり、本来の男子が王となった。

ところが、この男王に対して、国中服せず、となった。そして、相誅殺を繰り返す事態となったという。女王の死後に男王がたったが、これに国中のものが反対したというのである。この新王が選ばれた事情などは全く書かれていないのであるが、どちらにせよ人々から認められて王位についたのではないようである。そもそも王の決定方法に不満があったのか、新王の人柄に不満があったのかであろう。

前述したが、倭国ではクリルタイにより新王が決定されていたようなのである。となると、このたびはクリルタイなしで新王が決められた、いや勝手に自分で、または少数者のみで決定したということであろうか。おそらく死に臨んだ卑弥呼が、遺言として新王を指名したのではないだろうか。

卑弥呼が指名したのであれば、絶対的な王の指名として、国中が靡《なび》くのではと考えられる。しかしそれは、卑弥呼が国中の絶対なる信頼を得ていればの話である。卑弥呼が共立されてから、すでに六十年は経過しているのである。当時卑弥呼を共立した人々は、すでに世を去っていたであろう。倭人伝の記録では、その治世の末期には一種の恐怖政治的な面もみられる。一大率の派遣のように。

それに対する不満などが、卑弥呼の死によって猛然と湧きあがり、クリルタイによらぬ新王は認められないとなったのであろう。もちろん、新王の人格や平素の行いに問題があったとも考えられる。

この新王の決定に際し、郡使の干渉はあったのであろうか。もし、郡使の干渉があり、郡使の思う方向に決定していたとすれば、国中が服さずとは、郡使の、ひいては魏皇帝に服さぬこととなる。が、倭人伝の記述からはそのような様子はみられない。案外、魏使が到着したときには、既に決定していたのかもしれない。

その国中服さずに対する新王の対応は、徹底弾圧であった。それは「相誅殺」という文にあらわされている。

問題は、この「相誅殺」とはどのような状態となったことを指しているのであろうか。

少し前に戻って、倭人伝では「倭国乱」の部分で、「相攻伐」という文言がある。この「相攻伐」は後漢書東夷伝でも、「相攻伐」となっている。

まず、この「相攻伐」と「相誅殺」の違いは何であろうか、ということになる。今まで多くの邪馬台国関係の書籍や講演会等に参加したが、この件に関しては、両方とも「戦いがあった」ぐらいにしか解説されていなかったように思う。かくいう私も、両者とも大した違いはないと思っていた。

はじめの方の「相攻伐」であるが、岩波文庫の訳注では、「倭国乱れ相攻伐すること歴年」とあり、現代語訳では、「倭国が乱れ、たがいに攻伐すること歴年」とある。つまり、「倭国大乱」の時代には、倭国を統率する王がおらず、諸国が互いに攻めあっている状態が長く続いたということである。

ここまでは問題はない。問題は倭人伝の、「更相誅殺」である。この前後を訳注で読むと、「更に男王を立てしも、国中服さず。更々相誅殺し、当時千余人を殺す」現代語に訳すと、「さらに男王を立てたが、国中が服さない。おたがいに誅殺〈罪をせめ、罪にあてて殺す、誅斬する、誅残〉しあい、当時千余人を殺した」とある。

まず問題となるのは、「誅殺」という言葉である。前述のように、（罪をせめ、罪にあてて殺す）のである。両軍わかれての戦争とはちと異なるようである。

上に立つ者がいて、その人物が誅するのである。江戸時代であれば、「上意」の書状を持った使いがやってきてとらえたり、その場で殺害したりというところであろうか。

もちろん、その際抵抗して戦闘となる場合もあろうが、それは戦争とは言えないであろう。

国中が服さない状態の中で、王は反対者の粛清をはじめたのである。これが誅殺のもっとも合理的な解釈である。

倭人伝によれば、「重き者は、その門戸および宗族を没す」であるから、粛清の時に、一族もろとも子供まで殺されたものであろう。これらの人々は、倭国では、支配階級である大人であるから、千余人を殺すとは、まさに支配階級にとっては、いや倭国にとっては、大きな痛手となったことであろう。

更に大きな疑問は、この誅殺の上に、「相」という互いにという意味の字がついていることである。この「相誅殺」はおかしいと思う。誅とは、上の者が、罪ある者を罰することである。「上意」をもって処分することなのだ。それが、互いに「誅殺」し合うとはどういうことであろうか。王が反対者を誅殺する一方で、他方が王の側の者を誅殺することなどありうるだろうか。

しかし、「相」の字がある以上、王の側も誅殺されなければならない。

そして、これほどの恐怖政治を行った王がなぜ短期間でその地位を失なったのかという疑問もわいてくる。「辞めろ」と説得されて、「はいそうですか」とあっさり退いたとは考えられない。となると考えられることは唯一つ、王の急死である。病気・事故死、そして暗殺が考えられる。反対派または、親族を殺されて復讐に燃える者が、王を暗殺したとも考えられる。その時「天誅」と叫んで斬りかかったかはともかく、王を誅殺するということは、そういう意味であろうか。

そしてその後、国王派（はじめは国中服さずでも、粛清が進むにつれて、国王に靡く人も増えていたであろう）を逆に誅殺しはじめたものであろう。こうした騒動の結果が、「千余人を殺す」であったろう。

しかし、邪馬台国にこれほどまでの波乱を巻き起こした男王とはどのような人物なのであろうか。いままで全くといっていいほど論ぜられることのなかったこの男王について、若干の考察を試みてみた。

もちろん、この男性が就任する以前にはどのような身分であったのか、どのようなことをしていたのかなどの記述は一切ないのであるが、考えられるのは、女王の弟、出入りできる男子、一大率、大倭、大夫等あげられるが、いずれも大人であることに間違いはない。

有力人物としては、難升米があげられるが、彼は、郡にでかけて留守であり、郡使と共に詔書・黄幢を持ちかえる使者の役割であるから、内政に深くかかわるほどの地位ではなかったとみられる。

居所に出入りする一男子であるが、前述したように、彼らは後世の小姓のようなものであり、未成年者であったろうから、まず可能性はない。一度任務に着いた時、卑弥呼に気にいられてということも考えられなくもないが。

どのような人物かと考えると、王の即位直後から国中から「否」とされたということは、単にクリルタイという正式なルールを無視したというばかりではなく、相当皆から嫌われていた人物とみてよい。

それは彼のそれまでの品行がそうさせたものであり、また、一時にかような大粛清をやったことからみても、冷酷無情な人物であったからと考えられる。そして、多くの人々となんらかの形でかかわってきた立場にあった人物と考えられる。

私はそれを、次の人物であると考えてみた。

「女王国より以北には、特に一大率を置き、諸国を検察せしむ。諸国これを畏憚《いたん》す。（中略）国中において刺史のごときあり」とある。これは一大率という職務についている人物が、どのような仕事をし、どのように思われていたかを記したものである。

この中の「刺史」であるが、これは、中国における制度で、「郡国を刺挙し、その政績を奏報する官」のことであるが、後漢王朝において、この刺史が、不当な賄賂や接待を強要し、それが漢王朝の滅亡につながったことは三国志に書かれている通りである。

倭国においても一大率により、かような状態であったと考えられ、その結果が「諸国これを畏憚す」であった。

「畏憚」について漢和辞典で調べてみると、
「畏」①おそれる　②うやまう　③いましめる　④いみきらう　⑤したがう
「憚」①はばかる、おそれる、さける　②むずかしがる　③つかれてやむ　④くるしむ
国語辞典では、
「憚る」①せまいところにはいりかねる　②はびこる、はばをきかせる　③いみきらう

とある。

これらの言葉の意味からみると、人々が一大率に対してどのような感情を持っていたか想像できると思う。一大率は卑弥呼の権威を背景にして諸国を検察し、傍若無人に振る舞い、諸国の官に反感を持たれ忌み嫌われていたのである。その彼が、卑弥呼の死後に王となったとすれば、結局は彼の日ごろの振る舞いが、国中の人々に「否」といわしめたのである。国論を二分したということではない。

それに対する彼の返答が、前述した惨劇であった。

問題となるのは、誅殺するための軍事力である。

国中の人々に「否」とされたとすると、普通は軍隊を動かせない状態となると思われるが、前述したように反対派を一網打尽にしたところをみると、王の手足となって働く軍隊を一大率時代から保有していたものであろう。即位する前からかような軍事力を持っていた人物とは、やはり一大率であろう。彼が諸国を検察するときは、兵隊を引き連れてまわったと考えられ、また軍団を率いる立場にあったともみることができる。

それらの軍事力を動員して、かの粛清を行うことができたのである。

（軍隊を動かす指揮権であるが、全く軍隊と無関係の人物が掌握する可能性がないわけではない。

そもそも国中とはいっても大人等の階層の人々であり、普通の軍人は、上部の命令を受けて行動するものであるから、王となったことを宣言すれば、軍隊を動員することができるであろう)。

結局は、男王は頓死し(おそらく)、新王を決めるクリルタイが行われることとなった。

そして、卑弥呼の宗女、十三歳の壱与が邪馬台国の王として即位したのである。

その後、壱与は倭の大夫率善中郎将掖邪狗等二十人を一緒に遣わし、政等の帰還するのを送らせた。

一行は洛陽まで詣で貢物を献じた。

その内容は、男女生口三十人と白珠五千孔(真珠五千個では多すぎる。天然物であるから、これほど入手することは不可能である)。青大勾珠二枚(ヒスイの勾玉か)異文雑錦二十匹を貢げた、とある。

これが、壱与の魏への一回目の貢献である。

第三章

壱与の時代

第一節　壱与の登場

壱与の即位

新女王の名が、壱与なのか臺与なのかという問題がある。この違いは写本によるものである。紹興本《しょうこうぼん》・紹熙本《しょうきぼん》では壱与となっているが、それ以外では臺与となっているため、それぞれイヨ、トヨと読まれている。

臺与がタイヨではなくトヨと読まれている由縁であるが、これは、邪馬臺《やまたい》国（臺は旧字であるため、戦後、新字を使おうとしたが、臺に該当する新字がなかったため、同じ音の台の字を使用することになった）畿内説の考えでは、邪馬臺はヤマトと読む（邪馬台国畿内説の根拠は邪馬台はヤマトと読み、後の大和朝廷につながるという一念から発したものである）としたことによる、臺はタイではなくトと読むということで、臺与はトヨと読むとされた。

つまり、邪馬壹国という表記の紹熙本・紹興本と、それ以外の書の二通りがあることから、壹は臺の誤りではないか、と考えられ、ついでに、同様、紹熙本・紹興本の壹与の壹もやはり臺の間違いであろうとして、臺与が正しいとして、略字で台与と書き、トヨと読むことになったのである。

ところが、壹与で間違いはないという派もおり、邪馬壹国の壹が臺の間違いだから、壹与の壹も臺の間違いと考えるのはおかしいとして、壹与のままでよいとしている。

私は、臺（台）をトと発音することはないと思う。臺字説をとるとすれば、臺をタイまたはダイと発音することになり、臺与はタイヨとなるはずであるが、臺はトとしてトヨと発音すると主張する人たちがいる。なぜなら、邪馬臺国はヤマトコクと発音するからである。

しかし考えてもみよう。倭人がト（ヨ）と発音したものを中国人がタイと発音する字を当てはめるはずがない。

となると、壱与が正しいのかというと、そうともかぎらない。ようするに、原典がなく写本が二通りあるのであるから、そのどちらが正しいかは判断がつきかねるからである。

私は、イヨのほうをとる。イヨ、トヨどちらも正確度では五十％なのであるが、臺与がトヨということはないと思う。タイヨ（ダイヨ）かタヨ（ダヨ）であろう。

ちなみに誤写の他の原因であるが、見間違いの他に、写本する人が正しい字を間違いであろうと判断して書き替えるという場合もある。委奴国とあるのを、倭国のことだから委は倭（当時はイと発音）の誤まりであろうとして倭奴国と書き替えたのでは、とも言われる。イヨ、トヨの読みは読者の考えや好みとなっているが、私としては、既述したように、壱与の壱は、邪馬台国の官の伊支馬の伊から来ていると考えるので、壱与が正しいとして、イヨで表記している。

新王の即位に関しては、郡使の干渉はなかったように思われる。

今度はクリルタイが正式に開かれた。

その場で考えられたことは、男王が位に就くや否や殺し合いが始まったことを考慮し、平和だった卑弥呼の時代を懐かしみ、かつ、男同士では権力闘争を引き起こしがちであるとして、女性を王として選出することとなった。

その結果選出されたのが卑弥呼の宗女である壱与、年十三歳であった。宗女と書かれていることから、卑弥呼の親戚であったのだろう。卑弥呼は子がいなかったのであるから、同族の中の女子であった。十三歳であるからまだ子供である。

では、なぜ子供が選ばれたのであろうか。

卑弥呼が王として選ばれたのは、彼女が鬼道に優れ人々の信頼を得ていたからであり、その結果、多くの人々の支持を集め、推されて王位についたのだ。

では壱与の場合はどうであろうか。

どうやら、このときの新王選出の条件は、まず女性であることにあったようだ。

なぜなら、王が男になった途端に、再び争乱がおこったからである。やはり、倭国の王は女性に限る、男では争いが起こると考えられたからであろう。

鬼道については、それも考慮されたではあろうが、鬼道を行う女性がそれほどいるとはかぎらない。しかも大人の階層からである。あやしげな祈祷師のような類では権威がなく、やはり不適格であろう。となると、女性ならよいのであるから、鬼道はやらなくともかまわない。神に祈ったりする必要はあるであろうが、巫女程度の祈祷が行えればよい、つまり普通以上なら誰でもよい、となった。政治の実務は卑弥呼時代と同じように、弟か、長老が集まってみるのであろうから。さらに独身者がよいと考えられたようである。なぜなら、配偶者が居ると権力を握りたくなる。政治をみる弟の他に、夫も政治に干渉したりしては面倒なことになりかねない。

よって、一番面倒を起こしそうにない少女が選ばれたのである。十三歳で選ばれたということは、当時の女性はだいたい十四から十五歳で結婚していたから、未婚の女性となると、十三歳が一番の年長となる。かようであるから、壱与には卑弥呼のようなカリスマ性はなかったと思う。

卑弥呼はその大半を吉野ケ里で過ごしたが、壱与は小城甘木の地に住むこととなった。おそらく卑弥呼と同様、兵に守備された邸閣の中で過ごし、めったに人前にはあらわれなかったものであろう。そして卑弥呼同様、生涯夫婿がいなかったものと思われる。

当時の倭国では、兄弟統治が多かったようであるから、壱与にも弟がいて政治を助けたものであろうが、十三歳の人の弟となると、十歳程度かとなるが、そのような年齢で政治がとれるとは思えない。となると、義兄弟という形で成人男子が政治をみたのであろうか、それとも長老の協議によったのであろうか。その点は不明としかいいようがない。

壱与の課題

新しく倭国の王の位についた壱与には、ただちに実行すべき課題があった。

それは魏と深い関わりがあった。

そしてそれはまた、卑弥呼とも深いつながりがあった。

それは卑弥呼が魏に請願した詔書と黄幢にあり、卑弥呼の後を継いだ壱与の大きな課題であった。

卑弥呼が生前、魏王朝に願い出て賜ったところの詔書と黄幢である。この黄幢はいわば錦の御旗である。この旗を掲げた邪馬台国による倭国統一の軍事行動は、魏帝から承認された正当なる行為であることを示すものであった。いわゆる官軍であり、敵対するものは賊軍となる。

卑弥呼がこの旗を魏帝から頂いたのは、彼女の倭国統一の事業に使用するためであった。そしてそれは、卑弥呼個人に与えられたものではなく、その後継者にも引き継がれるものである。よって、卑弥呼が死亡したので必要ありません、とはならないのである。

壱与が即位するや、政等はただちに檄文をもって壱与に告喩した。

倭人伝に言う、

「政等、檄を以て壱与を告諭す」

本来は卑弥呼に告喩されるべき檄であったが、卑弥呼が死亡したため、その後継者となった壱与に告喩されたのであった。

つまり、壱与は、卑弥呼の政策を実行することになった。いや、せざるをえなかったのだ。

この檄の内容は、民を安んじ云々といったものではないであろう。政等は戦いのための詔書と黄幢を持ってきたのである。であるからこそ、魏使は壱与に檄（文書）をもって告喩したのである。

卑弥呼への告喩と壱与への告喩は同じなのである。

よって、壱与は卑弥呼の考えていた倭国統一の夢の実行を起こさざるをえなくなった。

そこでまず、諸国に対して、倭国王壱与のもとに参集するように送った。

当然、邪馬台国と小競り合いをくりかえしていた狗奴国にも使者は送られたのである。

第二節　壱与と狗奴《くと》国

狗奴国とは

それでは、卑弥呼が素《もと》より和せずという狗奴国とはいかなる国なのであろうか。

魏志倭人伝に、その余の旁国が二十一カ国列挙され、最終国の奴国の次に、「これ女王の境界のつきる所なり」とある。そしてその次に、その南に狗奴国ありとある。

「此女王境界所盡其南有狗奴国」（これ女王の境界のつきる所、その南、狗奴国有り）。二十一カ国の列挙の後に、その南に狗奴国が有る、ということである。「其」、は奴国のことであり、女王国の盡きるところというのであるから、奴国の南は狗奴国ということになる。

既述したが、その余の旁国はアトランダムに列挙されているわけではなく、一定の法則でもって書かれていた。

その一つは、時計回りに書かれていること、もう一つは、旁国の中でも、主要国があり、その周りに衛星国のように書かれていること、あと一つは、直線上に並べられている箇所もあるということである。

そのように廻ってきた最後が奴国であり、そこが現在の福岡県南部の山門《やまと》である。つまり、奴国は、邪馬の南の戸口にあたる国なのである。そこはまさに、女王の境界の盡くるところであり、それ以南は女王国に組しない国となる。

そのような地理のところは、熊本県北部ということになる。

狗奴国はクトコクと発音するのが正しい。倭人は国、または戸口という意味でトまたはドを使っており、それに中国人は奴という字を当てたのである。よって狗奴国はクの国という意味となる。熊本県のクマのクと同じである。マは他でも国名に使われている馬であり、意味は建物の「間」と同じである。よって、熊本県はクマという地域であった。そこを流れる川は球磨《くま》川である。

邪馬台国に敵対し、戦いを繰り返していたようであるから、それ相応の国力、武力を持っていたものであろう。熊本県北半は、低くなだらかな丘と平野の入りくんだ可耕地が広がっており、耕地面積をみても北部九州に十分に対抗できる広さであった（当時の北部九州の筑紫平野の大部分は潟湖や大湿地帯である）。

現在の宇土《うと》半島や宇土城、宇土櫓《やぐら》等のウト地名は、このクト国のクトの転訛なのである。王は男子であり、名を卑弥弓呼といい、その官に狗古智卑狗があるという。このクカチヒクはこの領域内にある菊池の音に似かよっていることからも、この地が狗奴国である傍証ともいえる。

後漢書では、「女王国より東、海を度ること千余里、拘奴《こうと》国に至る。皆倭種なりといえども、女王に属せず。女王国より南四千余里、朱儒国に至る。人長三、四尺、朱儒より東南船を行ること一年、裸国・黒歯国に至る。使駅の伝うる所ここに極まる」とある。

これは、魏志倭人伝の「女王国の東、海を渡る千余里、また国あり、皆倭種なり。また侏儒国あり、その南にあり」と類似している。

魏志倭人伝と後漢書の成立年代をくらべると、後漢は魏より先の王朝なのだが、その歴史書である後漢書は四三二年の成立であり、魏志倭人伝の三国志は二八五年の成立であるから、三国志のほうが百五十年近く早い。

しかし、この両書の文章が似かよっていることから、後漢書が三国志をみて書き写したというのが、現代、誰もが疑わない定説となっている。

後漢書で、半島南部の狗邪韓国が拘邪韓国となっていることから、狗奴国は拘奴国のこととなっている。

確かにみた目、手偏とケモノ偏は似ていて書き間違えることもあろう。その結果、狗奴国は、後漢書でいうところの、「女王国の東、海を渡ること千余里」のこととなっている。

その結果、邪馬台国畿内説においては、これをもとに、邪馬台国である大和（奈良県）から、東の方に、海を渡って、愛知県すなわち東海地方に狗奴国があると考えている（狗奴国東海説）。

しかし、自分としてはどうもしっくりしないので再考してみた。

角川漢和中辞典によると、拘(慣)コウ (漢)クとなっており、漢音ではクと発音するとなっている。

ところが用例は、拘引《こういん》、拘留《こうりゅう》、拘置《こうち》、狗盗（コウトウ、クトウ）というように、多くはク、コウのどちらでも使用しているがコウでの用例が多い。

倭人伝にしろ、後漢書にしろ、読みは原則漢音なのである。

となると、狗奴国は、コウドコクが正しいとなるのであろうか。

しかし、私は、狗奴国は熊本県北部に比定している。

しかも、そこには宇土なる地名が存在しており、これはクトからの転訛であるとみた。

更に、狗古智卑狗なる人物がおり、現菊池の地名と関係があるのではと思われる。現菊池城の旧名が鞠智《くくち》城であることから、この辺りはクの地名のあるところとみていいであろう。

よって狗は、クとよむのが適切ではないかと考える。この字の漢音か呉音かの設定が誤っているのではと考える。

つまるところ、拘奴国と狗奴国は、別の国と考えると、諸事の整合性がうまく成り立つのである。

女王国の東に渡海して存在する国が拘奴国であり、女王国の南の奴国の南にある国が狗奴国なのである。

それでは、女王国の東の海を渡ったところにある倭種の国とはどこであろうか。

厳密にいうと、九州の北といったほうがよい。そこは、現山口県であろう。四国も九州の東なのであるが、記述はない。おそらく近くてなじみのある国のみの記述なのであろう。

拘奴国としてコウト国と発音する。もちろん倭人は自らコウト国と呼んでいたのであるが、漢字が日本でも使われるようになってから、おそらく孔門《こうと》国と表記するようになった。やがて孔を訓読みしてアナとして、穴の漢字を当て穴門国と表記するようになった。

現在、山口県の西部にこの名が残っており、日本書紀にも穴門《あなと》と出てくる。伊都都比古《いっつひこ》のいた穴門である。

この時代から既に訓読みがなされていたのかという問題があるが、漢字が流布し始める段階で訓読みも自然に生じてきたとのことである。

拘邪韓国と狗邪韓国であるが、この地は伽耶（カヤ）とよばれていることから、クヤ韓国が訛ってカヤとなったものであろう。後漢書の拘邪韓国の拘は、拘奴国の拘に合わせたものであろう。

狗奴国の領域

九州は、いくつかの「間」（マ、倭人伝では馬字であらわしている）に分けられており、熊本県はクマの地域であった。その中の狗奴国はその北半であった。熊本とか隈府《わいふ》などのクマに由来する地名がある。また、阿蘇山という火山があり、これは外国にまで知られていた。古くは熊本県北部には阿蘇郡があったという。阿蘇山はこの阿蘇郡の中にあった。この活火山があることから火の国とも呼ばれた（景行天皇に関する別な伝承もある）。

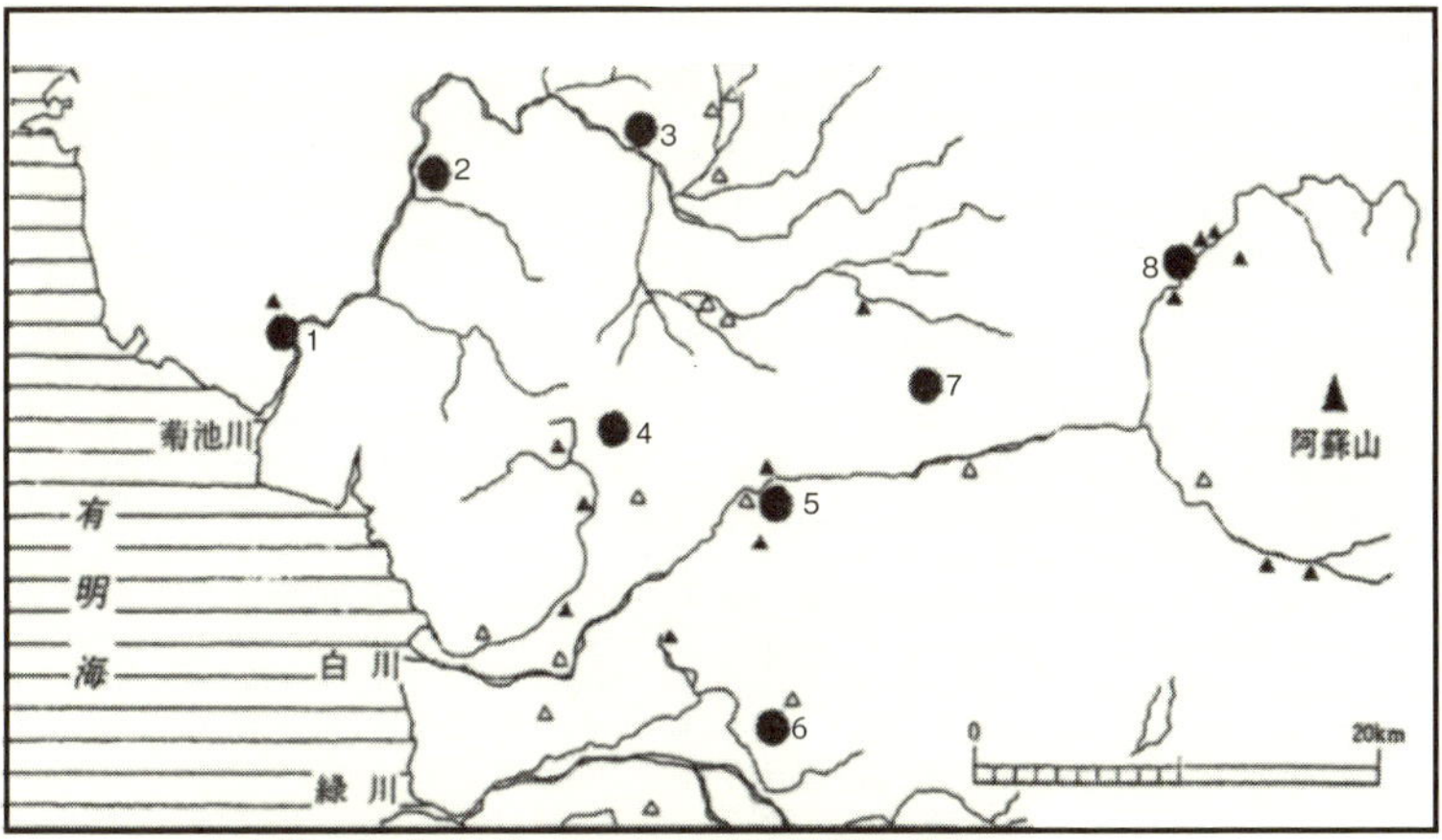

中九州（熊本県域）における鍛冶遺構の分布

（村上恭通著『古代国家成立過程と鉄器生産』より）

●：Ⅰ類鍛冶炉を有するかあるいは高温度操業の鍛冶が可能であったと推定される集落址

▲：Ⅱ類鍛冶炉を有するかあるいは鉄器生産関連遺物出土の集落址

△：鍛冶工房の存在が推定される集落址

１：下前原遺跡　２：諏訪原遺跡　３：方保田東原遺跡　４：小糸山遺跡
５：山尻遺跡　６：二子塚遺跡７：西弥護免遺跡　８：狩尾遺跡

狗奴国の地勢は、北部は筑後国奴国とは筑肥山地をもって隔てられ、西は有明海をもって、東は阿蘇山をはじめとする九州山地の深い山々である。南は球磨川河口付近までであろう。この地域は熊本県の平野部の殆どを占めており、広大な沃野の広がる地域である。菊池川流域は平地やなだらかな丘陵地帯であり、その南には沖積平野である熊本平野がある。

そして南西部には、名峰金峰山《きんぼうざん》がある。夏目漱石がその著「草枕」に、「山路《やまみち》を登りながらこう考えた」と書いた山路はこの山中である。

現在、菊池川の流域には菊池市と山鹿《やまが》市がある。

このうちの菊池市が、歴史的にも著名な地であるが、この菊池の名を天下に高らしめたのは、中世の菊池一族である。

菊池市は、藤原道隆の子の大宰権帥《だざいごんのそち》である隆家の子孫が、肥後菊池郡に土着して菊池氏を称した地である。

菊池経直は源平争乱期には平家に属して殺され、ついで承久の乱（一二二一年）には京都方に属したが、能隆《よしたか》、武房の代の元寇のときには、戦功を立てたという。

大きく発展したのは鎌倉時代末期からであり、元弘の変（一三三一年）には、後醍醐天皇の挙兵に呼応し、菊池武時は九州諸豪族に先駆けて幕府の鎮西探題《ちんぜいたんだい》を討ち、博多合戦で壮絶な戦死を遂げたが、息子の武重も勤皇方として奮戦し、建武の親政後の皇室と足利氏の対立時には、天皇方として東国の箱根竹下にまで遠征したという。その戦いは、菊池千本槍として名高い。

続く南北朝の時代には、全国的には北朝側が優勢であったにもかかわらず、菊池一族が南朝側を推したため、九州だけは南朝側がほぼ全九州を掌握した。特に武光の代には、征西将軍となった懐良《かねなが(かねよし)》親王を擁して菊池に征西府をおくなど（現菊池神社周辺部、社地の南西に向かって御所通りがある）、九州一円を支配する状態となった。

一三六一年には大宰府を少弐《しょうに》氏より奪取したのであるが、一三七三年以降は北朝方に、今川貞世《さだよ》（了俊）が九州探題として来るや、その勢いに押されるようになった。南北朝合一（一三九一年）と共に足利氏に服した。室町時代には、朝鮮貿易に従事し、また文事に熱心で、為邦・重朝の時代にはその城下隈府《わいふ》は九州における文運の一中心をなした。しかしその後、内紛を繰り返し、当主を阿蘇氏や大友氏といった他家から迎えるようになり、やがて、大友氏から迎えられた義武は大友氏と対立し、大友氏から攻め滅ぼされてしまった。

明治時代に入り、南朝方の忠臣がもてはやされるようになると、分家筋の人が継ぐようになったという。

菊池の町は、本家が滅亡した後も、菊池氏家臣の末裔たちが豪商となり、在町として栄えた。明治三年隈府城跡である城山頂上に菊池神社（主祭神は菊池武時・武重・武光）が建てられ、御所通りには、懐良親王手植えの樹齢六百五十年の椋《むく》の巨木が聳えている。将軍木と言われ、根回り約十mという。神社に登り、門から南をふりかえると、菊池の町と田や畑が入り組んだ菊池の丘陵地帯が広がり、その前面に金峰山が鎮座している。

この一帯には古代の遺跡も多い。

その一つが、近年発掘されて有名になった、鞠智城《くくち》である（菊池市内にある前述の菊池城とは関係はない）。創設の年はわからないが、六九八年（文武天皇代）に鞠智城を修繕したとの記録がある。七世紀後半、倭軍が百済の白村江《はくそんこう》（はくすぎのえ）で、唐・新羅の連合軍に敗れたが、その来寇に対する軍事拠点として築かれたもののようである。六国史《りっこくし》や、出土物（百済系瓦や仏像）などから、百済系の帰化人により指導を受けてつくられたものと考えられる。長い間、場所が不明となっていたが、「日本文徳天皇実録」に、天安二年（八五八年）に、菊池城の不動倉十一宇が焼失したとあることと、この地方に伝わる「米原長者伝説（三千町歩の田植えを一日にして終えたこと）」など、そして大量の炭化米の表土採集が大きなきっかけとなって場所が特定された。現在は歴史公園として整備され、八角形鼓楼や、米蔵兵舎が復元され公開されている。

その他にも、トンカラリンや装飾古墳、銘文の刻まれた江田船山古墳の太刀などの、独特にして貴重な考古資料に恵まれている。

この熊本県北部には、阿蘇山という火山がある。この阿蘇山は世界有数の巨大なカルデラを持ち、阿蘇谷を形づくっている。この火口原には、鉄道すら通っているのである。

この火山は巨大噴火を繰り返し、その火砕流は北部中部九州を覆っており、その火山灰は関東地方にまで達し、分厚い火山灰層を堆積させている。噴火のたびごとに、西日本の生物を絶滅同然にさせていたものと思われる。縄文時代に西日本の人口が東日本より少なかったのはそのためであろうか。

阿蘇カルデラの火口原には、鉄分を大量に含んだ地下水が噴出し、その鉄分が空気に触れたり、バクテリアの働きで酸化沈殿し、鉄鉱床を形成している。

古来、この鉄鉱床を採掘し製鉄が行われていた。邪馬台国と対立している狗奴国の軍事力の背景には、この鉄を加工した武器の存在が考えられる。

熊本城と西南の役

熊本城は、熊本県中部、金峰山の東側にあり、日本三名城の一つである。加藤清正が肥後五十四万石を領し、一六〇一年から一六〇七年（慶長十二年）まで、大国の威信をかけて造られた壮大な城郭である。

熊本城宇土櫓と金峰山

城郭の周囲は五・三km、面積九十八万平方m、城内に大天主と小天主、四十九の櫓、十八の櫓門、二十九のその他の城門を備えた大城郭である。宇土櫓一つとってみても、よその城の天守閣に相当する規模である。

加藤氏の改易後、細川氏が入り、二百四十年間、幕末までその居城となった。

近代、この城がその名を高らしめたのは、明治十年（一八七七）の西南戦争における籠城戦であった。

明治十年征韓論に敗れた西郷隆盛は故郷の鹿児島に下野し、私学校を開校した。やがて新政府と旧士族との対立が激化し、その結果、政府に対し尋問の筋有りと称して、西郷隆盛を押し立てて、二月十五日に私学校の生徒一万五千人は北上し、熊本城を囲んだ。

熊本城を守る谷干城《たにたてき(かんじょう)》は、籠城に備え城下を焼き払ったが、その際どうしたわけか本丸の天守閣、本丸御殿も焼いてしまった。連絡が不十分で、城も焼くと勘違いした者がいたのであろう。このため、本丸のかなりの部分が焼失してしまったが、宇土櫓等は焼失を免れ、創建当時の姿を残しているのは幸いである。

熊本城は十七世紀につくられた城であるが、この攻撃によく耐え、五十二日間の籠城戦を戦いぬき、難攻不落の名城として天下に知らしめた。その間、新政府軍は、筑後方面から押し寄せ、田原坂《たばるざか》において両軍は激突、攻防は十七日に及び、ついに薩摩軍は敗れた。

この戦いは、「雨は降る降る　人馬は濡れる　越すに越されぬ田原坂」と民謡にうたわれたほど激しいものであった。戦国以来の勇猛をもって鳴る薩摩兵に対し、農民を狩り集めて来ただけの新政府軍は歯がたたず、治安維持のために東京から連れてきていた警視庁の警官で腕におぼえのある者を集め、抜刀隊として斬りこませた。抜刀隊のなかには東北出身者もおり、「戊辰《ぼしん》の敵《かたき》」と叫んで斬りこんでいったという。

しかし挙兵の目的は東京に行って尋問することなのに、なぜここで熊本城を落とすことにこだわったのか謎である。

素《もと》より和せず

「倭の女王卑弥呼、狗奴国の男王卑弥弓呼と素より和せず」とある。

つまり、倭の女王卑弥呼と狗奴国の男王卑弥弓呼とは、素より仲がよくない、ということである。

では、この素とはなんであろうか？

素とは、元々という意味であるから、卑弥呼の時代から仲が悪くなったということではない。二人の不仲の原因は、単に個人同士の仲たがいということではないらしい。

卑弥呼が王位に着く前から、その原因があり、それが長期間続いていたということである。そしてそれは、ともすれば軍事行動をともなっていた、ということもあらわしていた。

ではそれを、北部九州の甕棺墓《かめかんぼ》の分布図からみてみよう（Ⅰ期～Ⅴ期は土器編年）。

甕棺は北部九州を中心に分布し、Ⅰ期では背振山地の麓に背振山地を取り囲むように分布している。甕棺を埋葬に使用した部族の中心地はここであったのだろう。

弥生Ⅱ期の時代になると、更に周辺部へと拡大を続け、筑紫平野東部から南部へと分散しながら熊本県北部へと広がっていく。

そしてそれは、Ⅲ期において最大の拡張をみせている。

このⅢ期で注目すべき点は、北は遠賀川の中部の塊と、熊本県中北部の集団である。

そもそも甕棺は、北部九州全域ではなく、三郡《さんぐん》山地の西側の部族の風習であったが、この期には、三郡山地を越えて遠賀川流域へと進出していったのである。立岩遺跡はその橋頭保であった。

ついで、熊本県中北部である。

そのなかでも、阿蘇山から流れてくる白川の中流部に濃い密度の集落がある。この白川の上流には、鉄鉱山が存在する。これらの集落は、この鉄資源を利用するための集落であろう。

ところが、このⅢ期での隆盛もⅣ期に入ると縮小をみせるようになってくる。

遠賀川流域の甕棺墓は図から消滅している。そして、熊本県中北部の集団も全て消滅しているのである。そしてそれは、Ⅴ期、すなわち弥生後期においても回復することはなかった。

これら熊本白川周辺の甕棺族の人々はどこへ行ったのであろうか。平和裏にどこかへ引っ越していったのであろうか。

いや、そんなことはないであろう。もともとこの地域には、在来の部族が居住していたはずである。その真っ只中に、北方からこの甕棺族の人達が移り住んできたのである。そして白川流域に甕棺族による植民地の一大拠点を築いたのである。その背景には、阿蘇山から産出する鉄鉱石による鉄器の製作があったのであろう。

それがⅢ～Ⅳ期の時代に、在来部族により駆逐されたのである。理由は不明であるが、駆逐、つまりかなり激しい戦闘があったことであろう。そして甕棺族の多くは殺害されたことであろう。

となると、本拠地である北部九州の甕棺族はどのような行動をとることになるであろうか。熊本

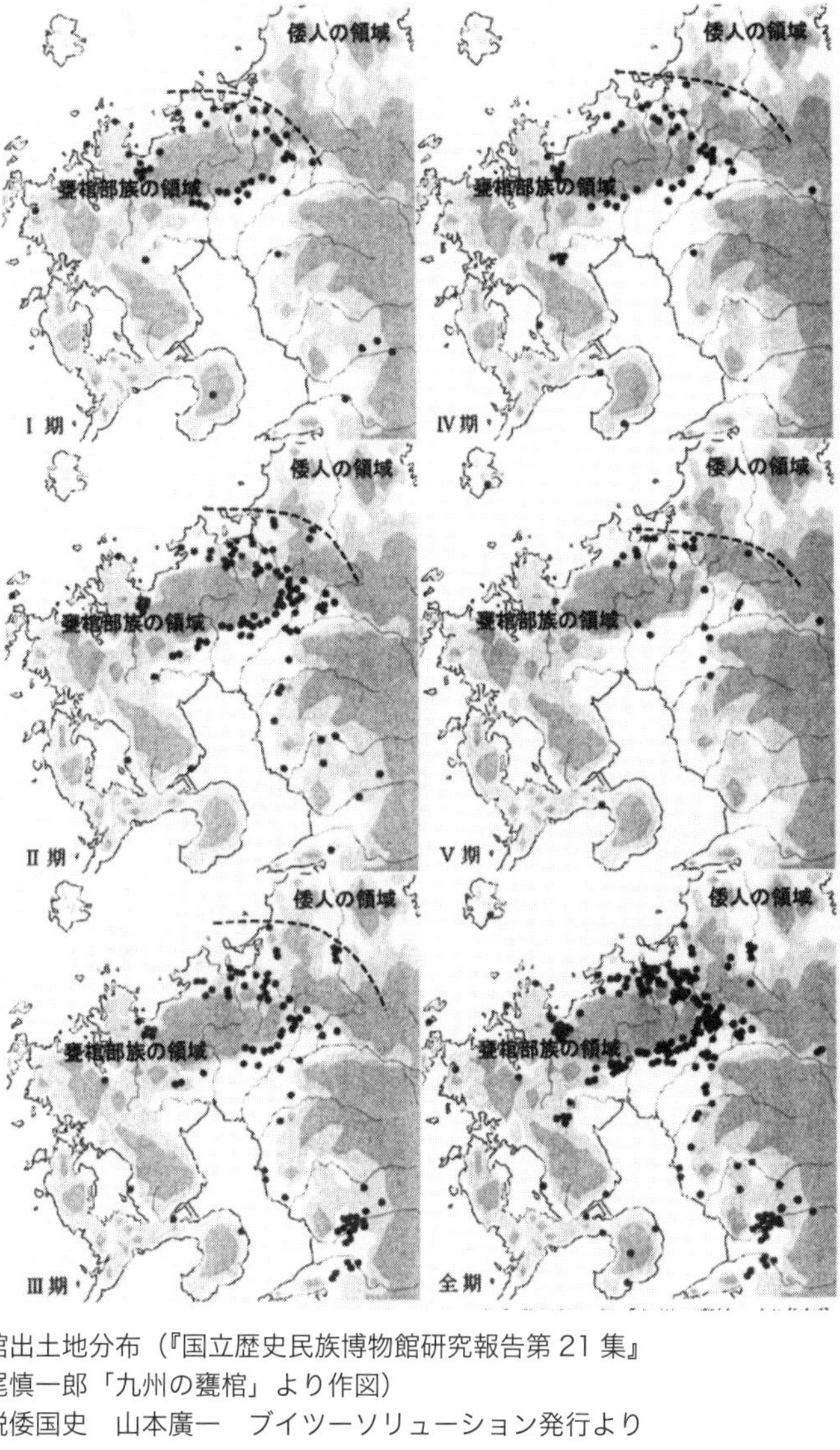

甕棺出土地分布（『国立歴史民族博物館研究報告第 21 集』
藤尾慎一郎「九州の甕棺」より作図）
新説倭国史　山本廣一　ブイツーソリューション発行より

の甕棺族の中には、北部九州に親戚もあったかもしれないし、何らかの交流を行っていたことであろう。

となると、同族が攻撃されている事情は北部九州に伝えられたはずである。

もちろん援軍を出したりしたのであろうが、結局は熊本の甕棺族は滅ぼされてしまった。この結果、邪馬台国を中心とした北部九州と、熊本北部とはその後も打ち解けることなく、憎悪をもって対峙してきたのである。これが、「倭の女王卑弥呼、狗奴国男王の卑弥弓呼と素より和せず」の事情なのである。

第三節　壱与の挫折

狗奴国と鉄

武器の原材料としての鉄は、古来非常に重要な役割を果たしてきた。そのため古今東西、国々の為政者は鉄の確保に非常に熱心であった。もちろん生活用具の製作においても、鉄は無くてはならぬ存在であった。

まさに鉄の確保は、国の存亡にかかわるほど重要なものであった。

しかも鉄の資源は偏在しており、その入手には交易等を伴い、困難な場合も多かった。

ここ狗奴国があったと考えられる熊本県北部において特に注目すべきことは、鉄器の豊富さにある。彼らが、邪馬台国に対抗しえたのは、この豊富な鉄を確保できた背景がある。

それを古代遺跡からみてみよう。

この地域の弥生の鉄製品の出土はかなり古く、日本最古の鉄斧が天水町の斎藤山《さいとやま》遺跡から出土しており、これは弥生時代前期である。弥生時代後期の熊本県の鉄器出土数はかなり多く、一八九一点と、全国の約三〇%を占めているほどである。

その中でも、鉄鏃の出土は、後期後半から終末期にかけて、九州では熊本・大分両県の増加が目立ち、主に福岡・熊本県境の山間部に多い。

山鹿《やまが》市方保田《かとうだ》遺跡・阿蘇町下山西遺跡・大坪町西弥護面《にしやごめん》遺跡などからは、いずれも多数の鉄鏃を主とし、数百点の鉄器が出土している。

熊本・福岡の県境となっている大牟田・玉名・菊池にかけての山地は、三世紀頃も邪馬台国と狗奴国との国境地帯だったと考えられ、当時この国境一帯に鉄鏃を集中させるような軍事的行動があったものと考えられている。

次に、弥生時代の鉄素材については、朝鮮半島や中国より輸入したという舶載素材説と、国内で製鉄が行われ自給されたという国内製鉄説が対立しているが、決着はついていない。

しかし、中九州には、半島では使用が認められない菱鉄鉱《ひしてっこう》や褐鉄鉱《かってっこう》を原料とする鉄器がみられる。菱鉄鋼であれば、大分県大野郡にその鉱山があり、褐鉄鉱は、熊本県阿蘇郡に有名な鉱床が存在する。

また中九州の鍛冶遺構では、しばしば表面に溶融状態を残す指先大の鉄塊が多数発見される。これは、褐鉄鉱を精錬する際に生成する小型鉄塊の特徴に極めて近似している。

中国では、紀元前七、六世紀に鉄器の使用が確認されており、鋳鉄品《ちゅうてつぴん》が存在している。

一方、中国の江南地方（揚子江の南）では、鍛造品《たんぞうひん》が主に武器を中心として存在し、鋳造品を主体とする華北の鉄器文化とは明らかに異なる様相を持つ。この江南の鉄器文化が朝鮮半島西南を経由して日本に伝えられた可能性を示唆している。

鉄器の国内生産は、弥生時代前期末に開始されたとはいえ、製鉄技術がなく、当初、鉄素材は朝鮮からの移入に頼っていたものと考えられる（倭・韓・濊《わい》とともに、弁韓諸国の産出する鉄をとる）（後漢書韓伝）。

まだ弥生時代の製鉄遺構は発見されていないが、北部九州における中期後半以降の鉄器の普及の度合いからみても、このころには鉄生産がおこなわれていた可能性は強い。

製鉄については、溶鉱炉で鞴《ふいご》で送風し、高熱で鉄鉱石を溶かし（一五三〇度）、鉄を抽出するものという定義があるために、このような高温を出す設備が作れなかった日本の古代では製鉄が行われず、ようやく六世紀ごろになって、たたらとして行われるようになったとされている。

しかし、製鉄には二種類あり、このように溶鉱炉で鉄鉱石を溶かして造られる鉄は鋳鉄といい、他に、鍛冶鉄《かじてつ》というのがあり、鉄製品を加工するように鉄鉱石を火であぶりながら赤熱させ、槌でもって丹念に叩き不純物を取り除き、鉄製品を造るという方法もあるのである。こうして造り出された鉄を鍛鉄という。

窪田蔵郎氏（『鉄の考古学』雄山閣出版刊）は次のように述べる。

「鉄鉱石から鉄をつくるのには、高い技術を必要とすると考えられがちです。しかし、かならずしも、そうとばかりは、いえないのです。鉄鉱石を赤く熱して、酸素をとり、くだけて散らないように、そって根気よくたたいて、石の部分をとばして行けば、九〇〇度ぐらいでも、鉄はできるのです」（『季

刊邪馬台国六八号」梓書院)

実験すると、このやり方で鉄ができるそうである。

山本博著「古代の製鉄」(学生社)によると、

「ゴーランド氏によれば、鉄鉱石から『可鍛鉄《かたんてつ》』をつくるには、銅鉱から銅を抽出するよりも簡単であり、還元温度も低くてよいと、つぎのように述べている。

『冶金学《やきんがく》の知識が足りないため、鉱石から鉄を抽出するのは銅を抽出するよりも余計に知識を必要とする、と、ある種の考古学者が主張したし、今も主張している。こういった説は、実際の冶金学者によって、つぎのように確定せられた事実と正反対である。鉄の還元に要する熱度が七〇〇乃至八〇〇熱量もあればよいのに、銅に要するのは一一〇〇熱量よりも少なくない。鞴も送風装置も要らないのである。鉄の場合は、銅のように鎔解を必要としない。この金属は、鍛えられる鎔けない塊として得られるもので、道具や武器を造るためには、槌で叩くだけでよい。』そのうえ、『鉄の抽出には、鎔解が必要であるという有力な謬見《びゅうけん》が今日ですらまだ考古学者の間に明らかに行われているが、これは、鋳鉄をまず作ってから、特殊な操作によって可鍛鉄または鋼《はがね》に変える近代的方法にもとづいているのである』

(中略)

「略言すると、土器を焼く温度で、地下の砂鉄は楽に還元できたわけである。北九州の各地に散布する無文赭《しゃ》色の土器の硬度は、この程度の熱度、またはこれよりやや高い熱度で焼いている。こうした土器が、鉄滓散布地で発見される。従って、『鉄器』を造り出す可能性も、このようにして、『鉄』を還元した地点付近と関係あることになる」

つまり、弥生時代に土器を造る温度があり、鍛冶の技術があれば、鉄鉱石を赤熱させて鉄器を作ることができる。

鉄鉱石には次の四種がある。

「磁鉄鉱（マグネタイト）」

鉄黒色、金属光沢がある。鉄分約七二％磁性に富む。

「赤鉄鉱（ヘマタイト）」

赤または黒赤色、若干の金属光沢。鉄分約七〇％。別名ブラックダイヤモンドとも呼ばれる。鉄を含む鉱物の中では、地球上に最も多く存在するとされ産出量も多い。

「褐鉄鉱（リモナイト）」

黄褐色または褐色。鉄分約六〇％前後。粘土のような状態のものが多い。土を赤くする。天然の鉄サビで、そのため現在は鉱物名としてこの名前は使用せず「針鉄鉱」や「鱗鉄鉱」と呼ぶ。

「菱鉄鉱（シデライト）」

黄褐色または黒褐色。鉄分は約三〇〜六〇％、人類が最初に利用した鉄鉱石とされ、精錬が容易。

砂鉄は磁鉄鉱が砂状になったもので、出雲の玉鋼《たまはがね》の材料でもある。良質なものは、真砂《まさご》砂鉄といわれ、鳥取・島根両県や福岡市西方に多い。

もう一つ、日本で使われた鉱石には褐鉄鉱がある。褐鉄鉱は、含水酸化鉄鉱（Fe_2,O_3,H_2O）、磁鉄鉱・赤鉄鉱・硫化鉄鉱等が変質（サビて）して生じたものである。一～一〇％の化合水を含むという。

この他に、水に溶解した鉄分が、湖沼等において再沈殿したものがあり、これを沼鉄鉱ともいう。沼などで赤い泥がみられるのがそれである。

湖沼等での湖沼鉄の採鉱は、砂鉄に比べてはるかに容易な上、製鉄も容易なことが大きな特徴である。湖沼鉄の溶鉱炉は、初期の頃のものは農家の庭先に置かれた小型のもので、燃料に薪を使い風力源として「火ウチワ」を使っていた。従って、炉内の温度は極めて低かった。

褐鉄鉱で、世界共通で製鉄原料として使われた「水辺の鉄」には、つぎのようなタイプが考えられる。

①葦などの水草の根で造られる湖沼鉄。
②湖沼鉄の変成、化石化した褐鉄鉱。
③山地の急流すなわち自然の「鉄穴流し」により浮遊選鉱された砂鉄。
④磁鉄鉱が風化し、激流に押し出され、塊状になったと考えられる餅鉄。

これらに共通している点は、採鉱・選鉱の容易さである。

このうち、③の砂鉄と④の餅鉄は磁鉄鉱で①の湖沼鉄と②の褐鉄鉱より高温保温が必要であることから、古代日本の技術では製鉄が難しいと考えられる。

製鉄遺構は、六世紀後半まで皆無であり、古代日本の鉄利用は、鉄製品あるいは鉄素材を半島からの輸入に全面的に依存していたことになる。

製鉄遺構の証拠は、高温で焼かれた炉の跡、そしてその付近から鉄滓《てっさい》が発見されることである。では七〇〇度以下で溶融し、あまり鉄滓の残らない製鉄原料があったとしたらどうなるであろうか。七〇〇度といえば青銅の融点以下で、青銅器鋳造が行われていたのであるから、古代日本においても、この程度の高温技術はあったことになる。

これら湖沼鉄褐鉄鉱は、無機的には不純物が極めて少ないから鉄滓が少なく、また野タタラであれば、自然環境の中での炉跡であるからたやすく自然還元されて土で覆われ、炉跡の遺跡証拠の発見は極めて困難となる。従って遺跡は発見されていなくても、山の斜面などを利用した自然通風で湖沼鉄製鉄が行われていた可能性は捨てきれない。

しかし、褐鉄鉱の産地付近には、古代製鉄遺跡が発見されておらず、そのために、褐鉄鉱による製鉄法は認められていないのである。

褐鉄鉱を原料とする製鉄法は、低温度における還元率が高いという特性が評価されながらも、鉄分の含有量が少ない点で過少に評価されていた。ところが、阿蘇の谷の褐鉄鉱は、六九％の高含有の鉄を含み、更に地下水として湧出し、絶えず生産がなされている。

菊池秀夫氏は、「これらのことを、つなぎ合わせて考えていくと、弥生時代に阿蘇谷付近で、製鉄がおこなわれていた可能性はあり得ると考えていいであろう。製鉄技術の証拠はまだ発見されていないが、原材料の点では充分な状況が整っている。当地では、古来から阿蘇黄土《あそおうど》を使用した製鉄法を独自に発見していた」と述べている。

つまり熊本県北部では、豊富な鉄資源と菊池盆地の豊かな農業生産を背景に、かなり強力な政権が存在できる下地ができあがっていたということになる。

それが狗奴国であり、北部の邪馬台国と対等に渡り合えるほどの経済力と軍事力を保持することができたのである。

この褐鉄鉱山の採掘現場には、二度ばかり足を運んだことがある。

ある会での九州旅行で、この鉱山を見学したいということで寄ってみた。

そこは阿蘇の北谷の中であり、明神山鉱山の近く、そのなかに日本リモナイトという会社の事業所があり、そこでこの褐鉄鉱（リモナイト）を採掘していた。ほかの二人は鉄に関心があり、興奮してあれこれ質問していたが、私はとんと興味がなかった。

事務所で話を聞いた後、採掘現場に行った。ここは露天掘りであり、周りは田んぼであった。つまり田んぼを掘って採鉱しているのである。当然田んぼの土もリモナイトでできている。掘り下げられた採掘現場は地下水があちこちで湧き出していた。湧き口の周辺は赤や黄色の土が堆積していた。湧きだした水の表面は油が浮いたように光っていた。これは、水のなかの鉄分が空気に触れたりバクテリアの働きにより酸化しているのである。

それが沈殿して赤や黄色の褐鉄鉱となっている。それが、年々積み重なりまた新たな鉱床が造られていくわけである。この鉱床は火山である阿蘇山に由来するものである。

事務所の井戸水を口にすると鉄の味がかなり強かった。かつては北九州の八幡製鉄所に送られて、鉄鉱石の代わりに使われたこともあったという。褐鉄鉱は、鉄分の含有量が少ないことから過少評価されていたが、当地の褐鉄鉱は六九％の高含有量の鉄分を含んでいるのである。

帰りにリモナイトで作ったコップと水の浄化剤を戴いたが、コップをもう二～三個とリモナイトの粘土を貰っておくべきだったと、今反省している。行ったときは関心がなかったが、今ごろになってその重要性に気づいてきたからである。

熊本県北部と大分県の鉄器の元は、この阿蘇谷のリモナイトなのであった。

阿蘇谷狩尾で採掘された鉱石が西の地域に運ばれ、そこで各種の鉄製品に加工され使用されたのである。これが、北部九州と中部九州の鉄器の違いである。

大陸には華北の赤鉄鉱・磁鉄鉱系の高温銑鉄製鉄と河南の褐鉄鉱系の低温鍛造製鉄の二つの系統の製鉄技術があり、日本には華北の製鉄技術は半島を経由して時間をかけてもたらされるが、これより先に南の低温製鉄技術が中国系漂流民によってもたらされたと考えられる、という説もある。漂流民かはともかく、江南から渡って来た人によってもたらされたものであろう。

日本の鉄器は半島からもたらされ、そのほとんどが「鋳鉄鉄器」であった。

鍛冶技術の導入は、弥生中期であるが、北部九州と熊本県北部に集中し、はっきりと二分化の様相を示している。

このことは、中九州以南において、半島からの鉄供給が途絶えたということをあらわし、中九州以南の人々が他に鉄の供給源を持ったと考えることができる。

その鉄資源を背景にして、北部九州の邪馬台国と互角に戦い得たのである。

九州の高地性集落

邪馬台国と南九州諸国との戦いについては、次の資料から読みとることができる。これは九州の弥生時代後期末期の高地性集落の分布図である。九州の中央部に西から東へと横断するように、高地性集落が分布している。

この分布図には、弥生後期の邪馬台国と狗奴国の闘争の歴史が刻みこまれている。このような集落の位置を考えてみるとき、このラインを境にして、北の地域と南の地域がけっして友愛をもって接していたとは考えられない。

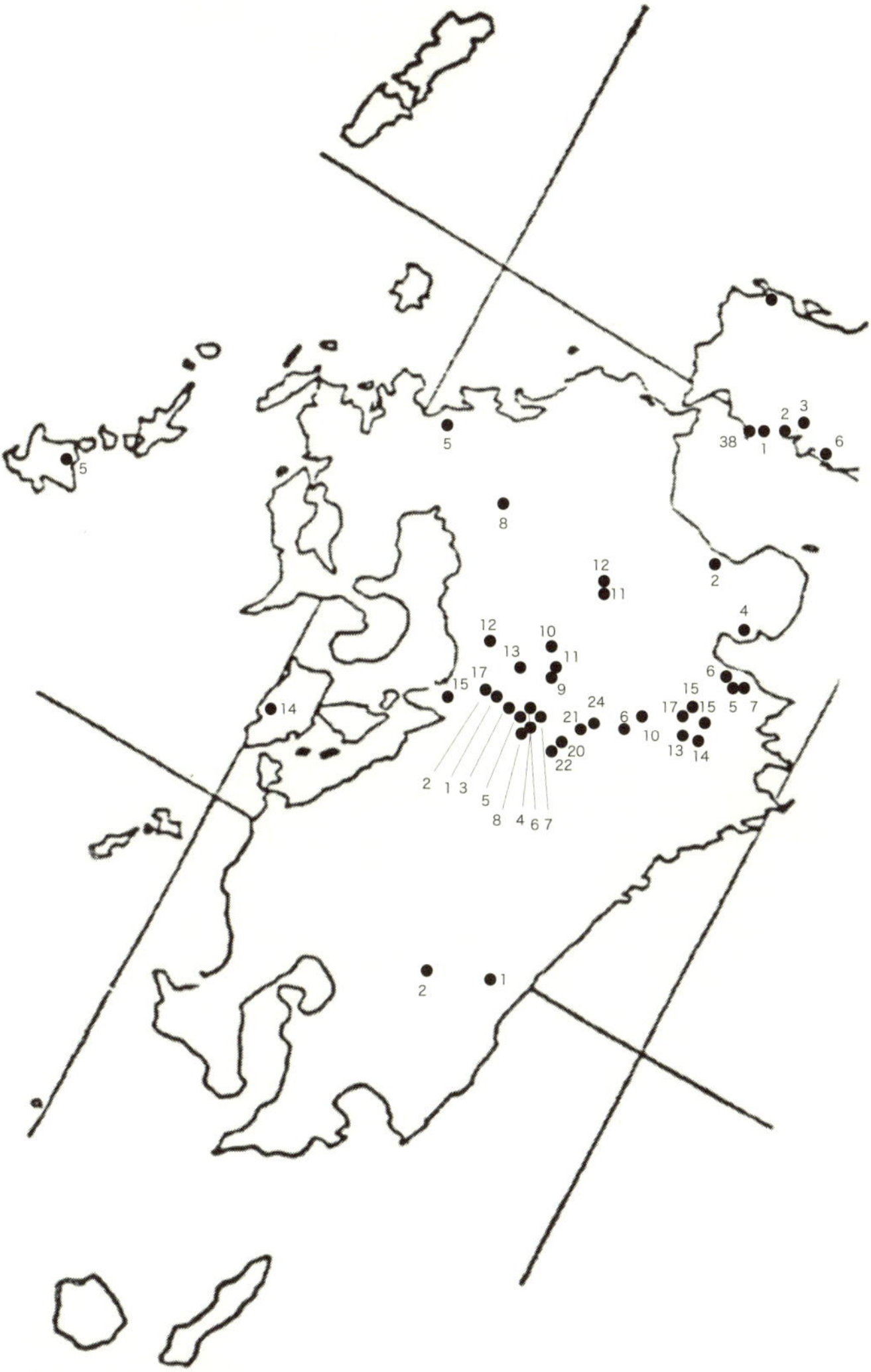

高地性集落遺跡文化小期別分布図
第Ｖ期高地性集落遺跡分布図
（小野忠凞編「高地性集落」学生社）

そして重要なことは、熊本県北部の高地性集落の分布が、筑後と肥後の国境の、すなわち、邪馬台国と狗奴国の国境ではなく、もっと南の緑川周辺に分布しているということである。

初めの頃、私はこれをみて、国境線が描かれていないことから、この高地性集落の分布が筑後と肥後の国境沿いにあり、邪馬台国と狗奴国との抗争の境界であるとみていたのだが、地図に国境線を書きこんでみると、とんでもない、高地性集落はもっと南に分布しているのである。これは、国境地帯が主戦場であるという考えとは、まるっきり異なったものである。もちろんこれは、高地の集落であり、低地でも集落はあったであろうが、高地性集落は砦のようなものであり、戦いを主眼においたものであろうから、この帯状の分布は、両国の戦いが、このラインを中心におこなわれたことを表しているのではないかと考えられる。

となると、熊本北部は邪馬台国側で、緑川以南が狗奴国なのであろうか。

ところが、それでは困る。私が熊本の北部が狗奴国と認定した事由は、この地に狗奴国とみて間違いのない事象が数多く存在したからである。つまり、熊本県北部の菊池川流域が狗奴国の中心部であったはずである。

そこで、なぜこのような分布になっているのかについて改めて考えてみた。

後期末期に狗奴国南部に高地性集落が集中した事情を考えてみよう。高地性集落は本来、生活の場は低地にあるが、敵が襲来した時に逃げこむ、対戦防御を目的とした集落である。

つまり、この分布の状況を考えるに、このラインの北部では敵襲を絶えず受けるので、そのために住民は南部の高地性集落に逃げこんだということである。つまり、北からの攻撃の方が優勢であったのである。

邪馬台国と狗奴国の戦いは、弥生後期の高地性集落の分布からみると、邪馬台国の攻勢で始まったようである。

当初、卑弥呼が平和主義であった時代は、狗奴国側が邪馬台国側の国々（奴国や烏奴国のような国境地帯の国々であったろうが）に侵攻し、それを連合国側が追い払うという構図であったろう。事実、当時の国境の筑後と肥前の間の筑肥山地には、鉄鏃が多く出土する。

しかし、卑弥呼の晩年近くになると、本格的に対処する必要にせまられるほどに狗奴国の攻勢が激しくなり、ついに、卑弥呼が平和主義を封印する事態におちいったようである。そのため卑弥呼は、狗奴国を今までのように放置しておくと、自身の権威を保持していくことができなくなると悟り、その根源である狗奴国を徹底的に叩く必要があると判断したのである。

しかし、それだけであるならば、たかが狗奴国一国だけなのであるから、魏の権威を頼りにする必要はないであろう。となれば、魏への働きかけの主因は、狗奴国との戦いのみならず、もっと重要な意図があったのではないかと考えた。それが、魏にたいする詔書と黄幢の下賜の請願である。

一方、魏側としては、皇帝の御標である黄幢をそう簡単に手渡すわけにはいかないということがある。それ相応の権威ある事業のためでなければならない。

となれば、卑弥呼は単に狗奴国征伐にとどまらないことを考えていたのではないだろうか。それはずばり、倭国統一である。

そう思い至ったとき、それが、本書を書かせるきっかけとなった。

既述したが、それは卑弥呼が金印を授受したことから始まった。

金印を授受したことから、卑弥呼の胸中には三つの計画が生じてきた。

一つは国名を変えること。

一つは遷都すること。

そして三つ目は、倭国統一であった。

この倭国統一は、野望ともいえるものであった。

その為に必要としたのが、魏皇帝からの詔書と黄幢であった。

卑弥呼は、皇帝からの旗印の下に狗奴国を粉砕し、かつ、全国制覇を成し遂げようとしたのである。

その要請の使者が、正始六年（二四五年）の遣使であった。

そこで卑弥呼は、詔書と黄幢の到着を今か今かと待ち続けていた。そして、あくる二四六年には、再度の使いを半島に送ったのであった。

しかし卑弥呼の身体は衰弱し、さらに半島の混乱もあり、詔書・黄幢が倭国の都についた時には、時すでに遅しであった。

そして倭国統一の事業は、新たに女王壱与の手に委ねられたのである。

狗奴国征伐

詔書・黄幢を卑弥呼から受け継いだ壱与は、卑弥呼の意図した倭国統一をめざして早速行動を開始した。

まず、従来からの戦いが続いていた狗奴国との争いに決着をつけることにした。

今度の戦いは、単なる国境を侵す狗奴国を成敗するというものではなく、邪馬台国のもとに倭国を統一するために、不服従の狗奴国を成敗するということであった。

壱与は、狗奴国を含む全国に、邪馬台国のもとに馳せ参ずるように指令をだした。その呼びかけには、邪馬台国女王壱与が正式に倭国王として魏皇帝から詔書をうけ、その陣頭に掲げる黄幢を授かったことが述べられた。そして、服従しないことは魏皇帝への反逆を意味するものであり、倭国王によって成敗されることをも告げた。

近隣の九州北部諸国は、指令に従い壱与のもとに馳せ参じたが、狗奴国王はそれまでのいきさつから従属を拒否、戦闘態勢に入った。邪馬台国とのそれまでの闘争から、邪馬台国の武力に十分対抗できると考えていた。事実それまでの戦いでは、決して引けをとらなかったし、邪馬台国が卑弥呼の死後の混乱で有力者がかなり誅殺されたことも知っていた。邪馬台国を滅ぼせないまでも、邪馬台国軍の侵攻をはねかえすことができると考えていた。

一方、北部九州から遠い地域の多くは、態度を保留していたものもあったろう。

壱与は早速狗奴国の征討戦の準備に入った。北部九州の軍を主体に、他地域からも援軍が駆け付けた。もちろん邪馬台国側の勝利を信じたからである。

今回からは、邪馬台国対狗奴国ではなく、統一倭国対狗奴国であった。

老体の卑弥呼とは異なる若年の壱与は、軍の先頭に立ったのであろうか?

その行動をシミュレーションしてみよう。

統一倭国軍は、高良山《こうらさん》に集結したものであろう。壱与は供の担ぐ輿に乗り（倭国に馬はいない）、その前には魏皇帝から戴いた錦の御旗である黄幢が揺れていた。

前女王の死後の混乱は、邪馬台国の威信に動揺を与えたが、その後の新女王の誕生と魏を後ろ盾としたことから、北部九州邪馬台国の統一倭国への団結に成功したのであった。

壱与は高良山にとどまり、邪馬台国とその連合軍は、黄幢を掲げる率善中郎将難升米に率いられ南下していった。

統一倭国軍は、有明海の海岸沿いを、怒涛の如く狗奴国領内に雪崩れ込んでいった。

狗奴国軍も狗奴国王の下によくまとまり、善戦したのであるが、多勢に無勢、次第に追い込まれていった。やがて短期間のうちに全土を席巻され、狗奴国王らは、南方へと逃れていった。

占領後は邪馬台国の息のかかった官が任命され、統一倭国の中に組み入れられることとなった（熊本県北部に山門の地名がある）。

狗奴国を下した壱与は、次に投馬国の征伐に乗り出した。

投馬国征伐

なぜ、邪馬台国と投馬国が仲たがいとなったのかはわからない。

しかしそうなったことは、そして両国間で戦争状態が長く続くことになったのは、先の九州高地性集落の分布図から判断できる。集落の分布は熊本方面だけではなく、さらにその東、豊後方面へと伸びている。投馬国は宮崎県であるから、もし投馬国が邪馬台国（統一倭国）と友好な関係であるならば、両者の間にこのように高地性集落が分布しているはずはないからである。

このラインを境として、邪馬台国（統一倭国）と投馬国は対立していたことをあらわしている。

しかし少なくとも、魏志倭人伝には、投馬国は官が支配しているとあるのであるから、投馬国は、かつては邪馬台国治下の倭国の機構に組みこまれていたことをあらわしている。

しかし、壱与の時代には、明らかに軍事衝突をみたのである。不服従を表明した投馬国に対し、倭国王壱与は早速討伐の軍を差し向けたのであった。

ここから、投馬国征伐についてシミュレーションをしながら語りたい。

壱与は、倭国王の名で諸国に投馬国征伐の軍に参加するように呼びかけた。諸国の軍は続々と豊後の国に集まり、黄幢を掲げた難升米のもと、大軍となり一路南下していった。

狗奴国討伐のときは圧倒的勝利をおさめたことから、今回も同様に投馬国を圧倒できるものと誰もが思っていた。投馬国は戸五万とはいえ、肝心の鉄が産出せず、当然戦いに使う鉄製武器が作れないのである。つまり、鉄製武器のない相手と戦うということであり、鉄製武器の豊富な統一倭国軍の敵ではないと考えられた。まさに、諸軍はピクニック気分で豊後の山中を進んでいったのである。

事実、国境の山岳地帯を行軍していても、全く攻撃を受けることがなかった。その山岳地帯を抜け出る所に大きな川があった。後世の耳川である。

この川を渡れば宮崎の平野部に入れる。この川は急流であり、両岸は崖が下流から上流まで切れ目なく続いており、大軍が渡河できる箇所は、河口のところだけである。しかも渡り終えると、急な斜面があり、そこを登ると、ようやく目の前に台地が南へと続いている。

とりあえず、先鋒隊が渡河し、急斜面を登り、台地の上に出た。ここまでは投馬国による攻撃はまったくなかった。

難升米は、とりあえず全軍を渡河させ、南の台地で体制を整えて行軍しようと考えた。

台地といっても狭いので、先鋒は南下を始めた。

と、そこに、ばらばらと石矢が飛んできた。投馬国による初めての攻撃であった。ついで鬨《とき》の声が上がり、一群の兵士たちが攻撃してきた。先鋒隊が迎え討ち、投馬国軍を追いやろうとした。投馬国軍は押されて南方へと逃げ始めた。統一倭国軍はさらに追い詰めようと前進していった。と、その目の前に突然、完全武装し鉄製の武器を手にした数百人の兵士があらわれた。一目でそれは、投馬国軍の精鋭であるとわかった。彼らは鉄製の武具で身を固め、鉄製の武器を持ち、一斉に統一倭国軍に襲いかかって来た。

確かに投馬国では鉄が産出しないのであるが、かといって鉄が全くないわけではない。投馬国王は、戦いに備え、国中の鉄を掻き集めて武具をつくり、優秀な若者にそれらを着用させ、訓練を行い、精鋭部隊を造り上げていたのである。その精鋭部隊をここぞというところで投入したのだった。

精鋭部隊と狗奴国の残党は、先鋒隊に一斉に襲いかかった。統一倭国軍は数は多かったが、突然の強敵の出現とその気迫に押され、支えきることができずズルズルと後退していった。先鋒が崩れるとみるや、そこに、先を尖らせた棒や、こん棒、石の槍などを持った雑兵がワッと襲いかかって来た。投馬国王彌彌は、総がかりで統一倭国軍に攻めかかったのである。

投馬国は戸五万の大国である。兵数ではひけをとらない。投馬国王彌彌は総力をあげて、この一戦に臨んだのである。

一方の統一倭国軍は、渡河したものの、上陸地点は狭く有効に行動することができず、投馬国軍に押しまくられる結果となった。やがて総崩れとなり、対岸にひきあげようと大混乱におちいり、水死する者多数という状況になったのであった。

かなりの兵を失い一敗地にまみれた統一倭国軍は、北へと引き上げていった。

ここに、壱与の投馬国征伐は失敗したのであった。

投馬国の人々は、この国難を救った国王彌彌の名をとって、この川を彌彌川と名づけ、その功績を讃え、後世に伝えたのであった。

以上、シミュレーションしてみた。

戦線の膠着と狗奴国の荒廃

弥生時代後期の高地性集落の帯が、九州中央部を横切っていることから、壱与の勢力圏はその北部にかぎられるとみてよい。東は大分県東部から、西は熊本県中央部までである。

これは、卑弥呼の支配地域に比べて、若干の増加をみただけとみることができる。黄幢を押し立てての進軍は、まさに何の効果もみることがなかったのである。

黄幢は、味方の団結にのみ活用できるものであった。魏という宗主国の承認を受けた正当な王であるというからこそ、北部九州等の国々はその幢《のぼり》のもとに集まったのである。

しかし、敵にとっては、そんなことは感知せずであった。魏王朝の権威など全く通用しないのである。であるから、狗奴国も投馬国も死力を尽くして戦ったのである。その結果、統一倭国の軍勢ははねかえされてしまった。

九州以外の本州・四国諸国についても、初期のうちは、黄幢を下賜された邪馬台国壱与女王から、統一倭国への参加をもちかけられたときに、それに乗った国もあったであろう。

しかし、統一倭国は緒戦で躓いた。狗奴国を破ったのはよいが、その後の投馬国戦において、耳川で大敗してしまった。こうなると、統一倭国に参加していた国々は、話が違うと思うであろう。いとも簡単に倭国は邪馬台国女王壱与に統一されるはずであったのが、雲行きが怪しくなってきたのである。黄幢のもとに団結したといっても、張り子の虎なのではないかと。

しかも、統一倭国軍の対投馬国戦の敗退をみて、逃亡していた狗奴国の残党たちが旧領に戻り、反乱軍を組織して抵抗を始めた。一方の豊後側も、投馬国勢力が入りこみ、やはり抵抗を始めた。統一倭国も、とにかく狗奴国と投馬国、特に狗奴国を押さえ込まなければ、九州北部すらその配下におさめられない状態となった。

そこで、狗奴国の残党に奪い返された熊本県北部を取り返すために、再び大軍を派遣したのであった。

狗奴国が統一倭国軍に滅ぼされたあと、そこには統一倭国系の領主が置かれたのであるが、狗奴国の残党たちは、旧臣や従来からの民の協力を得て、この統一倭国系の国を攻めとることに成功した。そうなると、壱与は放っておくわけにはいかず、再び大軍を組織して旧狗奴国勢力を掃討したのであった。しかし、統一倭国軍が引き揚げると、旧狗奴国は再び領内に攻め込み、統一倭国系の支配者の軍と戦いを続けた。

こうして、旧狗奴国内は両勢力による激しい攻防の舞台となってしまった。戦力としては、統一倭国軍のほうが優勢であったので、統一倭国軍に攻められると、狗奴国側は南の国境あたりの砦（高地性集落）に引き籠り、引きあげると攻め込むという状態であった。こうした攻防が繰り返されることにより、旧狗奴国の領内は完全に荒廃してしまったのである。

その荒廃の有り様は、日本書紀景行天皇紀の中にも記されている。

景行天皇紀十八年に、

「六月十六日には、阿蘇国に着いた。その国は野が広く遠くまで続き、人家がみえなかった。天皇は、『この国に人がいるのか』と問われた。そのとき二人の神、阿蘇津彦と阿蘇津媛が、たちまち人の姿になり、やってこられて、『私たち二人がおります。どうして人がいないことが有りましょうか』といわれた。それでその国を名づけて阿蘇という」

この阿蘇での描写をみて、私は、これは阿蘇山中の草千里の事をいっているのだろうと思っていた。

なぜ阿蘇山中に寄り道したのかなと思ったが、まあ、阿蘇山といえば外国にまで聞こえた九州屈指の山であるから、見物に寄り道してみたのであろう、ぐらいに思っていた。

ところが、である。古代の阿蘇国は、阿蘇山のある阿蘇郡だけではなく、菊池郡や鹿本郡《かもと》をも含んでいたということである。これは、私が狗奴国の領域であると想定した地域内である。ということは、景行天皇はこの時、狗奴国の故地を通過したということなのである。

熊本県北部は、本来は、低い丘陵地帯の中に耕作地が広がる沃野である。それが、当時は広大な野が続いていたというのである。これは、まだ人間が入植していない原始の野であるとみてはいけない。

日本は湿潤な気候帯に属するから、太古の時代は、木々がうっそうと生い茂る原生林となるのが普通である。それが広々とした野というのは、それらの原生林が一度伐採されて耕地となり、その後耕作が放置され、再び草が生い茂る原野となり、そして、原生林に戻る前の状態なのである。

つまり、ここ阿蘇国は、一度人々に耕され、田や畑が造られた後に、放置されて原野に戻ったということである。

なぜこのような状態になったのかというならば、それは、統一倭国（邪馬台国）による、執拗な攻撃にある。その結果が、このような国土の荒廃を招いたのであった。

国土は荒廃し、人々はみつからないように、小屋のような住居に息をひそめて生活していたのであった。

大和朝廷が九州を配下におさめたのは二九〇年頃からと私はみている。景行の九州遠征は、三二〇年に始まるのであるから、実に平和が訪れてから三十年たっても、いまだ狗奴国の故地の阿蘇の荒廃は続いていたのである。

このことは、考古資料からも確かめられる。

九州国立博物館の坂元雄紀氏の講演「九州の邪馬台国事情」のレジメには、

「女王国に服属しなかった〝狗奴国〟

○東海説

・前方後方墳の故地（前方後円墳との排他性）

○新説熊本

・弥生時代後期の豊富な鉄器

・弥生末〜古墳初にかけて集落が大幅減、環濠の埋没

・大規模前期古墳の不在」

とあり、熊本県北部を線で囲んでいる。

これをみると、狗奴国は東海にあるというのが一般的で、熊本県説は新説であるというわけである。

わたしは、熊本県狗奴国説が最も古いと思っていたが、思い違いであったようだ。

弥生時代後期の豊富な鉄器の存在は、長期間の武力衝突を物語っている。

そしてそれらは、古墳時代に継続することなく消滅しているという。

阿蘇山中の狩屋遺跡では、鉄製品の生産は弥生社会の終焉とともに停止している。

白川流域にある西弥護免の集落は突如として廃絶されている。遺跡の環濠内の住居の多くが焼失している。それらは、人為的に家屋を解体したり焼いたりされている様相である。その後、廃絶したこの集落は平安時代まで空白になっている。

奥野正男氏も、『考古学から見た邪馬台国の東遷』（毎日新聞社）の中で、西弥護免遺跡の環濠内の住居跡の多くが焼失し、その後、この集落は廃絶し平安時代まで空白になっていることに注目している。そして、こうした西弥護免遺跡の様相は、この集団があるとき突如、外敵などの侵入をうけて、大部分の住居が焼失し、この集落を放棄するか、あるいはそれが原因でこの集落が廃絶されるにいたったことを想像せずにはおかないと述べている。

つまり、中九州の遺跡については、弥生時代と古墳時代の間に連続性がみいだせないのである。

このことはさらに、九州全体についても言える。

（西弥護免遺跡―熊本県菊池郡大津町、阿蘇山の真西の白川沿いにある弥生時代の環濠集落、多量の鉄器が出土し、同時期の九州では一番の濃密度である）

結局は、狗奴国は滅ぼされたのである。しかし、一方の邪馬台国側が払った代償も甚大であった。

長年にわたる狗奴国側のゲリラ戦に、邪馬台国側も疲れはて、それは倭国王壱与の権威の失墜につながった。壱与の権威は大いに損なわれたが、北部九州諸国が共立し、中国が正式に承認した倭国王であるから、崇め奉ってはいたのではある。

第四節　晋朝への貢献

晋朝への貢献―重訳の謎

緒戦の躓きから、壱与の倭国統一の目的は大きく頓挫することになった。

南九州の制圧の失敗は、倭国邪馬台国女王の権威を大いに失墜させ、せっかくの統一倭国の事業も、実現をみぬまま瓦解していった。もちろん、当初参加した諸国が背いていったわけではないであろうが、倭国王としての威令は弱体化していったであろう。

北部九州諸国は、なにぶんにも壱与を女王に共立したことから、そのまま女王として祭りあげてはいたが、他国は幾分かの距離をおいたであろう。

私は、壱与にはオカルト的才能はなく、カリスマ性もなかったと思う。社会的政治的経験も少ない十三歳で王位に就いたから、うまく判断もできず、倭国の象徴的地位のみにとどまったと思われる。

また、一大率であるが、私は、彼が卑弥呼死後に王位について混乱を巻き起こした男王ではなかったかと考えた。となると、壱与の新体制を造る時に、かような強力な権限を持つ存在を設けないようにしたのではないだろうか。

その結果、壱与の時代には、一大率は廃止されたか、その権限は大きく削減されたと思われる。

壱与は即位以来、魏に対する貢献を欠かすことがなく、晋書四夷伝・倭人において、

「其女王遣使至帯方朝見　其後貢聘不絶及文帝作相又数至」〈その（倭の）女王（卑弥呼）、使者を派遣して帯方（郡）に来て朝見した。そののち、貢物の献上は絶えることなく、（西晋の）文帝（司馬昭・武帝の父）が（魏の）丞相時代であった時代にまで及んだ。しばしば〔帯方郡へ〕やってきた〉（「東アジア民族史一」東洋文庫）とある。

こうしてみると、倭国の政権は安定して通交しているようにみえる。倭国内では壱与の政権は安定はしていたのである。

ところが、肝心の中国では、政権の移譲がおこなわれていた。魏の五代皇帝である元帝（二六〇～二六五）は、宮廷の実力者である司馬氏に政権を禅譲せられたのである。

（文帝とは魏の有力者司馬昭（二一一～二六五）のことで、西晋建国の皇帝武帝司馬炎の父である。祖父は蜀の諸葛孔明との戦いで有名な司馬懿（仲達）である。司馬氏は、魏の時代要職にあったが、魏の禅譲を受け晋朝を開くと、晋の武帝は、父に文帝を、祖父に宣帝の諡号を追贈した）

こうして新たに開かれた晋朝に対し、倭国は魏に引き続き貢献を行うこととなった。

前述の晋書の文には、続いて次のようにある。

「泰始初遣使重訳入貢」

〈（西晋の武帝の）泰始（年間）（二六五～二七四）の初めに、遣使を派遣して再び入貢した〉（「東アジア民族史一」東洋文庫）

と、普通、訳されている。

つまり、卑弥呼以来、倭の貢物の献上は絶えることなく、西晋の文帝が魏の宰相であった時代まで、つまり、魏の最終年にまで及んだ。

そして禅譲を受けた司馬炎は晋を興したのであるが、これが西暦二六五年のことであり、司馬炎は武帝を称し、年号を泰始と改めた。

そこで壱与は、新王朝設立の賀を表するために、翌二六六年に遣いを送り貢献したのである。泰始初とは泰始の年代の初めの方という意味であり、泰始元年だけのことではない。

この時の貢献は特別なものであった。

というのは、この前年に魏王朝は倒れ、晋王朝が新たに設立されたからである。

ここで大事なことは、それまでの、「親魏倭王」の金印はもう使えないということである。「親魏倭王」の金印は、卑弥呼の時代を通して魏と通交するときに使われ、死後も新国王壱与が継承して使用していたものだ。紛失したらどれだけ苦労するかは、漢の時代の卑弥呼の件でよく知られていた。

ところが、晋王朝成立により、その金印は旧印となり、晋に対しては使用できなくなった。

となると、倭王としては、それに代わるもの、親晋の入った印を使わなければならない。もちろん、これは、倭王が勝手に製作するわけにはいかないので、新王朝から下賜されなければならない。

そこで、新朝成立の報を受けとるや、壱与は早速祝賀の使者を派遣し、親晋倭王への授号と、その標としての金印の下賜を願いでたのである。史書は、貢献があったことだけを記しているが、授号と金印の授与がおこなわれたことは間違いないであろう。

この年は、倭国ばかりでなく、中国周辺の諸国も新王朝に位を認定してもらおうとして殺到してきていたであろうから、史書には貢献したことのみを記したものであろう。

壱与の貢献については、晋の天子の言行などを記した起居注に、「武帝の泰始二年十月、倭の女王が何度も通訳を重ねて、貢献した」と記している。

岩波書店の日本書紀には、

「六十六年。是年晋武帝泰初二年。晋起居注云武帝泰初二年十月倭女王遣重訳貢献」〈六十六年。是年、晋の武帝の泰初の二年なり。晋の起居の注に云はく、武帝の泰初の二年の十月に、倭の女王、訳を重ねて貢献せしむという〉（ここに云う泰初についてであるが、注釈に「晋書その他、中国の史書では泰始。通常これによる」とある）

晋書武帝紀には、

「泰始二年十一月己卯倭人来献方物」〈泰始二年十一月己卯、倭人来りて方物を献ず〉

とある。女王としてあるのは日本書紀である。日本書紀には、卑弥呼と壱与を神功皇后に比定して記述してある（晋の起居注より）。

壱与が即位したのは二四八年で、その時十三歳であったから、この泰始二年のときは三十二歳となるので、年齢的にみても、壱与の貢献とみてよいであろう。

さて問題は、その貢献が重訳であったということである。

この、重訳とはいったいどのようなことなのであろうか。

一般的な解釈は、訳を通訳ととらえ、何人もの通訳を通して、つまり何カ国語を通してと解釈している。先の訳文もそうである。

では、この訳とはどのように使われているのかをまず解いてみよう。

中国資料における訳の使用は次のようである。

・魏志倭人伝

「漢時有朝見者、今使譯所通三十国」

・後漢書倭伝

「自武帝滅朝鮮使駅通於漢者三十許国」

・隋書倭国伝

「魏時譯通中国三十余国」

・晋書四夷伝・倭人

「魏時有三十国通好」
「泰始初遣使重譯入貢」
次に、譯や重譯を和訳での意味を調べてみると、
○大漢和辞典諸橋徹次著　大修館書店
譯○一つたえる。のべる。○二わけ。わけをとく。○三あらわす。○四えらぶ。
邦わけ○イむね。意義義理　○ロゆゑ。よし。いはれ。理由。
○角川大字源
重訳・ことばを幾重にも翻訳する。
翻訳したものをさらに別の言語に翻訳する。
○大漢語林　大修館書店
重訳(訳をかさぬ)何度も翻訳を重ねること。また言葉の違う国々を何か国も経過すること。(史訳、司馬相如伝)
○角川漢和中辞典
字義　①わけ。ことばの意義。②いわれ。理由。③やくす。一国のことばを他の国のことばに直して、その意味を伝える。また、その訳した語句。文章。やく。
という具合に、訳とは翻訳のことであるとしている。

訳を通訳のことととらえると、使訳は、使者と通訳と訳されることとなる。

しかし、正式な通交に使者はわかるが、通訳のことまで書く必要はあるのであろうか。通訳とはそれほど身分の高い役職とはみられないのである。通訳は使用人とか奴隷とか、戦争捕虜とかの身分の人が多い。

そう考えるならば、どうやら使訳とは、使者と通訳ではなく、使節のこととみてよいであろう。使駅という表記もあることから、遠路からくる言葉の通じない使節のこととみてよいであろう。訳とは、たんなる通訳者の意味ばかりではなく、貢献や通交することとみてよい。

それでは、重訳とは一体どういうことなのであろうか。

重には、つぎのような意味がある。

角川漢和中辞典によれば、

重　ジュウ（ヂュウ　慣）

　チョウ（漢）　ジュ（ヂュ　呉）

　おもい・かさねる・え

字義①重い（し）。目方がおもい。おもさ。　対　軽②おもおもしく、おちついている。③ことが容易でない。「病が重い」④手あつい。「待遇が重い」。⑤おもんじる（・ず）。たっとぶ。たいせつにする。⑥かさねる（・ぬ）。かさなる。⑦かさねて。ふたたび。しばしば。⑧はばかる。遠慮する。

⑨おしむ（惜）。⑩はなはだ。ひどく。⑪にもつ。⑫多い。⑬ます。ふやす。⑭はらむ。子をはらむ。⑮おくて。穀物のおそく熟するもの。同　穜とう。⑯かたしろ。木主。⑰かたい。ただしい。〈国訓〉かさなるもの、そのひとつ。「三重」「五重」

と大量にある。

重には、大きくみて、ものやことが重い、という他に重《かさ》なるという意味もある。となると重貢とは、重要な貢献ということであろうか、それとも重ね重ねの貢献ということであろうか。

しかし、当時の貢献を考えるならば、倭国だけが特別、つまり重い貢献とは考えられない。となると、もう一方の意味、重なるという意味であろうか。となると、わざわざ重なるという表現をとった貢献とはどのような貢献をさすのであろうか。

そこで、この問題を当時の倭国の政治形態という面からとらえてみることにした。

魏志倭人伝には、倭国には三十国ばかりあり、それぞれ楽浪郡（後に帯方郡）に貢献していたという。当時の倭国はこの三十国で構成されており、各国がそれぞれ独立状態であったようである。しかるに、西暦五七年に委奴国は後漢光武帝より金印を授与され、それら倭国を代表するものとしての地位を与えられた。つまり、委奴国は他国よりぬきんでていたということである（みんな平等であったならば、金印を貰った国がゾロゾロあってもいいはずである）。ぬきんでていた理由は、国力・戦力の違いであったろう。

これはいわゆる、封建制の国家群とみていいであろう。後の徳川時代では、国内に三百諸侯がおり、それを統括しているのが徳川家の征夷大将軍であった。このような形態は中央集権制の中国でも、周の時代にみられたものであった。

倭国の場合、諸国を統括しているのが邪馬台国であり、その女王が卑弥呼であったわけである。であるから、彼女は親魏倭王という倭王としての立場で金印を授受したのである。

ただその統括力は、皇帝ほど強いものではなかったようである。これは、邪馬台国が弱体であったということではない。各国がどのくらいの独立性を保持していたかは、伝統や既得権などにより、時代によって異なっていたとみてよいであろう。

極めて強力と思われていた徳川幕府時代においてさえ、初期には伊達藩は勝手にローマに使者をたてるし、幕末においては、薩摩藩はパリ万国博覧会に堂々と参加したのであった。徳川幕府を征夷大将軍と認め従ってはいても、外様大名はそれぞれ独立しているとの考えをもっていたのである。

伊都国には一大率がおり、郡使の往来常に駐まる所、である。この国は倭国のなかで極めて重要な国であったとみてよい。しかし、一大率そして大倭も、倭国王の管理下に置かれていたはずである。しかるに、王が居たということは、その背景は尋常ではないということになる。

倭国の政治形態の所で述べたのであるが、当時の倭は三十許国があり、それを倭国王が統率しているという状態であった。倭の三十カ国は、漢代以来楽浪郡や帯方郡に通交していた。そしてそれらをまとめた倭国王は、邪馬台国王（官）が務めていた。

今、倭国の構成について、連邦制であることを説いた。

邪馬台国を倭国の頂点として、傘下に多くの国々があり、江戸幕府のような幕藩体制をとっていたのである。

女王卑弥呼は、倭国王にして邪馬台国王（官）でもあった。

倭の三十国はそれぞれ楽浪郡に貢献していた。倭国を代表する邪馬台国は、その三十国の一国として貢献すると同時に、倭国としても貢献した。

つまり、一国で二つの立場から貢献をしたということになる。

これが、重訳（貢）なのである。

もちろん、実際に貢献するときには、別々の年に来貢するのではなく、二つの貢献を同時に行ったものである。

それで、重という「重なる」という意味の言葉を使った。それには、各国独立性の強い連邦制という、倭国特有の事情があったからである。

このように、一国の中に数カ国が存在するという形態は、中国ではないのであるが、ヨーロッパでは珍しくなく、例えば、ドイツ帝国が成立したとき、その皇帝にはプロイセン王が即位したが、ヴィルヘルム一世は、皇帝になったからといってプロイセン国王をやめたわけではない。つまり、ドイツ帝国皇帝にしてプロイセン国王ヴィルヘルム一世となったのである。イギリスの女王エリザベス二世は、もっと数多くの称号をもっている。

ところで、現在、訳という言葉には、貢献という意味はない。中国の史書で貢献の意味で訳をつかっているのは、三国志・晋書・隋書である（後漢書の使駅は除く）。旧唐書からは貢献の意味での訳は使われていない。

こうしてみると、唐の時代あたりから、訳の意味から貢献という意味がとれてしまったようだ。ちょうどこのころ、漢字の発音も上古音から中古音に変化していることから、発音だけでなく、字義においても変化したもののようである。

二百八十九年の東夷三十余国の貢献

晋書武帝紀太康十年十二月に、

「東夷絶遠三十余国西南夷二十余国来献」

とある。

晋武帝太康十年とは、西暦二八九年のことである。この年に東夷三十余国が貢献して来たというのである。

東夷三十余国とは、倭国を構成する国々である。

魏志倭人伝には、「今、使訳を通ずるところ三十国」

後漢書には、「使駅漢に通ずる者、三十許国」

隋書東夷伝倭国には、「魏の時、訳を中国に通ずるもの三十余国」

晋書四夷伝倭人には、「魏の時、三十国有り、通好す」

とある。

こうみてくると、中国人が東夷三十国というのは、倭国を指しているとみてよいであろう。

となると、この二八九年の三十余国による貢献とは、いったいなんだったのであろうか。なぜ邪馬台国が倭国を統べるものとして貢献しなかったのであろうか。

これはいってみれば、徳川時代の諸藩が幕府を無視して合同でアメリカやヨーロッパと通交したようなものである。しかも、正史に載っているということは、晋朝はそれを正規のものとして認めたということであろうか。

この背景には、邪馬台国の衰退が影響しているのであろう。

邪馬台国女王壱与が、倭国王としての地位を万全なものとして諸国を治めていたのであれば、諸国にこのような行動をとらせなかったのではないだろうか。この時代背景をもう一度みてみよう。

二四八年に壱与が十三歳で即位し、直ちに倭国統一のための軍を起こした。しかしそれは、狗奴国と投馬国の抵抗により頓挫することになった。両国に対する征伐はその後も続いたが、完全に制覇することはできなかった。

そうこうしているうちに、中国では魏が滅び晋が起こった。

そこで、二六六年に晋朝に朝貢したのであった。つまり、このあたりでは、壱与（三十二歳）はまだその権威を保っていたのである。

しかし、その後の衰退は目に余るものであったようだ。狗奴国の故地は焦土と化したが、それでも、旧狗奴国側の抵抗は続いていた。国内には厭戦気分が広がり、壱与の指令も無視されたりと、行き届かなくなってきていたであろう。

そうこうしているうちに、東方では、大和が勢力を拡大し、崇神天皇（在位二七一年秋年前年～二八八年春年後年）の時代になるや、四道将軍を四方に派遣し、西では吉備国（岡山県及び広島県東部）までをその支配下に治めた（崇神十一年夏四月・西暦二七四年春年前年）（天皇のこのような年代表記については次の〈壱与の死〉の項で説明する）。

そして、崇神六十年秋七月（二八六年春年後年）、出雲振根の乱が起こると、出雲をもその配下におさめてしまった（出雲を鎮圧したのは二八七年であろう）。

このニュースは、電撃的に西日本全土に伝わったことであろう。大きな衝撃として。

当然、次の目標と目される北部九州では、その善後策を話し合ったのであった。

問題は、この時壱与は健在であったかということ、また、邪馬台国が倭国の代表国として、盤石の立場を保っていたのか、あるいはただ形式的にその地位を晋に保証されていただけかということになる。

私の考えでは、どうやら壱与は死亡していたようである。

壱与の死と邪馬台国の終焉

壱与の死は西暦二八五年であろう。

西暦二六六年に晋朝に貢献した記事がある。その後の直接的記録は途絶しているために、間接的資料から探っていくことになる。

実は日本の弥生時代において、九州の邪馬台国の他に、もう一つの強力な政権が大和（奈良県）にあった。

彼らの祖先は、九州を出発して奈良県北部に侵入し、そこに一つのクニを打ちたて、更に周囲へとその勢力を拡張していった。

やがて拡張主義の結果、当然のことながら倭国邪馬台国とも接触することとなった。

それでは、その年代はとなる。

まず、倭国邪馬台国側のわかっている年代は次のようである。

卑弥呼の即位年は一八三年のことである。

卑弥呼の魏朝への最初の貢献は、二三九年のことである。それは、二四三年、二四五年、(二四六年)二四七年と続く。

そして、壱与の即位は二四八年である。

更に壱与の晋建国時の二六六年の貢献となる。

そして、二八九年の東夷三十カ国の貢献と続く。

それに対し、大和の年代は不明であった。現代の学問の定説では、日本書紀の年代は、雄略天皇の時代までは西暦に換算できるのであるが、それ以前となると、矛盾がみられ、そのままでは使えないということである。

それは一つには、倍暦の問題があるからである。

さらに年代を、編纂時に他の資料と合わせるために虚構年が設けられている。今までは、この問題が解読できなかったがゆえに、日本書紀の紀年が信用おけないものとして顧みられなかったのだ。この倍暦と虚構年によって書紀の年代は大きく引きのばされていたのである。そのカラクリがようやく解けたことによって、日本書紀の年代を西暦に換算することができるようになった。

話は寄り道をするが、年代については極めて重要であるから、しばらく日本書紀紀年法について説明したい。まずこの章と関わりのある崇神天皇を中心に述べる。

日本書紀の干支をそのまま信じるならば、崇神治世は西暦紀元前九七年から紀元前三〇年となり、垂仁天皇は西暦紀元前二九年から紀元七〇年となるが、これらは実年代としては全く信用できない、となっている。事実そうである。

しかし、近年、日本書紀紀年法の研究が格段に進んだことから、古代天皇に関しては、倍暦と虚構年を使用して紀年していることがわかり、実年代への修正ができることとなった。

倍暦というと、二倍年暦（春秋暦とも一年二歳暦ともいう）というのが、従来考えられていたのであるが、神武から垂仁にいたるまでは四倍年で記述されていることもわかった。

まず、景行から安康までが二倍年暦、そして雄略以降が普通暦である。

四倍年とは、一年が四つに分けられ、各部が各一年とされる暦法である。

ただしこれは、日本書紀の年代を延長させるために二倍年暦を二倍して四倍年としたものであって、実際に四倍年暦というのがあったわけではない。

さらにこれに、古事記分註天皇崩年干支《こじきぶんちゅうてんのうほうねんかんし》（略して記干支という）をあてはめて調整していくことにより解読できた。

ちなみに記干支も二倍年暦であった（このことが紀年解読の鍵であった）。

普通、干支は六十年で還暦つまり一巡するが、二倍年暦の干支では三十年で還暦となる。

よって従来は、記干支による崇神崩年戊寅《ぼいん》年は、西暦二五八年か三一八年といわれていたが、その中間の二八八年も候補にあげられることになる。

これらをさまざまな資料と照合させながら検討していくと、崇神崩年は二八八年春年後年ということになる。

春年とは、二倍年暦の前半の年のことであり、秋年とは後半のことである。前年、後年とは二倍年暦を更に半分に分け四倍年とし、春年、秋年の前半を前年、後半を後年としたのである。読み方は二八八年の春年の後年となる。崇神天皇の前半を表であらわすと、273頁の図のようになる。

このように年代を当てはめて行くと、四道将軍派遣の崇神十年は、西暦二七三年秋年後年となる。

これによると神武天皇の即位年は、西暦一三〇年（一三〇年秋年後年）となる。

卑弥呼即位年の西暦一八三年は孝昭天皇の時代であることがわかった。

このあたりの天皇の治世年代は次のようになる。

孝昭天皇　一七七年春年前年～一九七年秋年前年
孝安天皇　一九七年秋年後年～二二三年春年前年
孝霊天皇　二二三年春年後年～二四二年春年前年
孝元天皇　二四二年春年後年～二五六年春年後年
開化天皇　二五六年秋年前年～二七一年春年後年
崇神天皇　二七一年秋年前年～二八八年春年後年

垂仁天皇　二八八年秋年前年〜三一四年秋年後年

そして出雲振根の事件の崇神六十年は二八六年春年後年となる。崇神六十五年の任那《みまな》国の蘇那曷叱智《そなかしち》来朝は、二八七年秋年前年となる。

これらの出来事の中で重要なのは、出雲振根の事件の二八六年春年後年である。

そしてもう一つは、二八九年の東夷三十カ国の貢献である。なぜならこの貢献は、倭国王の貢献ではないからである。

ところで、ここにもう一つの事柄をあげておきたい。

それは、垂仁紀に登場する伊都都比古《いつつひこ》の逸話である。

垂仁紀の記載の中で、伊都都比古は、現在の山口県の下関に居たが、崇神六十五年の蘇那曷叱智（都怒我阿羅斯等《つぬがあらしと》）が来日した時に、「この国には我の他に王はいない」と広言している。

となると、当時倭国王はいなかった、だから彼は広言したのではないだろうか。蘇那曷叱智が来日したのは、二八七年秋年前年のことである。

つまり、この年には、壱与の存在が不明となっているということになる。

こうしてみると、この年代には、大和から九州と不可解な出来事が立て続けに起こっていることがわかるであろう。

西暦	天皇	年	倍歴	四倍年前後年		記干支
271	開化	59	春年	前年		甲辰
		60		後年		
	崇神	元	秋年	前年		乙巳
		2		後年		
272		3	春年	前年	都を磯城（瑞籬宮）	丙午
		4		後年		
		5	秋年	前年	国内に疫病多し、民の死亡、半ば	丁未
		6		後年	百姓の流離するもの、反逆する	
273		7	春年	前年	神浅茅原における祈祷。	戊申
		8		後年	大田田根子に、大物主神を祀らせ	
		9	秋年	前年	夢の中に、神人があらわれた。	己酉
		10		後年	四道将軍の派遣。埴安彦の乱。	
274		11	春年	前年	四道将軍の帰還。	庚戌
		12		後年	御肇国天皇の称号。	
		13	秋年	前年		辛亥
		14		後年		
275		15	春年	前年		壬子
		16		後年		
		17	秋年	前年		癸丑
		18		後年	船舶を造らせた。	
276		19	春年	前年		甲寅
		20		後年		
		21	秋年	前年		乙卯
		22		後年		
277		23	春年	前年		丙辰
		24		後年		
		25	秋年	前年		丁巳
		26		後年		

倍暦には二倍年暦と四倍年（暦）がある。

記干支（古事記分註天皇崩年干支）は、二倍年暦で記されている。

記干支は天皇が実際に死んだ年であり、日本書紀の最終在位年は空年（天皇がいない間）を含む。

記干支にはⅠ類とⅡ類と、二種類存在する。四倍年には干支はない。

Ⅰ、Ⅱ類とも十干は共通であるが、十二支がズレている。

崇神天皇の年代についてはⅡ類である。崇神の在位は六十八年であるが、当表では、二十六年まで載せた。倍暦とは普通の一年を春と秋の二つに分けて、それぞれ一年とした。つまり、年は二倍となる。四倍年は、さらに春年と秋年をそれぞれ二つに分けて各一年とした。よって、普通の一年は四年となる。

垂仁天皇以前は四倍年で天皇の年代は表されている。

崇神五年は 272 年秋年前年となる。崇神六年は 272 年秋年後年となる。

そこでもう一度、出雲振根の事件をみてみよう。

日本書紀崇神紀には、天皇が出雲の神宝をみたいとして、使者を出雲に遣わした。ところがそのときに当主の振根は九州に出かけていて留守であったという。

一国の王たるものが、旅の危険を冒してまで九州へと何用があって出かけたのであろうか。よほど大事な用であったのだろうか。そしてなぜ、天皇はこの時期に出雲の神宝をみたいといいだしたのであろうか。単なる気まぐれなのであろうか。それは偶然だったのだろうか。

四道将軍の派遣から十三年後のことである。つまり、十三年の長きにわたり、大和と出雲の関係は安定しており、何事もない平和な時代が続いていたのである。その平衡が神宝事件により一挙に崩れ、天皇の命令を受けた吉備津彦により、出雲は滅ぼされてしまった。

これらの事件はそれぞれ個々に別々のことであり、なんら関連がないのだろうか。

しかし、その後の西日本の変化をみてみると、そうとは言えないようなのである。

振根の九州旅行と天皇の要請。そして倭国王の不在。これらを総合して判断するならば、何か重大なことが発生したために振根は九州へ出かけ、その何かを聞きこんだ天皇は出雲に働きかけたようである。その何かとは、一つしか考えられない。それは倭国王壱与の死である。振根は壱与の葬儀参加と死後の相談のために九州へと危険を冒してまで出かけたのである。

一方、壱与の死を聞き、機をみるに敏な大和は、直ちに出雲に使者を遣わし、大和の傘下に入るように（神宝を差し出すとはそういうことである）説得したのである。

となるならば、壱与の死は、出雲振根事件（崇神六十年）の前年、二八五年ということになる。

さらに問題は、壱与の死後へと進む。

それは、東夷三十カ国の貢献と伊都都比古の広言である。

これは、王の不在、つまり死後にただちに新王が決まらず、空白の時代が生じたということをあらわしているのであろうか。

確かにこれまでも、邪馬台国王の後継者がすんなりと決まらないことがたびたびみられ、争乱状態となることが珍しくなかったのではあるが。

ともかく、当時、邪馬台国に王はいなかったようなのである。つまり、空位時代であったようなのである。倭王の不在である。後述するが、崇神天皇の末期に任那の大加羅国の王子である都怒我阿羅斯等が現山口県に着いた時、その地の伊都都比古が、「我の他に王はいない」と述べたのは実際にそういう背景があったからであろう。

新王を決める際のゴタゴタ、これは邪馬台国にとって伝統的なことといってよいであろう。中興の王の後の倭国大乱、卑弥呼の死後の混乱というように、長期間の混乱もみられる。壱与の死後の場合もそうであったのであろう。ただ、戦争状態はなかったようである。

そう考えるならば、この時期に王位が空位であったことから、重要な案件がまとまらず、かつ対外的にも倭王としての裁断が行えないという状況であった。

ただこの空位期間がどのくらいであったのかはわからないが、二八九年の三十余国貢献の前年までは続いていたようである。

梁書には、「宗女壱与為王其後復立男王並受中国爵命」（宗女の壱与を王とし、その後また男王を立てた。並びに中国の爵命を受けた）とあり、壱与の後に男王が立ったように書いてはあるが、この時期は不明である。それに、九州が大和朝廷に属していたのであれば、この男王とは大和朝廷の天皇である可能性も高い。ちなみに、晋の次の宋の宋書に出てくる倭の五王であるが、讃は仁徳天皇、珍は反正《はんぜい》天皇、済は允恭《いんぎょう》天皇、興は安康天皇、武は雄略天皇である。履中天皇は貢献しなかったようである。

それでは、倭国王が決まるのを待っておられずに、集団で中国に遣いを出さなければならなかった理由はなんであろうか。

その動機は大和朝廷からの圧迫であった。

壱与が五十歳時の死であるから、若死ではある。病死であろうか、それとも事故死。それとも何らかのトラブルにまきこまれたのか、はたまた暗殺されたのであろうか。

このことに関しては、全く記録がないことから闇の中といっていい。

壱与の崩御年について、壱与の無事がわかる二六六年の開化天皇から、東夷三十余国貢献の垂仁天皇の時代までの大和朝廷関係の書紀の事件を探ってみよう。

崇神五年　疫病多し。六年　百姓の流離多し。七年　大田田根子命《おおたたねこのみこと》の逸話。

　十年　卿等《きみたち》を「四方に遣わして、わが教化をひろめたい」と詔した。

　　四道将軍の派遣　大彦命を北陸、武渟川別《たけぬなかわわけ》を東海、吉備津彦を西海、丹波道主命《たにわのみちぬしのみこと》を丹波に派遣。

　　武埴安彦《たけはにやすひこ》の乱　倭迹迹日百襲姫命《やまとととひももそひめのみこと》の逸話。

十一年　四道将軍の帰還　この年、異俗の人が大勢やって来た。

十二年　御肇国天皇《はつくにしらすすめらみこと》と讃えられる。

六十年　出雲振根の変。

六十五年　任那国が蘇那曷叱智を遣わして朝貢させた。

六十八年　天皇崩御。

垂仁三年　新羅王子天日槍《あめのひほこ》が来日。

　五年　狭穂彦王《さほひこおう》の乱。

これでみると、崇神天皇の時代に四道将軍を四方に派遣して、勢力の急速な拡大をはかっている。しかし、四道将軍の吉備津彦の攻略地はその名のとおり吉備（岡山県）までのようである。ここで停止したのは、吉備の西には出雲という強国が控えていたからである。

問題は出雲の去就である。

崇神天皇の末期の出雲には出雲振根という人物がいて、出雲の国を治めていた。そして、北部九州邪馬台国には統一倭国の王壱与がいた。

おそらく出雲は統一倭国に入っていたのであろう。その可能性はかなり高いのではあるが、入っていなかったとしても同盟関係のように懇意であったようである。だから、壱与の葬儀にでかけたのであろう。

もちろん、出雲神宝事件からみると、大和に属してはいなかった。

その出雲を二八七年に制した大和朝廷は、更に西にその歩を進めたのである。おそらく二八八年までに九州に使者を送り配下に入るように勧めたのであろう。

大和朝廷からの説得に困惑した北部九州諸国は、早速善後策を協議した。

つまり、武力抵抗をするかどうか。もし抵抗するとすれば、宗主国の中国に援軍を頼めるのか否か。

そこで三十余国は、まとまって中国に使者を立て、援軍の依頼に行ったのであった（三十余国から一人ずつということではなく、行ったのは数人であろう）。

その結果は、はかばかしいものではなく、おそらく、詔書や黄幢を貰うことぐらいしかなかったのであろう。晋としても、とても海を越えて大軍を送ることはできなかったのである。

一方、大和朝廷からの働きかけは、北部九州と対立していた南の投馬国にも行われた。

投馬国としては渡りに船であった。投馬国は永らく北部九州とは対立抗争を続けており、そのさなかに、大和という強力な助っ人が現れたようなものである。条件は大和の勢力下に入るということであったが、条件によっては入ってもよいと考えるであろう。大和は強力で日本全土を征服するのは間違いなく、北部九州も陥落することは目にみえていた。そうして、投馬国は大和朝廷に組み入れられることとなった。つまり、北部九州よりも南部九州のほうが大和朝廷への参入は早かったのである（とはいっても数年の差もなかったであろうが）。

であるからして、考古学的にみても、文明の先進地域とみられている北部九州と比べても、地域的に端っこにある宮崎県に、北部九州と遜色のない遺跡や遺物がみられるのは、大和朝廷の支配下に先に入ったからである。古墳時代の早期とみられる遺跡遺物が目立つのもそのためである。

かくして万事休し、南部をも抑えられた北部九州の諸国は、ついに大和朝廷の軍門に下ることとなった。

当時の北部九州が一つの国にまとまっていたような形跡は記録などにもなく、古墳時代の遺跡遺物をみても、どこかに集合してはおらず、散在している状態なのである。

これが、西暦五七年以来の栄光ある九州王朝のあっさりとした終末であった。まさに静かに消え去ったのであった。

壱与の墓所は不明である。どのような最期を迎えたのかも知れない。

卑弥呼の墓は桜ケ岡であるが、あたりに同じような丘は見当たらないことから、卑弥呼ほど大がかりな墓は造営されなかったようである。卑弥呼ほど大きな業績をあげられなかったと皆思っていたのではないだろうか。

おそらくは、卑弥呼の墓内に埋葬されたのではないだろうか。

吉野ケ里では、一つの墳丘に、多くの埋葬がなされていることから、古に習って、としたのではと思う。

第四章

大和朝廷の膨張

第一節　大和勢力の動静

大和朝廷の膨張

九州において、邪馬台国と狗奴国が死闘を繰り返している間、九州のはるか東、大和の地はどのような状態であったのだろうか。

神武天皇が九州を出発して東方に新天地を求めてから後、九州と彼らとは、没交渉であったとみてよいであろう。記紀にも外国資料にも、大和のことはまるで記されていない。

しかし、彼らは、新たに入植に成功した新天地での地盤を、時代とともに広げ固めていったのである。

大和は九州の出身である。それも、高天原《たかまがはら》出身なのである。

高天原は、佐賀県背振山の盆地にあった。

西暦三九年に国譲りがあり、その後、天照大神の孫の瓊瓊芸《ににぎの》命が葦原中国《あしはらのなかつくに》（現福岡市）に天下った。天孫降臨《てんそんこうりん》である。

瓊瓊芸命は成人し、国津《くにつ》神の大山津見《おおやまつみ》神の娘の木花佐久夜毘売《このはなさくやびめ》と一夜まぐわいを行い、媛は三つ子の兄弟を出産した。火照《ほてりの》命、火須勢理《ほすせりの》命、火遠理《ほをりの》命（亦の名を天津日高日子《あまつひこひこ》穂穂手見《ほほでみの》命）である。

三人のうち二番目に生まれた火須勢理命が後継ぎ（嫡男）として、瓊瓊芸命の宮で育てられ、他

高天原鳥瞰図（巳百支国）
佐賀県北部背振山地

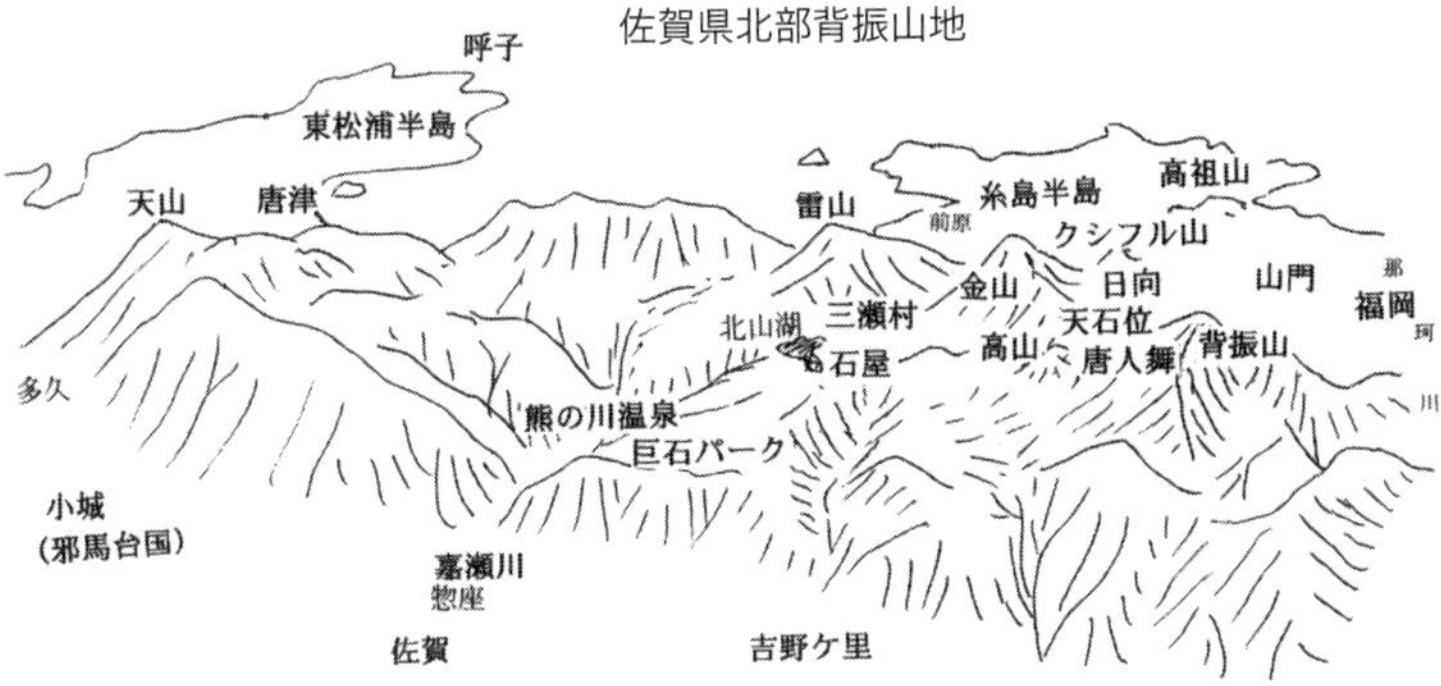

の二人の兄弟は、外で育てられたようである。倭人の習いでは、多胎児の場合は、二番目の子が長男となるからである。

そうして、外で育った兄弟は、兄は海で生計を立て海幸彦《うみさちひこ》となり、弟は山で生計を立てて山幸彦《やまさちひこ》となった。

その山幸彦の子が鵜葺草葺不合《うがやふきあえずの》命であり、彼には四人の男の子が生まれ、その中の末っ子が伊波礼毘古《いはれびこの》命（後の神武《じんむ》天皇）である。

邇邇芸命の国は、倭面土《いめんど》国となり、勢力を拡大していき、その子の火須勢理命は、倭面土国王帥升《すいしょう（シュセン）》として、西暦一〇七年、中国へ貢献したのであった。

やがて衰退していた委奴国に中興の英王があらわれ、往年の勢いを取り戻し、倭面土国を討ち滅ぼしたのであった。西暦一二二年のことである。

その戦いには、神武兄弟は、委奴国側について戦った。そうして、親戚であった倭面土国を滅ぼしたのであった。

ところが戦後の論功行賞において、たいした報酬が与えられなかったようなのである。せいぜい邇邇芸命が高天原から持ってきた三種の神器ぐらいしか貰えなかったのではと考えられる。

そのため失望した兄弟は、新天地を求めて、東へと旅立った。年代は西暦一一三年のことである。そうして、奈良盆地の南隅に拠点を築くことに成功し、やがて、周りを少しずつ蚕食拡大していったのであった。

神武天皇の橿原即位は、西暦一三〇年である。

卑弥呼が即位した西暦一八三年は、大和では、孝昭天皇の二十五年から二十八年（四倍年）にあたる。卑弥呼の晩年は二四七年であるから、それは、孝元天皇の二十年から二十三年（四倍年）にあたる。つまり、卑弥呼の在位中は、大和では孝昭・孝安・孝霊・孝元の四代の天皇が交代したのである。

壱与が即位したときは、孝元天皇であったが、壱与はこの天皇のところにも、自らの統一倭国に入るように使者を送ったものであろうか。記紀にはそれらしきことは一切書かれていない。

もし仮に、二五〇年に、壱与からの使者が到ったとしたら、と考えて、当時の大和朝廷の状態をみてみよう。

日本書紀では、使者が来た当時の人物は、孝元天皇、倭迹迹日百襲姫命《やまとととひももそひめのみこと》、吉備臣《きびのおみ》の先祖の稚武彦命《わかたけひこのみこと》。

孝元天皇の代に生まれた大彦命、後の開化天皇、倭迹迹姫命《やまとととひめのみこと》、武埴安彦命《たけはにやすひこのみこと》とある。更に武内宿禰《たけのうちのすくね》の祖父の彦太忍信命《ひこふつおしのまことのみこと》とある。

古事記では、孝元天皇の代に、夜麻登登母母曾毘売《やまとともももそびめ》、大吉備津日子命《おおきびつひこの》、若日子建吉備津日子命《わかひこたけきびつひこの》の二人（以上は孝霊天皇の代に生まれた）、更に大毘古命《おおひこの》、建波邇夜須毘古命《たけはにやすびこの》とあり、建内宿禰《たけうちのすくね》も生まれたとある。

これら大和朝廷拡大期の錚々たるメンバーがこの時代に揃っていたということになる。壱与の使いが来たかどうかであるが、もし来たとすれば、大和の膨張路線にある程度の影響を与えたのかもしれない。つまり、西の国の情報である。

孝霊天皇の時代、大和は大吉備津日子命と若日子建吉備津日子命の二人を、針間を道の口として、吉備国を言向《ことむ》け和《やは》しさせたとある（記）。大和は播磨国まで勢力下に治め、さらに吉備国をも窺っていたのである。

よく邪馬台国東遷説あたりでは、崇神の時代に東遷が行われ、その証拠として、崇神の時代あたりから、大和の地に急激な遺跡の拡大や集積がみられるということをあげているが、急激な拡大の原因が、なにも他からの勢力文化が大量流入したからとばかりはいえない。

これは現代の企業の発展からもいえる。初めは町の小さな八百屋が、次第に店を大きく店舗数も増やしていく段階で、あるところまで拡大していくと以後は急激に大きくなっていくことは、高度成長期によくみられた現象である。その企業の発展を当初からとらえてみると、大資本がよそから来たから急激に拡大したとはかぎらないことがわかる。

大和朝廷にしてもそう言える。ある時期から大和に急激に遺跡等が増大したからといって、その時期に他地域から別勢力が入ってきたことにはならない。

神武が西暦一三〇年に橿原に定着して以来、少しずつその勢力を拡げていき、やがて奈良盆地内を支配下におさめ、さらに盆地外にも進出し、崇神天皇のころに急激に四方に拡大をみたのである。壱与が即位したあたりの孝元天皇の時代には、盆地外にも進出し始めることとなった。

この勢力圏の拡大の様子を、古事記の天皇の妃の出身地や子の名からみてみよう。各天皇の在位期間（四倍年）を書きいれてある（天皇の年代は復元日本書紀紀年法による）。

神武天皇　一三〇～一四九年（空年あり）
　伊須気余理比売《いすけよりひめ》─豪族の娘
綏靖《すいぜい》天皇　一五〇～一五八年
　師木縣主《しきのあがたぬし》の祖、河俣毘売《かはまたびめ》─師木の豪族
安寧《あんねい》天皇　一五八～一六八年
　縣主波延《はえ》の女《むすめ》、阿久斗《あくと》比売─河俣毘売の兄─師木の豪族
懿徳《いとく》天皇　一六八～一七六年（空年あり）
　師木縣主の祖、賦登麻和訶比売命《ふとまわかひめのみこと》─師木の県
孝昭《こうしょう》天皇　一七七～一九七年

尾張連《おわりのむらじ》の祖、余曾多本毘売命《よそたほびめの》

孝安《こうあん》天皇　一九七〜二二三年

子に大吉備諸進命《おおきびのもろすすの》あり。

孝霊《こうれい》天皇　二二三〜二四二年

十市《とをち》縣主の祖、大目《おほめ》の女、細比売命《くはしひめの》

春日《かすが》の千千速眞若比売《ちちはやまわかひめ》——春日とは奈良市のこと

子に大吉備津日子命《おおきびつひこの》、若日子建吉備津日子命《わかひこたけきびつひこの》

このふたりは、針間（播磨、兵庫県南部）の氷河《ひかは》の前に忌瓮《いはひべ》を居《す》えて、針間の道の口として吉備国を言向け和したとの記事がある（この二名の事績はもっと成長してからのことであろう）。

孝元《こうげん》天皇　二四二〜二五六年

河内《かふち》の青玉《あをたま》の女、波邇夜須毘売《はにやすびめ》——河内とは大阪府

尾張連等の祖となる葛城《かつらぎ》の高千那毘売《たかちなびめ》

木国造《きのくにのみやつこ》の祖宇豆比古《うづひこ》の妹、山下影日売《やましたかげひめ》——木国とは和歌山県

開化《かいか》天皇　二五六〜二七一年

旦波《たには》の大縣主、由基理《ゆごり》の女、竹野《たかの》比売——旦波とは京都府

子の名として讃岐垂根王《さぬきたりね》——讃岐とは香川県

山代《やましろ》の荏《え》名津比売《なつひめ》——山代とは京都府
近《ちか》つ淡海《あふみ》の御上《みかみ》の祝《はふり》がもち拝《いつ》く、天之御影神《あめのみかげの》の女、息長水依比売《おきながみづよりのひめ》——近つ淡海とは滋賀県
丹波の河上の摩須郎女《ますいらつめ》を娶して生める。——丹波とは京都府
次に山代の大筒木眞若王《おおつきまわかの》が同母弟《いろと》伊理泥王《いりねの》の女、丹波《たには》の阿治佐波毘売《あぢさはびめ》を娶して、生める子、
迦邇米雷王《かこめいかづつ》。この王、丹波の遠津臣《とおつおみ》の女、高材比売《たかきひめ》を娶して生める子、息長宿禰王。この王、
葛城の高額比売《たかぬかひめ》を娶して、生める子、息長帯比売命《たらしひめの》……。

以上のように、初めの方の、神武から懿徳までの間では、奈良盆地の南部のほうから妃を得ており、(孝昭の尾張連の祖などと祖を使っているのは、その人物が後にそこに移住したのであろう)、孝昭・孝安にいたっては他国（大和以外）の名が出てきている。

孝元天皇の代においては、河内や紀伊が圏内に入ったようにみられる。尾張に関してしばしば名が出ることから、何らかのつながりがあったのだろうか。

開化天皇の代には、丹波・山代・近江などの名があがり、讃岐の名もでてくる。

初代の神武から九代開化の代までの后の出身地についてを見てきたのであるが、この他に、初代から十代までの宮都の移転を地図に表したものが２９０頁の図である。これから見ても、天皇家が奈良盆地の南西部から勢力を拡大している様子がわかる。

そうして崇神天皇の代に入り、爆発的にその勢力圏が広がっていくのである。

崇神天皇の名は、記では御真木入日子印恵命《みまきいりひこいにゑのみこと》、紀では御間城入彦五十瓊殖天皇《みまきいりひこいにえのすめらみこと》である。紀では、「善悪を識別する力が勝れておられ、早くから大きいはかりごとを好まれた。壮年には心広く慎み深く、天神地祇をあがめられた。常に帝王としての大業を治めようと思われる心があった」と、思いっきり持ち上げている。

崇神の母は、物部氏の先祖大綜麻杵《おおへそき》の女である。皇后は御間城《みまき》姫であり、他の妃に、紀伊国の荒河戸畔《あらかわとべ》の女や尾張大海媛《おわりおおしあまひめ》が居た。

都は磯城《しき》におき、瑞籬宮《みずかきの》（奈良県桜井市金屋付近）といった。

崇神五年に疫病が発生し、民の死亡するもの半ばに及ぶほどであった。

崇神六年には、百姓の流離《りゅうり》するものあるいは反逆するものがあった。

そこで天皇は、八十万《やそよろず》の神をまつったところ、夢に大物主神《おおものぬしの》があらわれ、「天皇よ、そんなに憂いなさるな。国の治まらないのは、吾が意によるものだ。もしわが子大田田根子に吾を祀らせたら、たちどころに平らぐだろう。また海外の国も自ら降伏するだろう」と告げた。

そこで夢のごとくし、多くの神々を祭ったところ、ようやく疫病は収まり、国内は鎮まったという。

この説話は古事記にもある。

五年（二七二年秋年前年）に始まった疫病で国が大きく乱れたが、七年になってようやく鎮まったという。崇神紀は四倍年であるから、五年から七年は、実年代では一年以内のことである。

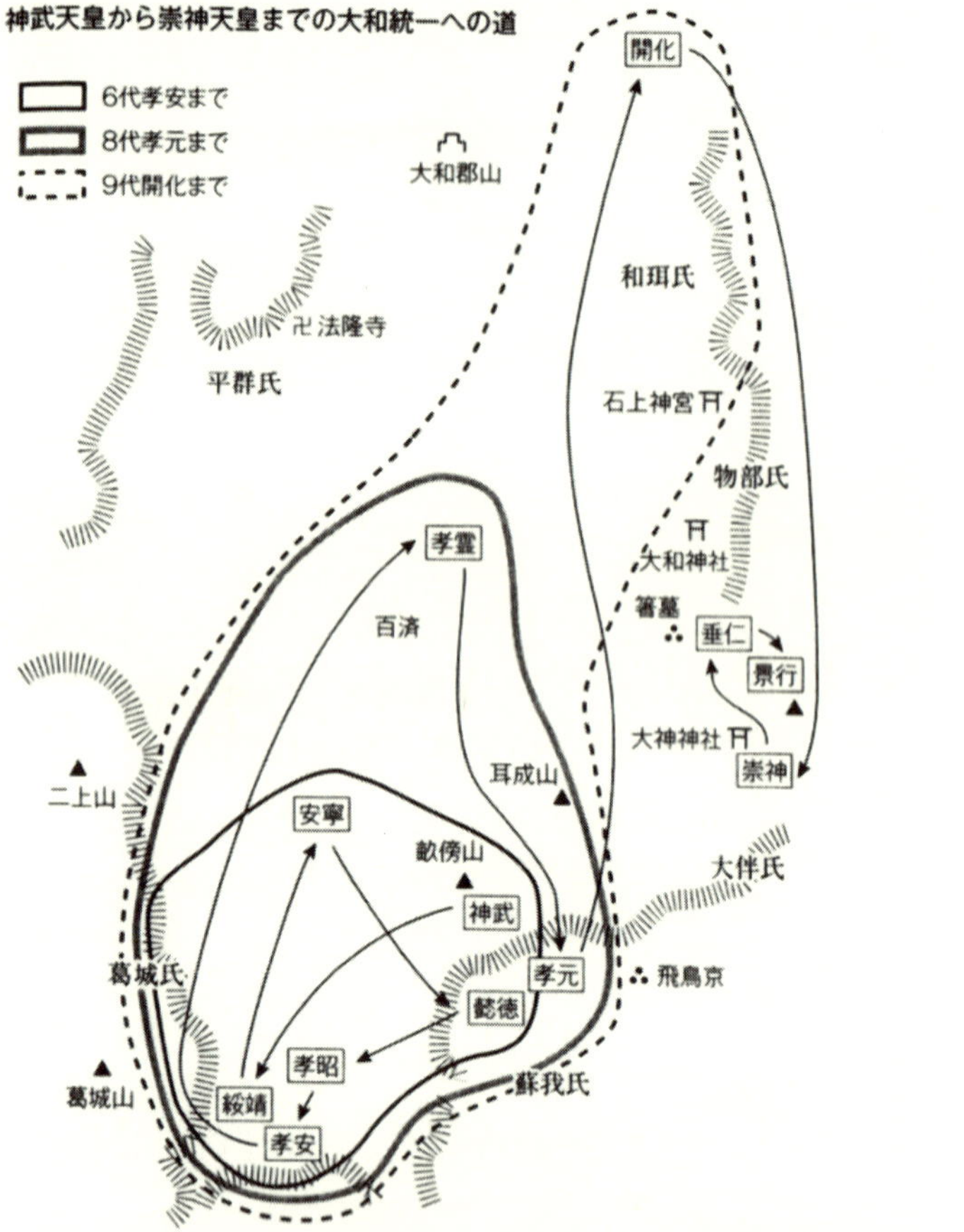

天皇家による大和統一は、「日本書紀」によれば、神武天皇が橿原でクニを建ててから10世代目の崇神天皇によって完成されたとある。その過程を探るために、ここでは、各天皇の宮都を地図に示してみた。これで見ると、第6代の孝安天皇までは大和盆地の南西部に限定されているが、第7代の孝霊天皇から拡大し始め、崇神天皇に至って纒向などがある三輪地方に及んだことが分かる。詳細はともかく、統一の進展がどのようなものであったか示唆していると見るべきだ。

本当は謎がない「古代史」　八幡和郎　ソフトバンク新書

そうして遂に、未知の西の世界と接触することとなった。そしてその未知の国とは、主に二カ国。一つは統一倭国邪馬台国、あと一つは出雲である。

まず、崇神十年になると（二七三年秋年後年）、四人の将軍を四方に派遣し配下におさめようとした。大彦命を北陸に、その子武渟川別《たけぬなかわわけ》を東海に、吉備津彦《きびつひこ》を西海に、丹波道主《たにわのみちぬしの》命を丹波に遣わした。大彦命（記では大毘古命）は孝元天皇の第一子で、武渟川別（記では建沼河別命）は大彦命の子となっている。

丹波道主命は、日子坐王《ひこいますのみこ》となっている。旦波《たにはの》国に行き、玖賀耳之御笠《くがみみのみかさ》（古事記）を殺したとある。

丹波は、日本海と大和の中間にある国であるが、当時は大和の配下ではなかったようである。これらの天皇の時代、大和は北方へは進出できなかったようである。北方、つまり日本海岸に出ると、半島との交易等ができて、鉄を入手することができる。

しかし、当時、北方への通路は、丹波、近江、越の国々によって抑えられており、通行できなかった。大和に鉄が少ないというのは、北方を抑えられて鉄を入手することができなかったからである。そのほかにも、地方豪族から貰い受ける妃の出身地は大和の東方、尾張などの名があがっている。つまり、大和は北方を抑えられていたため、東と西へと活路を見出していたのである。

ただ丹波は大和と若干の通交を持っていたらしく、大和は平身低頭して、妃を受け入れるなどのご機嫌伺いをして、若干の鉄等を入手していたようである。

それが、崇神天皇の時代に入るや、その均衡が崩れ、大和は周辺を圧倒できる軍事力を保有することができるようになった。

そこで、丹波を征伐し、玖賀耳之御笠を殺したという。わざわざ名をあげているところをみると、それまで大和がいかに屈辱的に接さざるをえなかったかがわかる。おそらく積年の恨みとして嬲り殺しにしたものであろう。

丹波道主という名に、北方への道が拓けたことへの大和の人達の喜びが感ぜられる。

注目すべき点として、開化天皇が淡海《あふみ》の御上《みかみ》の祝がもち拝く、天之御影神《あめのみかげのかみ》の女、息長水依比売《おきながみづよりひめ》を娶したとの記事がある。

ここは滋賀県南部の野洲郡三上のことであり、三上の神職がお祀りしている神の娘であるという。この地の近くには巨大銅鐸が二十四個発見された大岩山遺跡が存在する。

この地の豪族が大和の配下に属することになった時、それまで祀っていた銅鐸をまとめて大岩山に埋納したものである。女を天皇が娶したということは、服属の証しなのである。

大岩山銅鐸の埋納時期は、開化天皇の治世の二五六年から二七一年の間である。

西への障害出雲

西の方、吉備の国まで抑えた大和朝廷は、本格的な相手に遭遇することとなった。

四道将軍を派遣することにより、東は東海地方を進み、北陸を進んできた大彦命と会津（福島県）で落ち合っている。北は丹波・越を落とすことにより、日本海への道を確保することに成功した。これらの派遣は、従わない者は武力制圧したのであるが、殆どは説得により配下に入ったようである。特に東の諸国は、経済的にも軍事的にも、大和に対抗できず、素直に説得に従ったようである。

しかし、西の方はそうはいかなかった。西方諸国は、弥生時代来、金属器で武装し、事あるごとに武力衝突を起こしてきた国々なのである。そのため東方が大和に従ったように、そう簡単には大和に屈しなかったようである。

しかも金属製の武器においては、特に九州のほうがはるかに優勢であったようだ。

吉備の国においても、伝承をみるとそれ相当の武力による抵抗がみられたようである。しかし、別の面からみると、神武が東征した時に、吉備に数年留まり仲間を募ったように、当時の吉備地方には大和に移動した人達の親戚等が多く住んでいたものであろう。結果、大きな抵抗もなく大和に組み入れられたようだ。

大和朝廷の中や文化に、吉備の影響がみられるのはそのためである。

ついで、安芸と出雲の国にせまったが、この二カ国は、大和への服従を拒否し、頑なに抵抗する態度を示してきた。大和朝廷としても初めて遭遇する強力な敵であった。

そもそも、崇神の方針は、

「民を導く根本は教化にある。今、神々をお祀りして、災害はすべてなくなった。けれども、遠国の人々は、まだ王化に預かっていない。そこで卿等を四方に遣わして、わが教化をひろめたい」「もし教えにしたがわない者があれば、兵を以て討て」（以上書紀）

そして古事記では、

「その伏《まつろ》はぬ人等《ひとども》を和平《やは》さしめたまひき」とある。

儒教の倫理観まる出しであるが、それでなくとも、どうやら当初は説得をもってことにあたったようである。

そしてそれは、安芸と出雲で止まった。

出雲の国

大和が日本を統一するための障害の一つが、出雲の存在であった。

出雲は軍事的にも経済的にも、かつ支配領域をみてもそれほどの大国ではなかったが、別の意味で手ごわい相手であった。

当時、出雲の国は出雲振根《いずもふるね》という人物が治めていた。当然、出雲振根に対しても、言和平《ことやは》し使者が送られた。

出雲の最期を語るには、その始まりである記紀神話から始める必要がある。

出雲は神話の国といわれており、記紀においては、神話が豊富に語られてはいるが、それは空想の世界とみられ、実態の乏しい国と思われていた。

それが近年、銅剣や銅鐸・大社の大柱等続々と発見され、どうやらかなり大きな勢力のある国であったことがわかってきた。

それではいったいどういう人達が活動していたのかを、古事記・日本書紀及び出雲風土記から探ってみたい。

もともと、記紀神話は、大和朝廷の記紀編者による創作であるというのが定説ではあるが、今回は、創作であるとあっさり切り捨てずに、神話の中から何か史実をみつけ出してみよう。

記紀神話において、出雲が最も深く関わりのある国は、北部九州の高天原なのである。

記紀神話において、国土と神々を作ったのは伊邪那岐《いざなぎの》命と伊邪那美《いざなみの》命の夫婦であるが、妻の伊邪那美命は出雲の出身であったようだ。

伊邪那美命は、死後、東出雲の比婆《ひば》山に葬られた。古代においては、生まれ故郷に葬られたらしい。

ここ出雲東部は、黄泉国《よもつくに》といわれ、黄泉大神《よもつおおかみ》の治める国である。伊邪那岐・伊邪那美は多くの神々を生んだのであるが、黄泉大神は生んではいない。

つまり、黄泉大神は高天原系の神ではないのである。

当時、倭の日本海側一帯では、高天原・出雲・敦賀他というように、各地に多くの部族が割拠していたようなのである。

その中で、伊邪那岐・伊邪那美が夫婦であるということは、高天原と出雲はかなり懇意であったということであろう。

伊邪那岐・伊邪那美の夫婦の間には三人の子供がいたという。

ただし、この三子が、伊邪那岐命が顔を洗った時に生まれたというのは、南方系の神話をもとにした創作である。

長女が天照大神《あまてらすおおみかみ》（大日孁貴《おおひるめむち》）で高天原を治め、長男が月読命《つくよみの》（月夜見尊《つきよみの》）で、日本書紀の一書によれば日と並んで天のことを治め、二男の建速須佐之男命《たけはやすさのをの》（素戔嗚尊《すさのおの》）は、青海原（または天下）を治めることとなった。この三兄弟については、天照大神と月読命は高天原に居り、須佐之男は天下、つまり海に近い平野部にいたようである。

ところが須佐之男命は、母が恋しいと毎日泣き暮らしていたという。結局、須佐之男は、母の居る黄泉国へと（母は既に死んでいる）旅立つこととなり、姉のところに別れの挨拶をしようと高天原へ登って来た。

この須佐之男の行動を怪しんだ天照大神との間で、須佐之男は身の潔白を証明するために、二人は誓約《うけい》を行うこととなった。

ここからは、史実とみていいであろう。

ところが、この誓約は不思議なものであった。身の潔白を証明する必要があったのは、須佐之男命だけでよいはずなのに、姉の天照大神までもが誓約を行っている。

ところで、古事記と日本書紀において、ある食い違う説話が載っている。

両書には、食べ物を生みだした神を殺害するという説話が載っているのであるが、この神を殺害したのは、古事記では大気津比売神《おほげつひめのかみ》を須佐之男命が殺害したが、日本書紀では、保食神《うけもちのかみ》を月夜見尊（月読命）が殺害したことになっている。

大気津比売神と保食神は同一人物であろうから、同じ話であろうが殺害者が異なっている。

更に須佐之男に関する高天原の事象をみてみると、須佐之男は天下（葦原中国《あしはらのなかつくに》）すなわち平野部を治めているはずなのに、高天原内に水田を保有していること、泣き暮らしていたのに子供が三人もいるなど、不可解なことがみられる。高天原から出雲に行くはずが、半島の新羅に行っているなど、他にも不可解なことは多々ある。

どうやらこれは、月読命と須佐之男命が混同されてしまい、遂には全て須佐之男命の仕業と伝えられたためのようだ。

母に会いたいと泣く須佐之男と、暴れん坊の月読命、そう考えて説話をみてみると、実にすっきりと解釈できるのである。

冒頭の天照と須佐之男の誓約の説話は、実は天照大神と月読命の間で何らかの諍いが生じたことが原因であったろう。

それが、保食神の件なのかどうかは不明であるが、何か二人の間に意見の対立が生じ、その正邪を誓約で判定してみたところ、月読命の勝ちとなり、勝ち誇った月読命が傍若無人の行動をとったのであろう。その結果、月読命は、子供たちと共に新羅に追放されたのである。

しかし、新羅においても、直に嫌われて、再び日本に戻ってきている。どこに行っても鼻つまみ者であったようである。

さて、姉に別れを告げた須佐之男命は、黄泉国へと旅立った。

記紀において、途中、八俣大蛇《やまたのおろち》退治の説話があるが、これは全くの創作である。あんな大きな蛇がいるはずがない（しかしながらこの話は、出雲神話での一番人気である）。

この説話はおそらく、出雲中部の豪族（横田町大呂《おおろ》）が高天原に剣を献上した話と、中国長江流域の水神伝説をもとに、高天原において創りあげられたものであろう。であるから、地元で編纂された、出雲の伝承を集めた出雲国風土記にはこの話はないのである。

さて、黄泉国に住みつくことになった須佐之男命に対し、黄泉大神は領地を与えることとなった。

それが根《ね》の堅洲《かたす》国である。根とは黄泉国のこと、堅洲とは、海流や河川から運ばれてきた土砂が新しく堆積して陸地となったところである。つまり、新しくできたばかりの土地を与えたのである。

それはそうだ。当時でも国土にはそれぞれの領主がいたのであるから、既存の土地を与えるわけにはいかない。だから、できたばかりのまだ領主の居ない土地を与えたのである。

現在の米子《よなご》や境港、弓（夜見）の浜である。

当時の出雲は三部に分かれており、西から木の国、真中が古志《こし》の国、東部が黄泉国であった。

この三カ国を統合して出雲の国を創ったのが大国主命《おおくにぬしの》であった。大国主命は西の木の国の出身だったようである。

少年期に兄弟との確執があったようで、一時須佐之男命の所に身を寄せたことがあった。

その時に、須佐之男の娘の須勢理毘売と恋に落ち、手に手をとって駆け落ちをした。その後杵築《きつき》に居住することとなった。

やがて大国主命は、出雲を統一することになった。西の木の国から古志の国、そして黄泉国と統合していったのであるが、問題は根の堅洲国であった。

既述したが、ここは妻の実家であり舅の須佐之男命の治める国であり、そうしたことから、大国主命は堅洲国を統合することを避けたのであった。米子や境港、弓の浜が地勢的には島根県出雲に属するようでいながら、伯耆国《ほうきの》に属したのはそのためであり、現在でもそのまま鳥取県に入っている。

出雲を統一した大国主命は、西出雲の斐伊川中流の神原郷《かんばら》や三屋郷《みつや》三刀屋《みとや》周辺に拠点を築き、神財庫《かむたからこ》に宝物を積みおいたという。そうして、そこから東西へと勢力を拡げていったのである。東は越国（新潟県）から近畿地方一帯を、西は北部九州（葦原中国）から豊後国（別府）までをその行動範囲としていたようである。

やがて、根の堅洲国の須佐之男命が亡くなった時、その遺産相続の件が持ち上がったが、堅洲国は息子（何人いたか不明である）に相続させたであろう。

ところが、高天原出身の須佐之男命は、北部九州にも領土を保持していた。それが葦原中国である。そしてどうやらここは、娘の須勢理媛が相続したようである。もっともその背後には大国主命がいたのであるが。かくして葦原中国は、須勢理媛の夫の大国主命が管理することになった。つまり、出雲のものとなってしまった。

驚いたのは高天原の人々である。葦原中国は本来、高天原の領土であった。それが出雲のものとなってしまったのである。

そこで天照大神は言った。

「豊葦原《とよあしはら》の千秋長五百秋《ちあきながいほあき》の水穂国《みづほの》（葦原中国のこと）は、我が御子、正勝吾勝勝速日天忍穂耳命《まさかつあかつかちはやひあめのおしほみみの》の知らす国ぞ」

といって大国主命に譲るように要求し、交渉人として天照大神の二男である天之菩比命《あめのほひの》（天之菩毘能神）を派遣した。ところが彼は、大国主命におもねって帰ってこなかった。そこで次に天若日子《あめのわかひこ》を送った。ところが彼も同様、大国主命におもねり、あげくのはてに葦原中国の王となった。しかも高天原からの使いの雉の鳴き女《なめ》を射殺してしまった。

そのために、高天原の刺客に、湯津桂《ゆつかつら》（二日市温泉）で、湯上りですずんでいたところを暗殺されてしまった。

そこで今度は、武人の建御雷神《たけみかづちの》と天鳥船神《あめのとりふねの》を遣わしたのである。

二人は、出雲の伊那佐《いなさ》の小浜《おばま》において、大国主命に、国を譲るように問いかけた。

ここで大国主命は重大な判断ミスをしたようである。大国主命は説得することにかけては絶対の自信を持っていた。交渉事で相手を説得することに、それまではすべてといっていいくらい成功していた（特に女性には）。現に、先の二人の使者には説得が成功し、まんまと心服させてしまったではないか。今度の二人も舌先三寸丸めこめるとタカをくっていたのであろう。

おそらく意表を突くつもりで、一人で、せいぜい稚児に酒と肴を持たせて会いにいったのではないだろうか。

そしてたちまち生け捕りとなってしまった。

生け捕りとなったことは、息子の事代主神《ことしろぬしの》と建御名方神《たけみなかたの》の様子でわかる。

事代主神は国譲りを了承して、天の逆手《さかて》を青柴垣《あをふしがき》に打ち成して入水自殺をし、建御名方神は軍を率いて救出にやってきたが、人質になっている父をみて刃向かうことができずに逃亡してしまった。

かくして大国主命は全面的に承諾し、杵築《きつき》の多芸志《たぎし》の小浜《おばま》に巨大な天の御舎《みあらか》を造って、その中に

なった。

「僕《あ》は、百足《ももた》らず八十垧手《やそくまで》に隠れて侍《さむら》ひなむ」とあることから、出雲は幽界の大国主命の治める国と籠もることとなった。記「幽界に参りましょう」紀「私は退いて幽界の神事を担当しましょう」記

そして、その大国主命の籠った天の御舎を管理したのが、最初に交渉に来た天菩比神であった。彼は、任務を果たさなかったのであるが、天照大神の子息であったことから不問に付され、出雲国を治めることが認められた。

彼は大国主命に心服してしまった人物であることから、社《やしろ》を管理するにしても、やがて罪人の如くではなく、神として祀るように変化していったようである。

そして、社に大国主命を祀ると同時に、出雲国を治めることとなった。

しかし、大国主命が社から出ないということは守られ続けたようである。そうして彼はこの社の中で亡くなったのである。

大国主命が何時死んだのかはもちろん不明であるが、死んだことは公表されなかったようである。

つまり、大国主命は社に入ったままで、死んでいないことになっており、社の中において幽界を治めているということになっている。

そして以後、天菩比の子孫（出雲国造《いずもこくそう》）が代々その祭りを現在まで継続してきたのである。

大国主命への尊敬は、社に祀られることにより、信仰となり、やがて諸国へと広まっていったの

である（神有月・神無月《かんなづき》）。

社の中で亡くなった大国主命の遺体は、そのまま留め置かれ、生前のように、食事が運ばれ生き続けているように扱われたのだ。

やがて大国主命の遺体は、即身仏のような状態となったまま安置されていたものであろう。

出雲大社のご神体であるが、これには諸説ある。

一つは、「七宝の筥《はこ》」説、大きさ中身は不明である。

一つは、「九穴の鮑《あわび》」説。江戸時代の殿様が、強引にみたところ箱の中に九穴の鮑が入っており、忽ち大蛇《おろち》となったという。

一つは、「鏡」説。日本書紀崇神紀六十年に、「天皇は勅して鏡を祭らせなさった」とあることと関係があるか。

更に、「大社の御神体には、御衾《ふすま》をかけ申してあるという」とある。

注目すべきは、この御衾である。もちろんこの御衾が御神体というわけではない。衾とは現在の長ブトンのような寝具である。これを御神体に掛けていたというのである。

これを考えてみると、やはり大国主命は、死後もそのまま社の中に安置されて生きているが如く世話をされ続けていたものであろう。衾はその寝具であったのだろう。

但し、この大社本殿も火災にあったことがあり、その際にご神体である大国主命の遺体も焼亡したものと思われる。

最近の出雲大社の大祭礼に参加して御神輿を担いだ人の話では、「千家《せんげ》宮司さんが、大社本殿の中に入っていき、ご神体を持って出たが、その大きさは二十㎝×七㎝×七㎝位の小さな木箱で、この中に赤い錦のような箱が入っていた」という。

この中身はなんであるか、宮司の方もみたことがないらしい。

私考するに、火災の焼け跡からみつけ出された大国主命の遺体の一部ではないかと考えたりしたが、真実は不明である。

ご神体の実見は、一番近いのは江戸時代の殿様ということであり、その時は九穴の鮑であったという。社のなかで鮑が生きているはずがないから、鮑の殻であろう。しかし、鮑の殻のようにみえたといったほうがよいのではないか。鮑の殻の形状から考えるに、大国主命の頭骨の一部である可能性が高いと思う。

こうして天菩比神以来、現在まで連綿と子孫により祭り事が続けられているのである。

現在は八十四代千家尊祐《せんげたかまさ》氏が宮司となり、国造《こくそう》さんとよばれ祭祀を司っている。

話は前に戻り、崇神天皇の時代には、出雲振根が社を祭り、かつ出雲を治めたる王となったのである。振根は天菩比神から十代であったが、崇神天皇治世中の王（国造）は鸕濡淳《うかずくぬ》が十二代であることから、また崇神天皇は天菩比神と同世代の天忍穂耳命《あめのおしほみみの》から十四代であることから、両者は時代的にも無理なく合う。

そうして出雲振根の時代に至り、大事件が起きたのである。

出雲は単に軍事力や経済力があるという強国ではなく、精神的に倭の人々の信仰を集めるという特殊な国となっていたのである。

であるから、大和は四道将軍の時に、他国のように簡単に支配下におくことができなかったのである。しかし、やがて、出雲を配下に収める機会がやってきた。

それは、日本書紀に次のようにある。

出雲振根の乱

六十年（西暦二八六年春年後年）秋七月十四日、群臣に詔して「武日照命《たけひなてるの》（天菩日命の子）の、天から持ってこられた神宝を、出雲大神の宮に収めてあるのだが、これを見たい」といわれた。矢田部造《やたべのみやつこ》の先祖の武諸隅《たけもろすみ》を遣わして奉らせた。このとき出雲臣の先祖の出雲振根が神宝を管理していた。しかし、筑紫国に行っていたので会えなかった。その弟の飯入根《いいいりね》が皇命を承り、弟の甘美韓日狭《うましからひさ》と、子の鸕濡渟《うかずくぬ》とに持たせて奉った。

出雲振根は筑紫から帰ってきて、神宝を朝廷に差し出したということを聞いて、弟の飯入根を責めて、「数日待つべきであった。何を恐れてたやすく神宝を渡したのか」と。これから何年か経ったが、なお恨みと怒りは去らず、弟を殺そうと思った。それで弟を欺いて、「この頃止屋《やむや》の淵に水草が生い茂っている。一緒に行ってみて欲しい」といった。弟は兄について行った。これより先、兄は密かに木刀を造っていた。形は本当の太刀に似ていた。それを自分で差していた。弟は本物の刀を差していた。淵のそばに行って兄が弟にいった。「淵の水がきれいだ。一緒に水浴しようか」と。弟は兄に従い、それぞれ差していた刀を外して淵の端に置き、水に入った。兄は先に陸にあがって、弟の本物の刀をとって自分に差した。後から弟は驚いて兄の木刀を取った。互いに斬り合うことになったが、弟は木刀で抜くことができなかった。兄は弟の飯入根を斬り殺した。時の人は歌に詠んで言った。

八雲起　出雲梟帥　所佩太刀　黒葛多巻　鋤無

ヤクモタツ、イヅモタケルガ、ハケルタチ、ツヅラサハマキ、サミナシニ、アハレ

出雲建が佩いていた太刀は葛を沢山巻いてはあったが、中身がなくて気の毒であった。

ここに甘美韓日狭・鸕濡渟は朝廷に参って、詳しくその様子を報告した。そこで天皇は吉備津彦と武渟河別とを遣わして、出雲振根を殺させた。出雲臣らはこのことを恐れて、しばらく出雲大神を祀らないでいた（この説話は古事記には載っていない）。

この説話の、事の真相と当時の倭国情勢を探ってみよう。

まず当時は、出雲は大和の勢力圏に入っていなかった。逆に、九州と通交があったようである。出雲の王が直々訪れるほどの付き合いである。

九州には、倭国女王にして邪馬台国女王の壱与が居たはずである。二四八年に十三歳で即位したのであるから、崇神六十年（二八六年春年後年）頃は、五十一歳であったとみられる。

かつては、神無月といわれるように、諸国の神々が出雲に集結したものであるが、この時は、出雲の王がわざわざ九州に出かけたというのである。当時は現在ほど旅行が安全だったわけではないので、王が直々遠方へ旅行するとはよほどの用件であったのだろう。となれば、その用件とはどんなことだったのであろうか。それは前述したように壱与の死への弔問であった。

（ただし壱与が倭国王であったとしても、出雲は統一倭国の中に入っていなかったのではないだろうか。というよりも既に壱与による統一倭国の構想は破綻していたのかもしれない。統一倭国に入っていたとしても、支配関係は緩く、出雲はかなり独立性を保っていたのである。郡に貢献していたという倭の三十余国の中に出雲は入っていない。大和も当然入っていなかった）。

こうして独立性の強い出雲に対して、大和はいよいよその矛先をむけてきたのである。

倭国邪馬台国王壱与の死、二八五年がその契機であった。

先の四道将軍の派遣は二七三年であったので、それから十二年後のことである。この十二年の間に大和は経済力軍事力とともに増大し、さらにその勢力圏を広げようとしていた。

そのような大和の圧迫を、出雲の王振根はひしひしと肌に感じていたものであろう。

かつ九州諸国も東から進んでくる大和の勢いを知っていたはずである。そして今は、安芸と出雲が防波堤となっていることをも知っていたはずである。

このような情勢の中で、出雲の王が直接九州に赴いていったのは、壱与の葬儀に参加することのほかに、倭王の死でもって同盟が崩れるのを恐れ、九州と出雲が共に手を組み、大和の西進をくいとめようという同盟を、より強固なものにしようとしたものであろう。

しかし、その時、まさに出雲振根が九州に行っていたその留守に、大和からの使者が出雲を訪れたのである。

曰く、「天皇は、出雲の神宝がみたいと望んでおられる」と。

この神宝をみたいとは、神宝を差しだせということ、それは大和への従属を表していた。

それがどれほど重要なことであるかは、使者の名がわざわざ記されていることからもわかる。神宝を引き出させたということは、彼ら使者にとって大手柄であったのである。

振根は九州に行っていたが、留守を狙って行ったわけではないであろう。おそらくこれは偶然であろう。実際狙って行っても、「主の帰るまでお待ちください」と言われれば、それまでだったのである。

この時、筑紫においては、どのように話は進んでいたのであろうか。紀の続きから考察してみよう。出雲振根は九州から帰ってきて、神宝を朝廷に差しだした事を聞いて激怒したという。弟の飯入根を「なぜもう少し待っていなかったのか。何を恐れて渡したのか」と責め立てたようであった。

このことから、出雲振根は大和に従属するつもりは、全くなかったことがわかる。もし、従うつもりであったならば、弟の越権行為に文句は言ったであろうが、これほど責め立てはしなかったであろう。おそらく、九州訪問の意図は、弟に説明して出発していたのであろう。

しかも、問題はそれでおさまらなかった。それから何年かたったが（四倍年で）、なお恨みと怒りはおさまらずに、弟を殺そうと思った、とある。

そうして弟を、「水草を見に止屋淵《やむやのふち》に行こう」と言って誘った。止屋淵の水草は特別な意味、神聖なものとして扱われていたものであろうか。そういうことなら(祭祀的な行事だったのかもしれない)と、弟は同行した。弟は、兄が激怒していることを知っており、十分警戒はしていたであろう。

到着した振根は、水に入るように誘った。禊《みそぎ》なのであろうか。岸に刀を置いた両者は、水に入ったが、振根が先にあがり、真剣である弟の刀をとった。弟は驚いて岸に上がり、兄の刀をとったが、それは偽刀であったが為に、抜くことができず、兄に切り殺されてしまった。

兄の怒りは相当なものであったことが知れる。

しかし、なぜ兄はこれほど怒ったのであろうか。しかも弟を殺してしまうほどの怒りである。

その背景をもう一度みなおしてみよう。

振根は大和に対抗して、出雲の独立を保とうとしていた。そして、その為に九州と手を組み、ともに大和に対抗し、大和の西進を阻止していた。

その同盟を倭王の死後も続けるために、じきじきに九州に行ったのである。そうして、壱与亡きあとの九州諸国を、うまくとりまとめて帰ってきたのだろう。

ところが帰ってきてみると、弟が、独断で大和に神宝を渡してしまっていた。つまり、大和に服従する姿勢をみせていたのである。

これでは、振根の面子は丸潰れである。

九州諸国にあれほど熱心に同盟を勧め、説得してまとめあげてきたのに、である。

九州からみたら、まさに不信の極みであり、あきれてものも言えない、裏切られた、と思って当然であろう。振根には、それが痛いほどわかった。この不信を取り除いて汚名をそそぐためにはどうしたらよいか。

そうして振根は考えた。その結果考えついたのが、弟の暗殺であった。弟を殺害することにより、先の大和との関係は無効であり、その張本人の弟は今ここで成敗した。それも出雲の聖地である止屋淵で、である。

振根はここに改めて九州との同盟は不変であり、ともに大和に対抗することを宣言したのである。

飯入根の弟の甘美韓日狭と子の鸕濡渟は逃亡し、大和の崇神のもとに行き、その様子を報告した。崇神は、これを大和朝廷への反逆ととらえ、ただちに、吉備に吉備津彦と武渟河別とを派遣して出雲の振根を討たせた。

事は迅速に行われた。その様をシミュレーションしてみよう。

振根の本拠地は出雲大社の近くと想定した。振根への問責など行わずに、いきなり動員をかけたようである。不意を突くことにした。

大和朝廷軍は吉備・伯耆国境に達し、翌日には伯耆の国へと侵入した。不意打ちであったことから抵抗もなく、その日は大山の麓の岸本に到着、野営した。

その段階で、大和軍侵入の知らせは東出雲に伝えられた。

二日目には、征討軍は西に進み安来にまで達した。東出雲の諸豪族は混乱し、それぞれの館などに引き籠り、守りを固めるしかなかった。

三日目には、大和軍はさらにそのまま西へと進み玉造《たまつくり》に到着。そのころには、伝令から事情を聴いた振根は、東出雲の諸豪族に大和軍を阻止するように連絡しようとしたが時すでに遅く、四日目には大和軍は斐川まで進出、翌日には大社に迫る勢いであった。振根は西出雲の諸豪族に伝令をだし、兵を斐伊川のほとりに集結させようとしたが、急なことであったので準備が整わず、兵もうまく集まらなかった。

そして五日目、大和軍と振根の軍は、立虫社《たちむしの》のあたりで激突した。しかし、十分な準備を整えることのできなかった出雲軍は、戦い慣れた大和軍の前にはなす術もなく敗れ去ったのであった。振根は止屋淵に身を投じ、その生涯を閉じた。出雲は大和に制圧されたのである。

後世、丹波の氷上《ひかみ》の人で、名は氷香戸辺《ひかとべ》が、皇太子活目《いくめの》尊に申し上げて、

「わたしのところの小さなこどもが、ひとりで歌っています。

『水草の中に沈んでいる玉のような石、出雲の人の祈り祭る本物の見事な鏡。力強く活力を振るう立派な御神の鏡。水底の宝。宝の主。山河の水の洗う御魂。沈んで掛かっている立派な御神の鏡。水底の宝。宝の主。』

これはこどもの言葉のようではありません。あるいは神が取り憑いて言うのかもしれません」といった。そこで皇太子は天皇に申し上げられた。天皇は勅して鏡を祭らせなさった、という。

出雲は荒廃したのである。罰を加えられたのは振根一人にとどまらなかったようである。

出雲臣らは、このことを恐れて、しばらく出雲大神を祭らないでいた。これは、出雲大社ばかりでなく、出雲国中の祭祀が一時行われなくなったことを意味しているのであろう。人々には、従来のように神々を祭る余裕などなくなり、神々は放置されていたようなのである。

出雲熊野大社には、次のような伝承がある。

わざわざ出雲熊野大社と書いたのは、実は、紀伊熊野大社というのがあり、こちらのほうが著名

であるからだ。特に中世には、ここ熊野に参詣することが流行し、京都の貴人をはじめとして多くの階層の人々が詣で、蟻《あり》の熊野詣《くまのもう》でと称されるほどの活況をみせた。では、この紀伊熊野大社と出雲熊野大社とでは、どちらが古いのかというと、出雲熊野大社のほうが古いのである。その伝承とは、次のようなものだ。

「出雲熊野大社の近くの炭焼き職人が紀伊国に移住したが、そのとき熊野大社の神主が御分霊を持って同行し、それが紀伊熊野大社のはじまりであるという」

その時代は、紀伊熊野大社の年代紀によれば、崇神天皇の六十五年（日本書紀紀年法によれば二八七年秋年前年　四倍年）であるという。

出雲振根の変は、崇神六十年（同じく二八六年春年後年四倍年）である。

となれば、この紀伊移住は、この振根の変に関係しているとみてよいであろう。

つまるところ、振根の変に連座して、多くの出雲の人達が罰せられたということである。

出雲の多くの人達が、他国へと流されることとなった。

この伝承は、炭焼きの形をとってはいるが、実際は出雲熊野大社の周辺の貴人が、紀伊の山の中へ流されたということである（炭といえば備中炭が有名であるが、この炭の発祥地は、熊野大社のある和歌山県田辺市だという）。

そうでなければ、なんで神主がわざわざ同行したのであろうか。そう考えるならば、やはり、移住した人（一族）がかなりの身分であったから同行したのであろう。

彼らは、十津川《とつかわ》のほとりの大斉原《おおゆのはら》に住むことになった。ここは、十津川の中州である。

問題は、なぜこんなところに移住したのかである。時は弥生時代で、そのような時代になぜ出雲から紀伊の山の中を選んで移住させたのであろうか。出雲の人が、紀伊の山の中のことをすでに知っていたとすれば驚きである。

しかしこれが、大和朝廷により配流《はいる》されたとすれば納得がいく。大和朝廷がそこに住むように指定したのである。でなければ、そのような知りもしない山の中に移住することなどありえないのである。

ではなぜ、大和朝廷はそこを選んだのであろうか。

何度も言うが、当時は弥生時代で、まだ古墳時代も始まっていないのである。学者によっては、当時は満足な道すらないと考えられている時代なのである。そのような時代に、大和朝廷の人達はなぜその大斎原を知っていて指定したのであろうか。

記紀をみると、大和と紀伊の関わりが書いてある。

大和朝廷の始祖である神武天皇が、紀伊国から熊野川を遡って大和に入って来たと記されている。だから、大和の人達はこの大斎原のある熊野川一帯のことを知っていたのである。

そうなると、この選ばれた大斎原は一体どのような伝承を持つ所なのであろうか。

紀伊熊野本宮大社の説明板には、「『熊野権現御垂迹縁起《くまのごんげんおんすいじゃくえんぎ》』によれば、崇神天皇六十五年（紀元前三三年）に熊野権現が『大湯原』の三本のイチイの梢に三板の月形となって降臨したと伝えられる地です」とある。

崇神六十五年は、出雲振根の変の六十年に近く、西暦二八七年秋年前年のことである。六十年が二八六年で、六十五年が二八七年では計算が合わないようであるが、日本書紀の崇神紀の年代は四倍年であり、一年を四年分として数えるからである。

それでは、この大湯原（大斎原）がなぜ選ばれたのかを日本書紀から探ってみよう。

神武一行は、河内に上陸したが、日下《くさか》の蓼津《たてつ》（または日下村の青雲の白肩津と同じ）において長《なが》脛彦《すねひこ》との一戦に破れ、再び海上に出て南下、潮崎《しおのみさき》をまわり、熊野川の河口に着いた。そして川を遡って大和に入ることとした。

「ついに佐野を越えて、熊野の神邑《みわのむら》に至り、天磐盾《あまのいわたて》に登った」そして、「天皇は……熊野の荒坂の津に着かれた。そこで丹敷戸畔《たしきとべ》という女賊を誅された。そのとき神が毒気を吐いて人々を萎《な》えさせた」そうすると、高倉下《たかくらじ》という者があらわれ、霊夢で剣を授かったとして天皇に差し上げると、天皇や兵卒どもはみな目覚めておきあがった、とある。

「しかし山の中はけわしくて行くべき道もなかった。進みも退くもならず、迷っているとき、夜また夢をみた」そして、八咫烏《やたがらす》があらわれ道案内をしたという。

天磐盾は、熊野川河口の新宮《しんぐう》市にある神倉《かむくら》神社の山上にある巨岩でゴトビキ岩という。熊野速玉神社は、当初この地に設けられたが、後に現在の地に移され、神倉山にあった元宮に対して新宮とよばれるようになった。ゴトビキの意味は、ヒキガエルのことである。巨岩がヒキガエルのようにみえるからである。ビキとは蛙のことである。ちなみに私の故郷の青森でも蛙の事をビキといった。青森だけの方言かと思っていたが、佐賀市にきたら、やはり蛙のことをビッキといっていた。そして和歌山でもビキであるから、蛙をビッキというのは古代では標準語であったことがわかる。

神武はこの岩に登ったようである。そして、そこから川を遡って進んで行ったことになる。書紀ではそこから海路を進んだとあるが、これはふたりの兄の消息が不明となったことの説明をするために、ここに挿入したにすぎない。

ちなみに、神武は四人兄弟の末っ子であるが、長兄の五ツ瀬命《いつせの》は、河内国日下村の青雲の白肩津で負傷し、のちに傷が悪化し絶命、紀伊国の竈山《かまやま》に葬られた。

古事記では、次兄の稲氷命《いなひの》は海原に入って、即ち水死したようである。次次兄の御毛沼命は、波の穂を跳《ふ》みて常世《とこよ》の国、すなわち中国に行ったようである。

日本書紀では、両兄ともに紀伊の海にて水死したことになっている。

熊野川は、紀伊山地から南へと流れる川であるが、主に二つの大きな川が合流している。まっすぐ北から流れ下ってくる川が十津川であり、北東から合流してくるのが北山川《きたやまがわ》である。その合流地点から下流を熊野川という。

さて神武一行は熊野川を遡るのであるが、まず、熊野の荒坂の津に着いたという。津とは、港のことをいうので海岸ととらえるかもしれないが、川や湖でも、船着き場であれば津という。現に、十津川は十の津のある川ととれる。

次に神武は丹敷戸畔《たしきとべ》という女賊を誅したという。大斎原の数km下流に、敷屋という地名がある。

神武は当初、道案内がいなかったために、十津川を遡るか、北山川を遡るか迷ったようである。地図でみると、十津川と北山川の分岐点では、十津川の川幅のほうが広いようである。

神武一行は、十津川の中州であるこの大斎原に迷いこんだのである。

一度、この大斎原を訪ねたことがあるが、案内人は、「ここは強力なパワースポットです」と説明した。ここは、数々のパワースポットの中でも著名にして強力な霊場なのである。

いまでもパワースポットといわれるのであるから、霊的なことへの感受性の強い昔の人間には、大きな作用があったものと思われる。となると、そこに迷い込んで野営した神武一行は、このパワーにたぶらかされたものであろう。

記紀編纂の時代においては、ほとんど忘れられていたのであろうが、神武から十代目である崇神の時代には、いまだこの時代の事が具体的に語られていたものであろう。崇神は、ここ大斎原が、神武一行が霊夢に悩まされた場所であることを知っていたのである。

つまり、その土地の手入れをさせるために出雲の民を配流したのである。

しかしすごいのは、この熊野に来た人々である。他の地域にも多くの出雲の人々が流され、やがて草叢のなかに埋もれていったのに対し、紀伊に移った人々は、神主のもと、ここ大斎原に熊野神社を創立し、その信仰圏を拡げていったのだ。次の垂仁天皇の時代には下流に熊野速玉大社を造り、やがて熊野修験道《しゅげんどう》や熊野信仰へと拡大し、蟻の熊野詣といわれるほど世の善男善女が押し寄せて来たのである。その分社は、日本全国に広がり、その数は八幡社・諏訪社に並ぶ有数の神社となったのである。

前方後円墳

この古墳は、いきなり巨大な墳丘として古代に現れた。

その最初のものといわれる古墳は、奈良県桜井市箸中にある倭迹迹日百襲姫《やまとととひももそひめ》の墓の伝承を持つ箸墓《はしはか》である。

崇神天皇の十年の条に、箸墓に葬られたという倭迹迹日百襲姫の説話が載っている。

媛は、大物主神《おおものぬしの》の妻となった。夫の神の姿をみても驚かないということで姿をみせたところ、その姿が小さい蛇であったところから、媛は約束を忘れて驚いて叫んでしまった。夫は恥じて御諸山《みもろやま》に飛んでいった。媛はドスンと坐りこんだが、その時、箸が陰部を突いて死んでしまったという。それで人々はその墓を箸墓と呼ぶようになったという。その墓は、昼は人が造り、夜は神が造ったという。墓に葺く石は、人々が連なり、手渡しで運んだという伝承があること、かなり巨大であることなどから、卑弥呼の墓ではと言われていたのであるが、両者に共通するのは、共に女性であること、霊能者であること、政治にも関わっていたことぐらいである。

ただし、十年の所に記事があるからといって、墓の完成が十年であるとはならない。

この媛の活躍の初めの記事が十年の武埴安彦《たけはにやすびこ》の乱での予言であることから、そこに媛の生涯の説話を全て持ってきたようである。となると、媛の墓の築造はもっと後のこととなる。

ここでの問題は、墓の形態である。この墓の形式は、前方後円墳と呼ばれるものである。半分が方形で、半分が円形であり、これが合体した形をしているのである。上からみると鍵穴状に、逆にみると瓶のようにみえるのである。横からみると、左右二つの丘が並んでみえる。丘は段が三～四段取り巻いていて、石葺きのものもみられる。

邪馬台国畿内説においては、これを卑弥呼の墓とみている人もいるが、復元日本書紀紀年法によれば、この崇神十年は西暦二七三年秋年後年であるから、卑弥呼の没年の二四七年よりも二十六年も遅いのであるが、かつては箸墓の年代は三世紀であること、箸墓が女性の墓であることから、卑弥呼と同一人物であるとみて、邪馬台国畿内説を主張するための根拠の一つとして言い離《はや》された。

祭祀は横からみて行ったようで、形象埴輪などの集団が横に並べ置かれている。埋葬は後円部の頂上部に槨《かく》を作って納められている。

この箸墓が築造された時代は、崇神天皇の末期か垂仁天皇の初期であろうとは推測できる。もし、模倣ないし何かの影響を受けたとするならば、それはやはり卑弥呼の墓であったろう。ただ、どの年代でどれくらい正確な情報が得られたかは不明である。

そして、この形式による墳墓は、これが、初出であるということである。この墓のある纏向地区には、多くの小型の前方後円墳があるが、小型だからといって先に造られたとは限らない。確かに、進化の法則として、小さいものから次第に大型化していくということはあるが、人造の場合はそれが必ずしもあてはまらない場合がみられるのである。

それは、他からの模倣という場合である。

私が考えるに、どうやら箸墓はなんの前触れもなくいきなり、かの形式で築造された。

しかし、その時期は二七三年以前であることは決してないのである。そしてこの時代は、大和朝廷が領地を四方に大きく拡大し、それまで無交渉であったともいえる外界との接触が活発となって来た時代でもあった。

当然それまで無交渉であった倭国、つまり北部九州邪馬台国のことも知ることとなった。

その時、邪馬台国女王卑弥呼の墓のことが知られることとなったのであろう。

しかし、卑弥呼の墓は卵型なのである。

前方後円墳は、突如出現したこと、その形状がそれまでの日本国内において類がないことから、なんらかの外部からの影響を受けて造営されたとみてよい。また、倭迹迹日百襲姫がなぜ最初の埋葬者として選ばれたのかも考慮する必要がある。

この背景に卑弥呼が意識されていたのかということがある。となると、この時代大和はどのくらい邪馬台国のことを知っていたのかということにもなる。

さらに問題はこの時代、既に卑弥呼死後四十年たつことと、壱与も既に死亡していたのでは、という問題もある。媛が亡くなった時、その墓を造るにあたり、西方の女王卑弥呼の葬儀に対抗しようと考えたのではないだろうか。

当時の大和朝廷は、日本を統一（または統一目前）し、新たな倭国王に君臨しようと目論んでいたのであろうから、西方の大国、邪馬台国のことをもちろん意識したものであろう。まだ魏志倭人伝は読んでいなかったであろうが。であるから、情報はとぎれとぎれであったであろう。その傍証として、垂仁天皇二十八年（二九五年春年後年）、天皇の母の弟の倭彦命《やまとひこのみこと》が死んだときに、その周りに、近習の者たちを生きたまま棒杭のように埋めたという。

そのありさまが惨状だったため、以後、形象埴輪で代用することになったという。

これは、卑弥呼の葬儀を聞きかじって真似たものであろう。古今東西、殉死の時は、普通、絞め殺してから埋葬するものである。それを生き埋めにするとは殉葬の正式なやりかたを知らなかったということである。つまり、大和では本来殉葬はなかったということになる。

卑弥呼の葬儀の時に、百人殉葬したということが恐ろしいこととして伝えられ、それが生き埋めであったと誤解されて伝えられたものを真に受けたものであろう。私も人生かなり長いが、体験上、物事を聞きかじりで行うことほど、恐ろしいことはないと実感している。

倭迹迹日百襲姫の葬儀は、おそらく崇神天皇の時代であろうが、この倭彦より以前であるから、その情報はそれほど詳しくなく、せいぜい百余歩の大きな墓が造られた、卑弥呼は鬼道を行い百余人の殉葬が行われたぐらいであったろうか。倭迹迹日百襲媛も霊的行動がみられたことから、卑弥呼も同類とみられ、卑弥呼に負けないくらい大きい墓を造ろうとしたのだろう。

なぜ古墳の形をこのような形態にしたのかについては諸説があるが、いまのところこれといった説はない。私考するに、書紀の一書に、国譲り交渉の際、天若日子の葬儀の時に現れた味耜高彦根《あじすきたかひこねの》神は、よそおいうるわしく輝き、二つの丘・二つの谷の間に照り渡るほどであったということと関連があるかと思う。

この他に前方後方墳というものがあり、後方部が方形のものもある。この存在が、前方後円墳が瓶をもじったものであるとの説の否定となっているが、神社の花立てにも四角の形のものはある。

＊大和と書いてなぜヤマトと読むのか。
この大和とは、奈良県の北部や大和朝廷の大和のことである。大和には、漢字としてのヤマトという読みはない。ではなぜ大和と書かれ、ヤマトと読まれるのであろうか。

この件に関しては、問題は二つある。

まず、ヤマトの由来から考えてみよう。

大和朝廷の祖である神武天皇は、九州から移住して来た、との伝承がある。

では、九州のどこから来たのであろうか。

それは、福岡市西区の室見川流域であることに間違いはないであろう。室見川西岸の金武《かねたけ》や日向《ひなた》のあたりに神武の一族は住んでいたのである。そしてそこは古来、ヤマトと呼ばれていた地域なのであった。後世この地には山門庄が置かれ、下山門という駅も現存する。山門庄とは、この地がヤマトと呼ばれていたことから付けられた名である。

つまり神武は、奈良に移住してきて、そこに自分の生まれ故郷の名をつけたのである（つけたときには字はまだ無かったので音だけである）。このように新天地に故郷の地名を移植することは、北海道やアメリカの地名をみるとわかる。

次に、ヤマトという音に大和という字をあてたのはどのような事情からであろうか。

元々、日本の西側は中国からヰ（イ）と呼ばれていて、倭《ヰ》という字があてられていた。

そして親魏倭王にみられるように、倭という国号であらわされていたのである。

永らく倭の代表国は、北部九州の委奴国以来の邪馬台国であったが、そもそも邪馬台国のタイとは大倭のことであり、卑弥呼の時代、倭は大倭（大いなる倭）と名乗っていた。

やがて、ヤマトは九州を征服し、倭の代表国である地位を獲得し、国号の大倭をも継承したのである。そしてこれを当初は、音読みでダイと発音していたようであるが、やがて、都のあるヤマトの地名でそれを読むようになったのである。

これは、現在でも、人の名を呼ぶ時に、名字ではなく「大阪のおじさん」とか「京都のおばさん」とか居住地の名や職業名で呼ぶ習わしと同じものである。新東京国際空港と書いて成田空港というようなものである。大倭と書いて、皆はヤマトと言ったのである。

やがて中古音の時代に入り、倭をワと発音するようになると、倭の字に、より佳字である和の字を当てるようになり、大和と書くようになったが、読みはそれまでのようにヤマトというようになり、現代まで続いているのである。これが、大和（ダイワ）と書いてヤマトと読む由縁である。

外部との接触

大和朝廷がその領土を拡大するにつれて、それまであまり知られていなかった外の地域との接触がみられるようになってきた。

特に崇神天皇の四道将軍の派遣により、支配地域が爆発的に拡大し、それまで以上に情報が伝えられるようになってきた。当然外部の国の人々との往来もみられ、また、外国にも、大和のことが伝えられるようになってきた。

特に、出雲振根の変の後、外国との往来がみられるようになってきた。おそらく、出雲を滅ぼした大和の勇名は、日本国内のみならず半島にまで知られたものであろう。

それを年代順に並べてみると、

崇神十一年（二七四年春年前年）

この年異俗の人達が大勢やってきて、国内は安らかとなった。これは四道将軍の丹波道主命の丹波制圧や大彦命の北陸制圧により、日本海まで大和の勢力が達したことから、日本海沿岸まで来ていた外国の人達が、大和まで入って来たものであろう。

崇神六十五年秋七月（二八七年秋年前年）

任那国が蘇那曷叱智《ソナカシチ》を遣わして朝貢してきた。任那は筑紫を去ること二千余里。北のかた海を隔てて鶏林《ケイリン》（新羅）の西南にある。

垂仁二年（二八八年秋年後年）

この年任那の人蘇那曷叱智が、「国に帰りたい」といった。先皇の御世に来朝して、まだ帰らなかったのであろうか。彼を厚くもてなされ、赤絹百匹を持たせて任那の王に贈られた。ところが新羅の人が途中でこれを奪った。両国の争いはこのときから始まった。

垂仁三年春三月（二八九年春年前年）

新羅の王子天日槍《あめのひほこ》がきた。持ってきたのは、羽太《はふと》の玉一つ・足高《あしたか》の玉一つ……。

一説には、初め天日槍は、船に乗って播磨国に来て宍粟邑《しさわのむら》にいた。……天日槍は、「手前は新羅の国の王の子です。日本の国に聖王がおられると聞いて、自分の国を弟知古《チコ》に授けてやってきました」という。……そこで天日槍は宇治河を遡って、近江国の吾名邑《あなむら》に入ってしばらく住んだ。近江からまた若狭国《わかさの》を経て、但馬国に至り居所を定めた。それで近江国《おうみの》の鏡邑の谷《はざま》の陶人《すえひと》は天日槍に従っていた者である。

垂仁九十年春二月一日（三一〇年秋年後年）

天皇は田道間守《たじまもり》に命じて常世国《とこよの》に遣わして、「非時《ときじく》の香果《かぐのみ》」を求められた。いま橘というのはこれである。

垂仁崩御の翌年春三月十二日（三一三年春年後年）、田道間守は常世国から帰って来た。

常世の国とは中国本土のことである。この「非時の香果」とは、温州蜜柑のことであろう。今、橘というのがこれである、ということから、みた目、橘と同じ仲間とみたものであろう。

この他に、崇神五年（二七二年秋年前年）から七年（二七三年春年前年）までの疫病の流行も外国から持ち込まれたものとみられる。崇神六十年の記事で、任那が、北のかたを隔てて鶏林（新羅）

の西南にある、とは、九州からみての記述である。これは九州が大和の圏内に入ってから、つまり記紀編纂の時代に説明されたものである。

垂仁二年の任那の人が、赤絹百匹を持ちかえったところ、新羅の人が途中でこれを奪ったとある。九州から任那は北であるから、ここで新羅が出てくるのはおかしい。九州から任那では新羅に寄らないので、新羅が途中で奪えないではないか。途中でとなると、任那の人が帰る途中新羅に寄り（航路からはずれた可能性がある）、そこで略奪にあったということになる。ということは、任那の人は九州から自国に帰ったのではなく、大和の近くの日本海側の港から直に半島に向かったということになる。

この年代には、北部九州は、まだ大和の圏外だったのであろうか。

垂仁天皇紀の初めのころ、日本書紀に次のような記述がある。

――ある説によると、崇神天皇の御世に、額に角の生えた人がひとつの船に乗って越の国の笥飯《けひ》の浦についた。それでそこを名づけて角鹿という。「何処の国の人か」と尋ねると、「大加羅《おおからの》国の王の子、名は都怒我阿羅斯等《つぬがあらしと》、またの名は于斯岐阿利叱智干岐《ウシキアリシチカンキ》という。日本《やまと》の国に聖王がおいでになると聞いてやってきました。穴門《あなと》（長門国の古称）についたとき、その国の伊都都比古《いつつひこ》が私に、『自分はこの国の王である。自分の他に二人の王はない。他のところに勝手に行ってはならぬ』といいました。しかし私はよくよくその人となりをみて、これは王ではあるまいと思いました。そこでそこから退出しました。しかし、道が分らず島浦を伝い歩き、北海から回って出雲国を経てここに来ました」といった。このとき天皇の崩御があった。そこで留まって垂仁天皇に仕え三年たった、とある。

大加羅国とは、半島南部弁韓国の任那にあった国である。その国の王子の都怒我阿羅斯等が、大和に聖王（崇神天皇のこと）がいると聞いてやって来たという。

そしてまず長門国、おそらく下関あたりに着いたようである。そうしたところ、その国の王となっていたのが、伊都都比古なる人物であった。

問題はその発言である。いわく、

「自分はこの国の王である。自分の他に二人の王はない。他の所に勝手に行ってはならぬ」

彼がこのような発言をした背景であるが、一つは彼の頭がかなりいかれていたことであろう。

しかしもう少しこの時代の背景をもって考えてみよう。この国が日本を表しているならば、彼は独立した存在であるといっているわけである。

当時（崇神天皇没年二八八年春年後年）の倭国の状況をみてみると、中央部の大和の勢力は、吉備国までをその支配下に置いており、安芸・周防・長門はまだ支配下に入っていない。出雲は滅んだ。だから彼は、この国に二人の王はいないと言えたのである。

それでは、西の方はどうであろうか。

問題は、九州に倭国は健在であったかである。

伊都都比古が二人の王はいないといった背景は、自らが治める国が、どこからも束縛されていないということで、二百八十年代後半において、九州の倭国の統制下にないということである。

次の天日槍は、瀬戸内海を横断し、播磨国についている。そして畿内各地を移動し、最後に但馬国に居処を定めた。

その途中、近江にしばらく住んだが、その時に、後の息長氏とつながったようである。

このように、崇神天皇の時代から大和と外界との通交が多くなり、出雲振根の変において出雲が滅んだ結果、強国としての大和の存在が外国に知られるようになったのである。

特に出雲の滅亡は、倭にとっての一大事件であり、外国にまでその顛末が伝わり、大きな衝撃を与えたのであった。

追いつめられる九州諸国

大和の拡大が西へと着実に伸びていくなかで、九州諸国はどのような対応をとろうとしたのであろうか。

壱与の倭国統一が挫折したのは明らかである。

弥生後期の高地性集落の帯が九州中央部を横切っていることから、壱与の勢力圏はその北部に限られていたのである。東は大分県中部から、西は熊本県中央部まで、そしてこの線をはさんで、戦闘が続いていたのである。

これは卑弥呼の支配地に比べて、若干の増加をみただけといえる。

黄幢を押し立てての進軍は、まさに何の効果もなかったのである。

黄幢は、味方の団結には活用できるものであり、魏という宗主国の承認を受けた正当な国王であるというから諸国はその幢のもとに参集したのである。

しかし、敵対国にとっては、魏王朝の権威などまったく通用しない。それが明治維新の時の錦の御旗との違いである。

中国のこの時代に対応する史書に、興味深い一文が載っている。

晋書武帝紀太康十年十二月に、

「東夷絶遠三十余国　西南夷二十余国来献す」とある。

ここにいう東夷三十余国とは、どこを指すのであろうか。

東夷とは、中国本土からみて、東方の蛮地のことである。中国東北部や朝鮮半島や日本列島が入る。

当時（西晋）東北部には扶余《ふよ》国があり、南部の遼東には漢人が、半島の西海岸部には楽浪郡、つまり漢人が住んでおり、楽浪郡の南部には責稽《せきけい》王の治める百済があり、東南には儒礼尼祇今《じゅれいにしきん》が治める新羅があり、北部には西川王の治める高句麗があった。南端には弁韓（狗邪韓国？）があった。もし、百済・新羅・高句麗のことを指すのであれば、そのように国名を書いたであろう。

となるならば、この東夷三十カ国とは、日本列島の中にある国々であるとみてよい。

後漢書東夷伝倭に、

「倭は韓の東南大海の中にあり、山島に依りて居をなす。凡そ百余国あり。武帝、朝鮮を滅ぼしてより、使駅漢に通ずる者、三十許国なり」

とある三十許国のことである。

また魏志倭人伝に、

「倭人は帯方の東南大海の中にあり、山島に依りて国邑をなす。旧百余国。漢の時朝見する者あり、今、使訳通ずる所三十国」

とある。

となると、晋書の三十余国とは、倭の国々であるとみてよい。

では、このように特記されるような三十カ国の貢献とは、一体どんな貢献なのであろうか？　通常の貢献なのであろうか。しかもこれは帯方郡止まりではなく、京師まで訪れたようである。

くり返すが、もう一度当時の様子を述べてみよう。

まず、倭国王はどうしたのかということである。

倭国の政治形態は、頂点に倭王がおり、その下に倭の諸国が三十カ国ぐらいあったはずである。

であるから、もし邪馬台国が健在ならば、晋王朝への貢献は、倭国を統括する邪馬台国王が倭王として行っていたはずである。つまり、倭国一国の名で貢献するはずである。

それなのに、晋書では、東夷絶遠三十余国と記されているのは、これは、邪馬台国が滅んだか、倭国の代表としての立場をとれない状態となっていたということであろうか。

それでは、壱与はどうなったのだろうか。もし存命であれば、五十数歳というところである。この年齢であれば、生存していても不思議はないのであるが、病気や事故ということも考えられる。

しかしそのことについて述べる資料は一切ないのである。

ただ晋書の記事から、当時の倭国邪馬台国は、北部九州すら統率できていなかった、ということが分かるのみである。

当然これを背景として、かの長門の伊都都比古に、「この国には我の他に王はいない」との台詞《せりふ》をはかしめたのである。

卑弥呼は魏帝より黄幢を戴き、かつての委奴国の再興を夢みて倭国統一をめざした。

しかし、いよいよ本格的に事を起こそうとしたときになって急死してしまった。

魏帝からの詔書と黄幢は、卑弥呼の跡を継いだ（間に男王がいるが）壱与に引き継がれた。壱与はそれをもって卑弥呼の遺志をついで倭国統一をめざすこととなった。

統一倭国軍は、まずは、旧敵である狗奴国に侵攻し、一時的にそこを占領することができた。しかし、投馬国を服属させることには失敗した。魏帝よりいただいた黄幢も、味方の結束には役立ったが、敵対国にはなんの効果もなかった。

つまるところ、壱与は倭国統一に失敗したのである。壱与は倭国統一どころか、九州すらその配下に置くことに失敗したのである。

ここに、壱与の倭国統一の事業は大きく挫折したのであった。

壱与の権威は大きく損なわれたのであるが、それでも倭国王という地位だけは保っていたようである。そして、各国はそれぞれ半独立国状態となっていたのである。

このような状況の中で、大和朝廷はその国勢を拡大し、ひたひたと北部九州へとせまっていたのであった。

そうして壱与は死に、その後は、次の王がたてられなかったようだ。結果倭国は分裂状態となり、各国はそれぞれ自由な独立国のような状態となった。

分裂状態の北部九州にとって、大和の西進は大きな脅威であった。

特に同盟を結んでいた出雲の陥落は、大きな衝撃であった。もはや、国内においては有力な同盟国は存在しなかった。このままでは、各個撃破されるおそれがあった。うまく連合軍としてまとめたとしても、はたして大和軍に対抗できるものであろうか。

九州においてすら、壱与の時代において、二方面に敵があった。狗奴国と投馬国である。

このうち、狗奴国は徹底的に討伐し、その土地はすでに荒野と化していた。一方の投馬国は依然として健全であり、狗奴国のゲリラに援助を行い、豊後国との国境地帯では一進一退を繰り返していた。

しかも、大和は投馬国にも当然働きかけていた。つまり、九州全土を征服しようと図ったのである。

こうして、初めて金印を授受した委奴国以来、栄光ある邪馬台国は、ここに終焉の秋《とき》を迎えたのであった。

その過程は、中国の資料にあらわれている。

晋書武帝紀太康十年十二月（二八八年）に、

「東夷絶遠三十余国、西南夷二十余国来献」とある。

つまり、この年のこの月に、東夷と西南夷が同時に来献して来たというのである。

東夷三十余国とは、倭の国々であろう。

半島南端の任那弁辰諸国は、狗邪韓国として東夷三十余国の中に入っていたものであろう。

神功皇后の新羅征伐の際、高句麗・百済は挨拶にやってきたが、弁辰にあったであろう国は記述がないことから、神功皇后の時代には既に大和朝廷の配下に入っていたものであろう。

東鯷人《とうていじん》の地域は、神功皇后の第二次半島征伐（三八〇年頃）の時期に大和と百済の間で分割されていることから、それまでは、大和の支配は及んでいなかったということになる。

第二節　景行天皇紀

日本書紀景行紀

第十二代景行天皇は、軍を率いて九州に遠征し、まつろわぬ（従わない）者たちを征服し、九州一円を大和朝廷の支配下に置いた。

紀によれば、十二年秋七月、熊襲《くまそ》がそむいて貢物を奉らなかったので、天皇は八月十五日に筑紫に向かわれたという。もちろん大軍を率いてである。九月五日には山口県佐波（周芳の娑麽《さば》）に着いた。

すると、神夏磯媛《かむなつそひめ》という首長が現れていうことに、「わたしの仲間は背くものはないが、宇佐の川上や御木の川上や高羽の川上や緑野の川上にいる者たちは、『皇命にしたがわない』といっています。速やかに討たれるのがよいでしょう」と申し上げた。

神夏磯媛は華奴蘇奴《かとそと》国の女王であった。天皇の使いがやってきたことを聞いて、磯津《しつの》山の賢木《さかき》を抜き取り、上の枝に八握剣《やつかのつるぎ》をかけ、中枝に八咫鏡《やたのかがみ》をかけ、下枝に八尺瓊《やさかに》をかけ、白旗を船の舳先にたててやってきたという。

そこで、天皇は従わないという彼らを、赤い上衣や褌《はかま》や種々《くさぐさ》の珍しい物を送って誘った。彼らが、それぞれ仲間をつれてやってきたので、全部とらえて殺してしまった。

彼らは平和を願い、戦いをする気はなく、大和の天皇に従属するつもりでやってきたようであるが、神夏磯媛の讒言《ざんげん》をきいた天皇によって殺されてしまった。神夏磯媛は、天皇を使って、自らの敵を葬ってしまったわけである。

十月になって大分県に着いた。この時も速津媛という者が、やはり自らの敵対者の名をあげて事情を説明し、強いて呼ばれたら兵を起こして戦おうと言っていると申し上げた。

これは本当であろう。北九州において、講和に応じた者たちを皆殺しにしてしまったということは、既に各地に知れ渡っていたことであろう。よって、戦おうと戦の準備をしていたのである。ここで初めて大掛かりな戦闘が行われた。

激しい戦いが行われたが、皇軍は各地で勝利し、最後に打猿なる者たちはかなわないと思って「降伏します」と言ったが許されずに、みな自ら谷に身を投げて死んだ、とある。自ら身を投げてというが、大軍で押し包んで崖からおい落としたのであろう。

大分県大野郡千歳村現豊後大野市に高添遺跡群というのがある。大分県南部の大野川の中流に位置している。旧石器時代から縄文時代、そして弥生時代と継続して人々が居住していた遺跡群である。

この地域の弥生時代の社会が大きく変わるのは後期になってからで、後期後半は一つの画期を迎える。すなわち遺構が数を増し多様化するとともに、多様な遺物が出土する。この傾向は古墳時代前期まで続く。

そして、高添台地の南側を流れる茜川を挟んで対峙する鹿道原《ろくどうばる》台地でも、弥生時代後期から古墳時代前期前葉の大規模集落が発見され、約二三十基の竪穴と高床式倉庫群三十基が発見された。特筆すべきはその規模だけではなく、高添遺跡と同様に良好に残された遺構にあり、多くの焼失住居跡や竪穴の建築や廃棄に関係すると考えられる土器埋納柱穴、また、大量に発見された完形の土器などが多くみつかっている。

古墳時代前期前葉以降になると、突如として台地上から人的活動の痕跡が消えてしまう。その減少ぶりはあまりにも劇的で、関係する遺跡は数カ所しか周知されておらず、散在的に横穴墓や古墳が残されている程度である。

このことから、政治的な大規模かつ強制的な移動が行われたのではないかとも考えられている。

(『高添遺跡』)

崖から追い落とされたのは、打猿ら首謀者ばかりではなく、集落の民全員であろう。この後、集落を維持していくものはいなくなったのである。

遺跡は史実を物語っているのである。

十一月には、日向の国について行宮《かりみや》の高屋宮《たかやの》を建てた。

十二月になって熊襲を討つことを考えた。熊襲の勢いが盛んなるを知り、策略をめぐらした。

それは、熊襲梟帥《たける》の二人の娘を利用することであった。

二人の娘を呼びよせ、姉をいつわり寵愛した。そこで女は、「熊襲の従わないことを気になさいますな。私に、良い謀《はかりごと》があります。一人二人の兵を私につけてください」といって、家に帰り、強い酒を父に飲ませて酔いつぶれさせた。女はひそかに父の弓の弦を切っておいた。そこへ従兵の一人が進み出て、熊襲梟帥を殺した。

天皇はその不孝のはなはだしいことをにくんで、女を殺させた。ひどい話である。

しかし、ちょっと待ってほしい。この話、どこかで聞いたことがある。そうだ、これは古事記に出てくる倭建命《やまとたけるの》の熊襲退治の話にそっくりではないか。

どうやら、この話をもとに、倭建命の熊襲退治の話が創作され、それが流布し、古事記の編者も古事記の中に組みいれたのである。

古事記には景行天皇の九州征伐の話は載っていないが、この倭建命の話がそれに相当するのであろう。

倭建命（紀では日本武尊《やまとたけるの》）は、九州に行ったのであろうか。

どうやら、九州に行ったのは本当のことのようである。いや、行ったことに間違いはないであろう。景行十二年は、西暦三二〇年秋年（景行紀からは二倍年暦）のことである。日本武尊は三〇七年の生まれであるから、この時には十三歳ぐらいで、父の景行天皇が九州に出陣したとき、一緒について行ったものである。

とはいっても、古事記のような活躍はしていないであろう。

後に、日本武尊が東国に派遣された時も併せて、彼を一代の英雄に祭りあげることにより、一般大衆の支持を得ようとしたものである。さらに彼の人気を高めるために、諸々の有名な話を取り込み、彼の業績としたのであろう。例えば、出雲振根が弟を暗殺した事件にヒントを得て、九州からの帰途、出雲建退治の話を作りあげた。古事記の、命の西国征伐の話は全て創作とみてよいが、東国に赴いた話はどうであろうか。

日本書紀と古事記では、地名については、大きな差異のみられるところがあるが、その内容については、おおむね正しいのではないかと思われる。

尊が火攻めにあった場所は、日本書紀では静岡県焼津となっているが、これだと、次の走水《はしりみず》の話までの間に箱根を越える必要がある。

古事記では、相模国（神奈川県）に行った時の命の歌として、

「さねさし相模の小野の燃ゆる火の　火中《ほなか》に立ちて　問いし君はも」というものがある。

この歌からみるならば、この場所は神奈川県厚木市小野のことであろうと考えられる。命一行がおびき出された広大な葦原の中にある大沼とは、相模川沿いの河跡湖である長沼であろう。

帰路、命は病み疲れて、當芸野《たぎの》についで病気がひどくなった。古事記では、

「其地より発たして、當芸野《たぎの》の上に至りまししし時、詔りたまいしく、『吾が心、恒《つね》に虚《そら》より翔《かけ》り行

かむと念《おも》ひつ。然るに今吾が足得歩《えあゆ》まず。たぎたぎしくなりぬ。』とのりたまひき。故、其地を號《なづ》けて當芸《たぎ》と謂ふ。……甚疲《いとつか》れませるによりて、御杖を衝《つ》きて稍《やや》に歩みたまいひき。故其地を號けて杖衝坂《つゑつき》と謂ふ。……其地より幸《い》でまして、三重の村に到りましし時、また詔りたまひしく『吾が足は、三重《みへ》の勾《まがり》の如くして甚《いと》疲れたり。』とのりたまひき。故、其地を號けて三重と謂ふ。それより幸い行でまして、能煩野《のぼの》に到りましし時、国を思《しの》ひて歌ひまひしく、……この時御病甚急《みやまひいとには》かになりぬ。……御歌よみたまひしく『嬢子《をとめ》の床《とこ》の辺《べ》に　我が置きし　つるぎの大刀《たち》　その大刀はや』と歌ひ竟《を》ふる即ち崩《かむあが》りましき。ここに、駅使を貢上《たてまつ》りき」とある。日本書紀では伊吹山の神を退治しようとして失敗、病気になった。都に戻る途中、能褒野（記では能煩野）について病気がひどくなった。能褒野にて崩御されたという。

古事記の記述で不審に思うのは、命が病にとりつかれているのに、歩いて大和へ向かっているということである。最後は足が三重のように曲がってしまい歩けないと言っている。命ほどの身分のものが、馬に乗れないのか、ということになり、言ってみれば、軍の大将が馬にも乗らず徒歩で進んだと書いているのである。

当時日本に馬が居たのか、という問題もある。神代の話になるが、高天原には馬がいたことになっていて、天石屋《あめのいわやと》事件では重要な役割をなしている。

しかし、魏志倭人伝では、牛馬なしと記述されている。倭人伝の世界は九州の話であり、命の東国征伐とでは場所が違うのであるが、古事記のこの説話からみると、馬がいなかったようにも聞こえる。それでいて、日本書紀においては、「馬は行き悩んで進まない」とあり、また徒歩で帰途についたような表現もない。

馬の存在については、古い例では、古事記崇神天皇記の所で、駅使（はゆまづかい）として、伝令に馬を使用していたような既述がある（ハユマはハヤウマの転訛）。四道将軍が出発する箇所にも、馬を返してと馬が出てくる。また、蒜《ひる》を噛んで人や牛馬に塗るとある。

日本に牛馬が存在したのかについては、私は、一時期日本から牛馬が居なくなり、神功皇后の時、半島から持ち込まれたものとの説をたてたことがあったが、どうであろうか。よく、論争の中で、馬は神経質であるがために、水上輸送は無理だとの説を立てる人が多いが、元寇のときには元軍は馬を持ちこんできたし、また朝鮮の役のときも、多くの馬が半島に渡っていることを考えると、結構、水上輸送に耐えうるのではと思う。ちなみに、アメリカ大陸の馬は全て、旧大陸から船で運ばれた馬の子孫である。

閑話休題、景行天皇の九州征伐の件に戻ろう。

十三年夏五月には襲《そ》の国をことごとく平らげられた。高屋宮においでになることすでに六年という。この六年とは、十二年に遠征が始まり、高屋宮に六年いたので、次への出発は十八年春三月となる。天皇は帰京しようとして、九州を西にまわろうと筑紫へと向かった。六年間とは倍暦であるから実数三年間の逗留である。

この年月の多さからみて、天皇の最初の目的は日向国、つまり投馬国の征伐であったことがわかる。そもそもの発端は、「熊襲がそむいて貢物をたてまつらなかった」である。

投馬国が、約束した貢物を奉らなかったということであろう。しかし、投馬国に到着して直ちに開戦とはいかず、熊襲の王（投馬国王）の娘を召した。そして彼女に案内させて投馬国王を暗殺している。

投馬国王が貢物を奉らなかったのは、おそらく故意ではなく、貢物を運ぶ途中に、天候の悪化か海賊に襲われて大和に届かなかったからであろう。天皇が日向に来た時、おそらくそのことに投馬国王も気づき、申し開きをして納得してもらったのであろう。であるから、娘を差し出したのである。しかし天皇は、投馬国を滅ぼしたいと思い、欺いて娘に承知したとしての酒肴を持たせ、供をつけて王の所に行かせ、油断していた王を殺害したのであった。

そして、それを娘のせいにして、処刑したのであった。

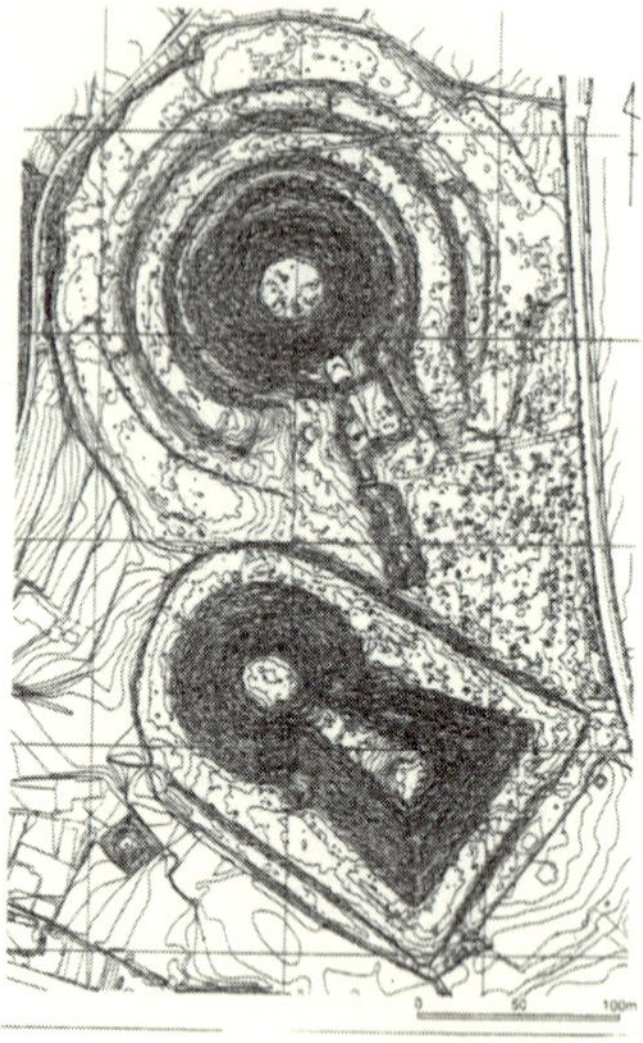

男狭穂塚・女狭穂塚測量図

投馬国は垂仁天皇の時代に大和の配下に入ったのであるが、そのときには、旧投馬国の支配層はそのままの形で国を治めることとなったはずである。

この時代は、諸国が大和のもとに団結するその象徴として前方後円（方）墳を築くと決められていた時代であるから、この、大和との連衡に参加を決定した投馬国王は、その死後、当然のことながら前方後円墳を築造し、その中に葬られた。

それが、西都原《さいとばる》古墳群の中の最大の墳墓である男狭穂塚《おさほづか》である。

しかしながら、景行天皇の九州征伐のおりには、天皇に恭順の意を表していたにもかかわらず、投馬国のような強大な国が温存されていることが気に入らなかった大和朝廷によって、策略をもって滅ぼされたのであった。

その後、旧投馬国は日向国《ひむかのくに》となって、景行天皇が高屋宮においでになるとき召した御刀媛《みはかしひめ》に産ませた豊国別皇子《とよくにわけのみこ》が国造となった。

その墓は、大和朝廷支配の象徴である前方後円墳の女狭穂塚《めさほづか》である。

その墓は、男狭穂塚の前方部を破壊し、その上に若干のっかるようにして築造されたのであった。

これは前支配者である投馬国王の係累をはっきりと否定することをみせつけるものであった。

しかし、最後の投馬国王への国民の思慕の念は消えず、その後も、男狭穂塚のある西都原に墓をつくることが続けられたのである。

それでは、救国の英雄彌彌王の墓はどこであろうか。やはり、西都原にあったであろう。但し、古墳時代ではないので前方後円墳ではない。しかし、埋葬地は知られ、墓としてはある程度の規模であったろう。

参考になるのは、卑弥呼の墓である。邪馬台国が消滅したのち、その土地の支配者は入れ替わったようである。そして、新支配者は卑弥呼の墓の上に自らの墓を築造したのである。茶筅塚古墳がそれである。

つまり、前支配者の否定である。これを考えるならば、投馬国王彌彌の墓は、大和の血を引く新支配者豊国別皇子の墳墓、女狭穂塚の下に在ると考えられる。

阿蘇国

十八年春三月になると、天皇は帰京しようとして、今度は九州を西にまわって筑紫へと進んだ。これは征伐が目的ではなかったようで、巡幸と書かれている。とはいっても従わない者がいる場合は討伐しながら、ではある。

夏四月には熊県《くまのあがた》（熊本県球磨郡）に着いた。従わない者を討ち、海路から葦北の小島に着いた。

五月一日には、葦北から船出して火国に着いた。日が暮れたが、遙かにみえる火の光に向かって行き、岸に着くことができた。その時の火が誰のものかわからなかったことから、その国を名づけて火国とした（不知火《しらぬい》の伝説のもとである）。

六月十六日には、阿蘇国に着いた。その国は野が広く遠くまで続き、人家がみえなかった。天皇は、「この国に人がいるのか」と問われた。そのとき二人の神、阿蘇津彦と阿蘇津媛が、たちまち人の姿になり、やってこられて、「私たち二人がおります。どうして人がいないことがありましょうか」といわれた。それでその国を名づけて阿蘇という。

秋七月四日には、筑紫後国《つくしのくにのみちのしり》の三毛（福岡県三池）に、七日には八女《やめ》県（福岡県八女郡）に、八月、的邑《いくはのむら》（福岡県浮羽郡）についた。

十九年秋九月二十日、天皇は日向から大和にお帰りになった、とある。（一部省略）

十八年三月に日向国を出発してから、大和に帰京したのが十九年秋九月二十日であるから、九州を西にまわって、瀬戸内海を東に進み、大和の都に着くのに一年七カ月、倍暦であるから、十カ月近くかかっている。こうしてみると、九州西部はそれほど大きな戦闘はなく、巡幸という言葉にあうような進軍であったとみられる。

統一倭国と狗奴国及び投馬国との戦いは延々と続き、壱与が死んだのちにようやく終息をみたものであろうか。その後両国とも、大和の配下に入ったのである。

しかし、戦いが終わったからといって、直ちに元の通りに戻るわけではない。旧狗奴国の領土は完全に疲弊しきっており、景行天皇の時代になっても、日本書紀に書きあらわされたような状態なのであった。

大和朝廷が九州を配下におさめたのは二九〇年頃と私はみている。景行天皇の九州遠征は、三二〇年に始まっているのであるから、実に平和が訪れてから三十年たっても、回復していなかったのである。

天皇日向より帰る

景行天皇は筑紫を巡幸し、最後に日向から大和へと帰ったという。阿蘇からのコースは、三毛（三池）↓八女県《やめのあがた》（福岡県八女郡）↓的邑《いくはのむら》（福岡県浮羽郡）↓日向となる。

つまり、福岡県南部にある浮羽郡から、また日向に戻り、そこから大和へ帰ったというのだがこのことは、以前から不可思議とされていた。

ところが、この日向は、福岡県福岡市西区の日向《ひなた》であるという説が登場した。

福岡湾一帯にかけてが真の日本神話の舞台であるというのである。

そして、ここは神武天皇の故郷であり、かつ東征の出発地でもあるというのである。

そう考えるならば、景行天皇が寄ったいわば最終到着地が福岡市西区だとすれば、宮崎県に戻る必要もなく、実につながりよく帰京できるのである。

天皇が東九州では、無理やりともいえる討伐を行ったのに対し、西九州においては、さしたる戦もなく、特に福岡県に入ってからは、スムーズに進んでいる。

それは、福岡県が天皇家の出身地であったからである。つまり、自身の先祖の地を荒らしたくなかったからである。かわりに、東九州は徹底的に叩き、大和に逆らうとこんな目に会うぞとみせつけて、西九州勢が逆らうことのないようにしたのである。

ここから先は肥前国風土記を読みながら進んでいこう。

続いて天皇は邪馬台国の故地である肥前の国へと進んだ。ところどころの賊を征しながら進んでいった。

邪馬台国の都であった小城甘木については、景行天皇紀には何もないが、肥前国風土記には、日本武尊が九州に行った際には、現小城市の地には堡《おき》があったとされている。わざわざ風土記にのっているほどであるから、かなり立派なものであったのだろう。そこの土蜘蛛《つちぐも》を討伐している。この堡は、邪馬台国の都の環濠で、それを利用して豪族が砦としていたのであろう。当時、卑弥呼の都の名残をまだとどめていたようである。

風土記によれば、天皇は西の海を渡って唐津に達している。船での移動のようである。肥前風土記ではここまでである。さらに東へ進むと、筑紫国に入るからだ。

日本書紀では、日向から大和に帰還したとしている。この日向は、福岡市西区の日向であるとするのが最も合理的である。宮崎県からでは、なぜ福岡から宮崎へまわるのかの説明がつかない。

一方、風土記においては、宇佐に行宮を構えている。但しこの宇佐は、豊前国の宇佐ではなく、博多の近くにも宇佐の地があったと考えられる。宗像《むなかた》三女神が降臨したのは、葦原中国の宇佐とあることから、やはり福岡市周辺にあったのであろう。おそらくこの地は、神功皇后が応神天皇を出産したところから宇美と名を替えていると考える。

しかし、宇佐が九州征伐の最終地であるならば、宇佐より大和に帰還と書かれていなければならない。

問題は、この宇佐と日向の空間をどう埋めるかということである。筑後から北上してきた場合、コースは二つ考えられる。高良山から北上しそのまま博多に進み宇佐に到着するか。もう一つは、高良山から西に進み、西の海を回って、唐津、日向、宇佐と来るかである。

そこでもう一度、景行天皇の筑紫での行動をみてみよう。

肥前国風土記の彼杵《そのき》の郡《こほり》と浮穴《うきあな》の郷《さと》に、神代直《かみしろのあたひ》という人物が出てくる。この人物は宇佐にいる天皇の命をうけ長崎方面の賊の平定を行っている。

こうやってみると、景行天皇肥前国巡幸記は、どれくらいの真実性があるのかと考える必要がある。特に船団を引き連れて、五島列島から平戸島、そして、唐津にと、海上を進んだとあるが、当時としては、かなり危険な行為ではないだろうか。

よって、私としては、もっと証拠があげられないと、そのまま信じるというわけにはいかないのである。

しかし、日本武尊の記述や、神代直の記述からみて、大和朝廷は西九州においては、親征ではなくとも、人をやって討伐したことはあったであろう。

どうしてもひっかかるのは、宇佐と日向である。

この二カ所は、前述したように、共に神武と関係のあるところである。となれば、景行が、遠征の最後に先祖に縁のある土地を訪れたとみることができる。

そうすると、景行のルートは、南の高良から北上し、現宇美町である宇佐に到着し行宮を構え、その間に福岡市西区の日向までいって、最後は船で帰京したということになる。

肥前風土記の記載をもう一度みてみよう。

肥前佐賀平野はかつての邪馬台国の中枢部である。その地は景行天皇の時代には各所に豪族が割拠していたようである。邪馬台国は消滅してしまい、その痕跡をわずかに残すだけとなった。

卑弥呼と壱与の都であった小城甘木には、土蜘蛛が居て、堡を造って天皇に反抗したという。これは、前述したように、邪馬台国の都の土塁や濠の跡を利用したものであったろう。

倭人伝に、「宮室・楼観・城柵、厳かに設け」とある。宮室楼観は既に失われていたであろうが、城柵や濠などは、残っており、そこに籠もっていた豪族が居たようだ。

卑弥呼の墓の上には、茶筅塚という前方後円墳が築かれている。四世紀後半だというから神功皇后の時代のものである。これもやはり新支配者は旧支配者の後継ではなく、古き勢力者を否定する意味で造られたものだろう。

後章

卑弥呼の金印の行方

卑弥呼が下賜された「親魏倭王」の金印は、その死後どうなったのであろうか？

大勢の見解は、卑弥呼の葬儀の時に共に埋葬されたとしている。

金印の行方は極めて重要なのである。というのは、この金印の有無が、卑弥呼の墓を決定づけるものだとの定見が主流を占めているからである。

つまり、卑弥呼の墓からは金印が出土するという固定観念があり、これはともすれば、真の卑弥呼の墓が発掘されても、金印がないから卑弥呼の墓ではないと、決めつけられかねられない危険性を孕んでいる。

そこで、金印が卑弥呼の死と共に密かに埋納されたのかどうかを考察していきたい。

そもそも、この金印の印面は、「親魏倭王」であり、卑弥呼の名はない。この印は、倭国王に与えられた物であって、卑弥呼個人に与えられた物ではない。漢の時代の、「漢委奴国王」と同様に、国や位階に与えられた物である。であるから、倭国が中国の王朝に貢献するときに封印として使用される物である。

ということは、この封印がないと、正式の貢献とは認められないということであり、「漢委奴国王」印の紛失により、苦汁を嘗めたこともあり、卑弥呼自身、そして臣下もその重要性をよく認識していたのである。

3世紀における倭の諸国

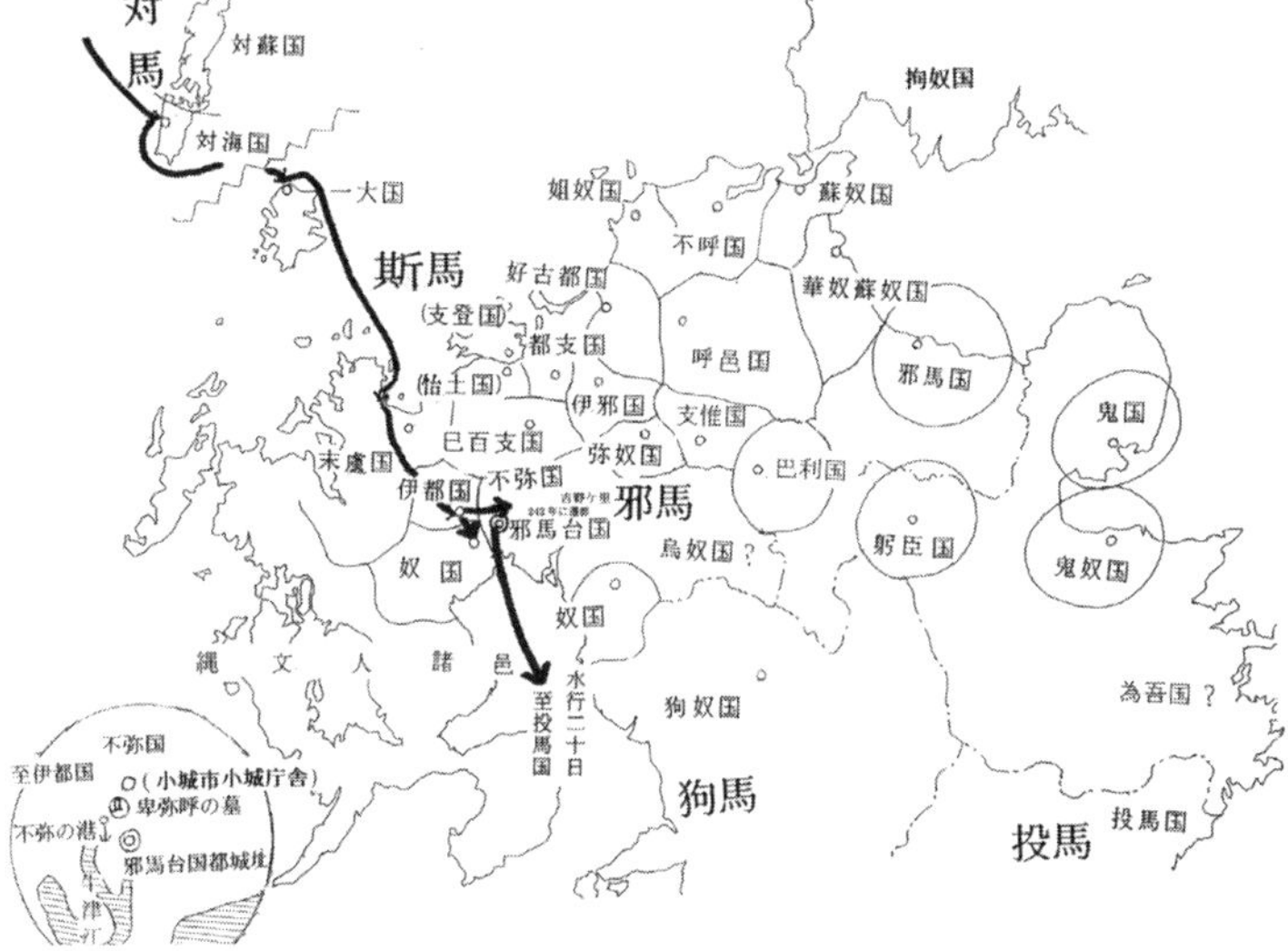

よって、この金印が卑弥呼と共に埋葬されたということはあり得ないのである。

これは伝世によって使用されるものであるから、卑弥呼の死後は壱与に引き継がれ、壱与の魏への貢献のときに使用されたのであり、魏の滅亡の時まで使用されたのである。

それは、二六五年の晋への禅譲による魏朝の滅亡までである。それ以後は、魏の国号の入った印は使用することができず、間違ってでも使用したならとんでもない不忠ということになる。

壱与は、二六六年に成立したばかりの晋に朝貢して、改めて晋の臣下であることを認められ、国王の授号と国印の授受をしたのである。そのことの記録はないが、その印面は、「親晋倭王」であったろう（漢のときの金印以来、倭国が戴く印材は金であり、鈕は蛇となっている）。

それでは、使用済みとなった「親魏倭王」の金印は、その後どうなったであろうか。

考えられることの一つは、用済みであるとして、潰して他の物に加工したことが一つ。しかし、卑弥呼の墓に、収められたということはないであろうし、壱与はまだ生きている。

ところで、実は、この「親魏倭王」印の印影といわれるものが存在する。しかも中国で、である。この印影は、中国の、「宣和集古印史《せんなしつこいんし》」に載っているものであるという。しかし、この書は偽書である。となると、その中の、「親魏倭王」の印影も怪しいとなる。しかも、この印は、日本に渡ったものであるはずなのに、なぜ中国にあり印影が押されたのかということになる。

というわけで、どうやらこの印影は偽物であるようなのである。が、ここで一つの問題が出てくる。「親魏倭王」の印鑑が中国にあってはいけないのか、ということである。この印が中国に渡った可能性は、実はある。つまり、何かの事情でもって、中国に戻っていたということが考えられる。

その機会は、魏と晋の政権交代のときであろう。魏と晋が政権交代したので、それまでの貢献に使用されていた魏の印は使用不可となり、新たに晋の印が必要となったことから、壱与は魏の印鑑を中国に持って行き、晋の印と交換したことも考えられる。となると、中国でこの印影が捺印されたということも、可能性としてはある。かといって、この印影が本物であるとは限らないし、いままでの経過からみて可能性は低いであろう。結局「親魏倭王」の金印の存在は不明であるということになる。しかし、卑弥呼の墓に埋納されていることは絶対にない。

では次に、壱与の戴いた「親晋倭王」の金印はどこに行ったのかという問題がある。この金印の記録はないことから、皆のこれへの関心は低いのであるが、いままでの経緯から考えると、まず確実に存在したであろう。

それでは、この金印はどこに行ったのであろうか。

この金印が中国に戻されたということはない。壱与の崩年の二八五年は晋の時代であり、中国での政権交代はないからである。

壱与が死んだ時には、都の小城甘木の宮室にあったはずである。問題はその後である。倭国が滅んだのは、壱与の死亡から数年後のことである。滅亡の理由は大和朝廷に併合されたからであり、そのときに、武力による抵抗はなかったようであり、平和裏に政権は移譲されたようである。

そのときに、従属する証しとして、金印を大和朝廷に渡したことであろう。出雲の神宝のように。よって壱与の金印は大和朝廷にわたり、保管されていたはずである。

もし現在も存在するとすれば、皇居で宮内庁が保管していることになる。

大和朝廷の誤算

さてこの金印を手に入れた大和朝廷は、どう使ったのであろうか。

当然、中国への貢献に使おうとしたであろう。

考えてみよう。先祖の神武天皇が、福岡市西部の日向から、東へ新天地を求めて旅立って畿内中央部の奈良に定着することに成功し、以来、百六十年の年月をかけ、周囲を征服し、更に西進して故郷の九州をも征服することに成功したのである。

しかも、これで倭国全体を支配化に置いたことになり、垂仁天皇は、倭国王を名乗る資格を得たのであった。しかし、当時の東アジアは、中国を中心として回っていた。結局は、倭国を統一したにせよ、それを中国に承認されなければならない。

大和朝廷も、崇神以来、外国から入国した人達からそれを聞いていたろうし、九州を統合した際にも、対外交渉について、聞きとっていたものであろう。

そこで、大和は、中国に使節を派遣することになったであろう。やり方は、一応政権の交代は、九州王朝から大和への禅譲のような形であったから、九州の官吏から聞くことができた。

そして、「親晋倭王」の金印も使えるかもしれない。

そこで大和は、行列を整えて、使節団を派遣したものであろう。使節の手には、金印で封印された上表文があった。

さてこの貢献は、中国の記録にあったであろうか。ところが、どこを探しても記録がないのである。

では、大和は中国に貢献しなかったのであろうか。

使節はまず、帯方郡に到着したものである。ちなみに、大和による全国統一は二九〇年代の初めであるが、東夷が貢献していた楽浪・帯方両郡は三一三年頃に高句麗により攻め滅ぼされた。しかし、当時はまだ健全に機能していたとみてよい。

さて、帯方郡に到着した使節は、どの国の使節でも、ついで京師へと行けるわけではない。そもそもほとんどの国々の貢献は、郡で受けつけられるものであり、特別な使節や用件のときのみ使節は京師に案内された。

では、大和の使節が到着した時、郡はどのように対応したのであろうか。

当然郡太守は、この使節の正当性を確かめ、封印に使われている金印の出所が問われたものだろう。その結果は、大和は委奴国（邪馬台国）の正統な後継とは認められなかった。大和は、邪馬台国の政権を纂奪したものとみられたのであった。もちろんこれは、晋の朝廷に窺いを立てて決定したものだろう（とりあえず、使節を京師まで送ったかもしれない）。

考えてもみよう。倭国邪馬台国が滅びる時、三十余国はまとまって中国に朝貢したのである。それは、大和朝廷からの圧迫に対して、晋の助力を願って来たのだ。その時、晋は武力の援助はしなかったが、口先だけは応援したのである。詔書と黄幢を渡し、檄を与えたかもしれない。

たとえ口先だけであろうが、晋は、倭国邪馬台国を支持したことになる。

その支持した国が滅ぼされたのである。

そして、それを滅ぼした当の本人が、新倭国王として承認を求め貢献して来たとして、晋は、「はいそうですか」と認めたであろうか。いや、それはないであろう。

言ってみれば、これは面子の問題でもある。どうにも委奴国の系統ではない新倭国王（自称）を認めるわけにはいかなかった。晋がかつて支持し認めた政権を倒して変わった新興国を認めるわけにはいかなかったのである。

かくして、大和朝廷の使節は空手で、大和に戻らざるをえなかった。

その後大和朝廷は、中国へ長い間貢献することはなかった。

西晋から東晋に変わっても、認められなかったか使節を送らなかったようである。

大和朝廷がようやく東晋に貢献をしたのは、倭王賛（仁徳天皇）が即位（四一一年秋年）してからの、四一三年のことであった。

邪馬台国の都のその後

卑弥呼が最初に都した吉野ケ里は、廃都となった後も、若干の住民が住んでいたようである。古墳時代にはいると、前方後円墳や前方後方墳が築かれていたが、やがて畑となり、濠なども自然に埋められていった。

それが脚光を浴びたのは一九八九年の吉野ケ里発掘のニュースからであった。当時、遺跡のあるこの大地は工業団地として造成することになっていたため、調査のために発掘をしていたのであるが、発掘が進むにつれてあまりにも巨大な遺跡であったことから、研究者の注目を浴び、考古学者の佐原真氏が、邪馬台国を彷彿とさせると発言したことから、邪馬台国の都ではないかと大騒ぎになったものである。

事実そこは邪馬台国の卑弥呼の都ではあったのではあるが、その後、邪馬台国の都ではないとなってしまい、吉野ケ里邪馬台国説者は極少数となってしまった。

しかし、面白いものである。邪馬台国の都説は否定されながらも、遺跡の復元は、女王の都であるようにされているのである。

ここは日本有数の弥生遺跡であることから、現在は国立公園として整備されている。

しかし、ここまでくるにはひやひやものであった。遺跡が潰されて工業団地になっていた可能性も大きかったのである。

この遺跡の保存には佐原真氏の発言が大きかった。その後各地の遺跡が発掘され保存されるようになったのは、氏の功績が大きいと私は思う。もし彼の発言がなければ、三内丸山は野球場になり、妻木晩田はゴルフ場になっていたことであろう。そう考えるならば、彼は文化勲章を五つ六つ束にしてもらえるほどの功績をあげたといってよいであろう。

女王の都

壱与が亡くなったあと、ほどなく邪馬台国は滅んだのであり、北部九州も大和の支配下となってしまった。小城甘木の都の跡は、肥前国風土記によれば、土地の豪族が都の濠跡などを利用して砦を築いたこともあったようである。

それらもやがて埋め立てられ水田地帯となってしまい、その痕跡すら残されていない。今でもほとんど手つかずである。ただ、女王の都があった名残の甘木という名のバス停があるだけである。

卑弥呼の墓の桜ケ岡は春になると桜の花が咲き乱れ、多くの花見客で賑わっているのではあるが、ここが邪馬台国終焉の地であることはほとんど知られていないのである。

おわりに

佐賀平野の西端、小城市甘木に邪馬台国を発見してから二十年の歳月が過ぎた。

その間、研究を続け、書にまとめて世に問うた。

一作目が「倭国歴訪」であった。一九九九年のことであった。

もちろん、所詮は百を超えるとかいう邪馬台国候補地の一つに過ぎず、反応はほとんどなかった（邪馬台国を発見したらベストセラーになるという言葉にはしっかり騙された）。

しかし、一作目を書いているうちに、新しい課題が生まれ、その成果を第二作「卑弥呼の登場」として上梓した。これは、邪馬台国を含む倭国の歴史を説いたものであったが、ほとんど売れなかった（邪馬台国の地理論について省いたためであったようだ。それで、第三作には地理論を入れ、今回もはじめに邪馬台国の地理論を加えた）。

この「卑弥呼の登場」は、古事記・日本書紀の中から、史実と思われるものを抜き出し、新しい解釈でもって歴史を語ったものであった。

そしてさらに、記紀研究を深め、当時記紀の編者の全くの創作といわれていた神功皇后紀について、科学的に検証し、実在していたと考えてなんら不都合がないことを証明した。この書「神功皇后は実在した」には、邪馬台国地理論として「メジャーで辿る邪馬台国」を付録とした。

そうして今回は、邪馬台国の終焉と大和朝廷による全国制覇、倭国統一までの倭国日本の歴史について述べた。

邪馬台国については、中国資料が中心となった。大和については、中国朝鮮資料の他に、記紀等の日本の資料が大きな役割を果たした。記紀も歴史書として十分活用しうることがわかったからである。今まで記紀が無視同然の扱いをうけてきたのは、その年代が実用的でなかったからに他ならない。その年代の解読が大きな鍵であった。今まで在野の古代史家の間で秘かにささやかれていた倍暦のことである。

大和と邪馬台国、当時の日本には大和と九州との二極が存在していたのである。

現在までの邪馬台国は畿内なのか九州なのかと二極で論ぜられていたのであるが、現実は、それぞれに独立した政権が存在していたのである。

先に書いたが、一方の大和の政権についての研究は、記紀の復権により今後大きな進展がみられるものと期待している。

そのポイントは、日本書紀紀年法の解読の成功であった。

この紀年法により、大和と中国朝鮮資料による倭の年代とが矛盾なくつながるのである。

その結果、日本の古代史は、新しい視点から見直されていくことであろう、と期待するものである。

日本書紀紀年法については、「神功皇后は実在した」に載せてあるが、これは景行紀から雄略紀までであり、その内容も不満足なものであることから、改めて国譲りから徐明紀までを加えたものを上梓する予定である。

終わり

倭国及び倭国関係年表

BC150　漢　BC100　BC50　BC 0　AD

始	元号	終
163	後元	150
149	中元	144
143	後元	141
140	建元	135
134	元光	129
128	元朔	123
122	元狩	117
116	元鼎	111
110	元封	105
104	太初	101
100	天漢	97
96	太始	93
92	征(延)和	89
88	後元	87
86	始元	81
80	元鳳	75
74	元平	74
73	本始	70
69	地節	66
65	元康	62
61	神爵	58
57	五鳳	54
53	甘露	50
49	黄龍	49
48	初元	44
43	永光	39
38	建昭	34
33	竟寧	33
32	建始	29
28	河平	25
24	陽朔	21
20	鴻嘉	17
16	永始	13
12	元延	9
8	綏和	7
6	建平	3
2	元寿	1
1	元始	5
6	居摂	7

景帝 57〜41

武帝 140〜87

97 史記成立（司馬遷）

昭帝 87〜74

宣帝 73〜49

元帝 48〜33

成帝 33〜7

哀帝 BC6〜BC1

平帝 AD1〜AD5

5 東夷王、国珍を奉ず

朝鮮　漢・楽浪郡

武帝、倉海郡を創置

濊君、漢に内属

109 朝鮮王、遼東都尉を攻める

108 武帝、朝鮮を討つ

108 楽浪郡・真番郡・臨屯郡を設ける

玄菟郡と高句麗県あり

真番・臨屯の二郡を廃止

75 玄菟郡を蘇子汗まで後退

69 新羅始祖卵生

57 新羅初代赫居世即位

50 倭人が新羅を襲う

37 高句麗東明聖王（朱蒙）

20 瓠公、王の使者として馬韓に赴く

19 昔脱解、新羅に漂着

18 百済始祖温祚王即位

14 倭人海辺を襲う

時代

108 武帝、朝鮮を滅ぼしてより、倭の入貢あり

その旧語を聞くに自らを太伯の後と謂う（魏略）

57 池上曽根遺跡

倭人百余の小国に分立（漢書地理志燕地）

BC３２０～AD１０

王朝	BC300 戦国時代 BC250 秦 BC200 前
年代	
中国	284 燕の将軍楽毅が斉の都を陥す 燕による東胡遠征（秦開将軍）東方の遼東まで長城を築き、朝鮮に攻め入り、満潘汗（平安北道の義州の博川付近）を境界とする 221 秦の統一 207 東胡、匈奴の冒頓単于に滅ぼされる 206 秦滅亡 高祖 206～195 202 劉邦、項羽を滅ぼす 恵帝 194～188 高後 188～180 文帝 179～157
朝鮮	箕子朝鮮 ／ 衛
	334 朝鮮が燕領として初見 284 燕が真番・朝鮮を支配 BC3C 中国より難民 214 朝鮮王否、秦に服す 蒙恬、遼東まで長城増築 194 衛満の亡命 衛満の反乱 王険城（平壌）
倭	縄文時代 ／ 弥生
	219 徐福出航 210 徐福一時帰国 徐福最期の航海

弥生後期後半		古墳
弥生後期中葉	弥生後期後葉	

200	魏 250	西晋 300

Era names (年号): 永寿 / 延熹 158–167 / 建寧 168–172 / 熹平 172–178 / 光和 178–184 / 中平 184–189 / 初平 190–193 / 興平 194–195 / 建安 196–220 / 黄初 220–226 / 太和 227–233 / 青龍 233–237 / 景初 237–239 / 正始 240–249 / 嘉平 249–254 / 甘露 256–259 / 景元 260–264 / 泰始 265–274 / 咸寧 275–280 / 太康 280–289 / 元康 291–299

Emperors: 桓帝 –167 / 霊帝 168–189 / 献帝 189–220 / 文帝 220–226 / 明帝 226–239 / 斉王芳 239–254 / 高貴郷公 254–260 / 元帝 260–265 / 武帝 265–290 / 恵帝 290–306

- 158 倭、新羅に献納
- 173 卑弥呼、新羅に献納（185の間違いか）
- 184 卑弥呼漢に朝貢
- 189 少帝弁 189
- 189 公孫度遼東太守となる
- 204 公孫康帯方郡を置く
- 220 後漢朝滅亡、魏朝成立
- 230 呉、夷州・亶州を探索
- 238 魏、公孫淵を滅ぼす
- 239 卑弥呼、魏に朝貢
- 265 魏朝滅亡、西晋朝成立
- 266 倭女王、晋に朝貢
- 280 西晋により中国統一
- 289 東夷三十国来献す

倭国大乱	卑弥呼	男王	壱与	空位 285	連衡

- 158 金印を志賀島に隠匿 自称王新羅に貢献
- 妻木晩田最盛期（弥生後期後半）
- 183 卑弥呼共立、即位
- 184 吉野ケ里北内郭建設 漢に朝貢
- 239 魏に朝貢
- 242 邪馬台国と改称 吉野ケ里銅鐸廃棄 小城・三日月に遷都
- 248～250 壱与、共立される 倭国争乱千人を粛正
- 266 壱与、晋に朝貢
- 285 壱与没す
- 286 出雲振根の変 阿羅斯等来朝
- 290 大加羅国都怒我 大和朝廷と連衡

Emperors: 綏靖 150–158 / 安寧 158–168 / 懿徳 168–177 / 孝昭 177–197 / 孝安 197–223 / 孝霊 223–242 / 孝元 242–256 / 開化 256–271 / 崇神 271–288 / 垂仁 288–

左の表は、AD40年に「天孫降臨」があったと想定した場合の「記紀」の登場人物の推定生存年と各天皇の在位年を棒線で表したものである。

この図では、タカギノカミの跡をオモイカネノカミが王位を継承したと想定している。

神武から崇神までの在位は、復元日本書紀紀年法によった。

ＡＤ０～300

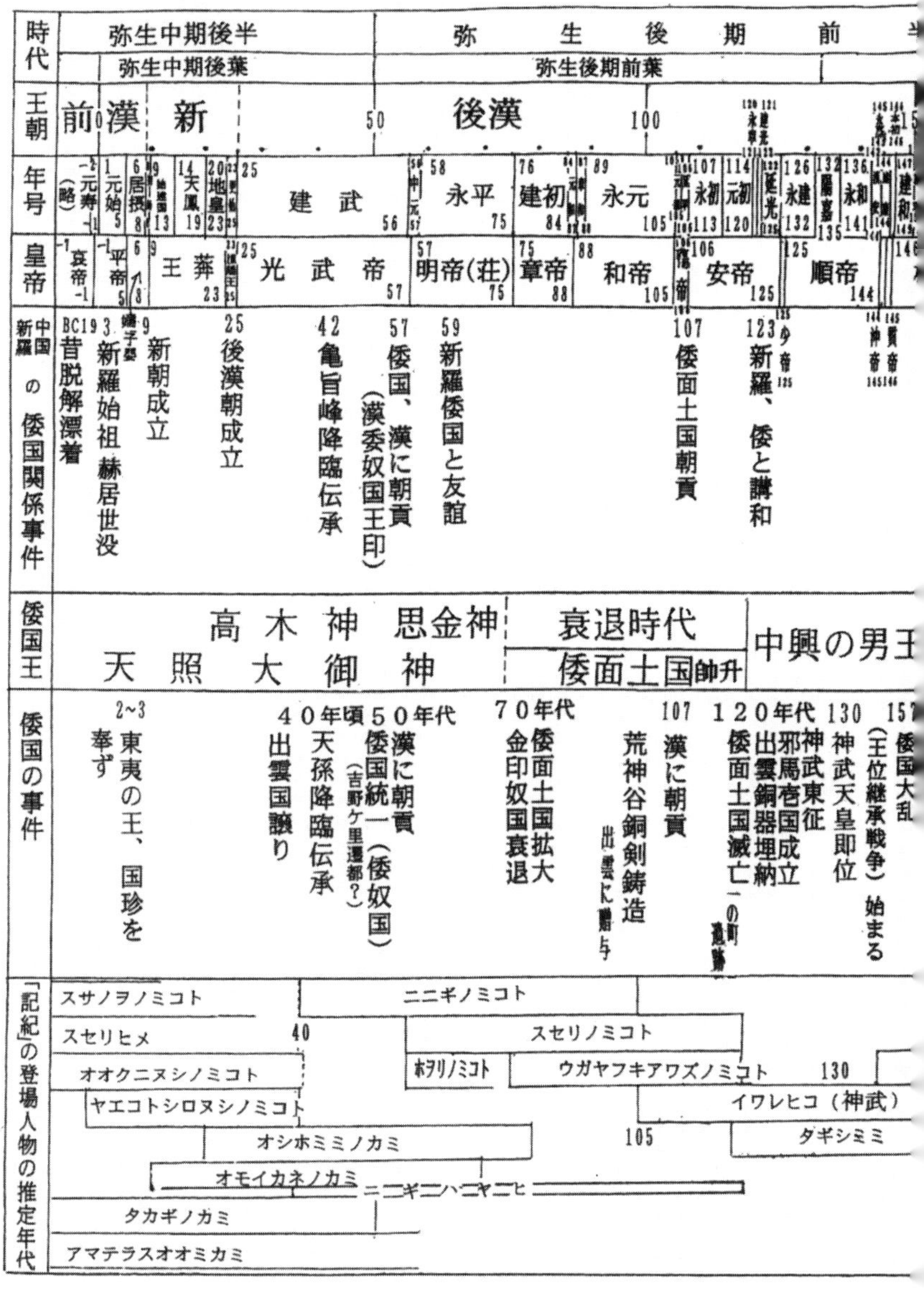
時代
弥生中期後半
弥生後期前半
弥生中期後葉
弥生後期前葉
王朝
前漢
新
50
後漢
100
年号
(略)
元寿
元始
居摂
天鳳
地皇
建武
中元
永平
建初
元和
永元
永初
元初
延光
永建
陽嘉
永和
建和
皇帝
哀帝
平帝
孺子嬰
王莽
光武帝
明帝(荘)
章帝
和帝
殤帝
安帝
順帝
少帝
沖帝
質帝
中国 新羅の倭国関係事件
BC19 昔脱解漂着
3 新羅始祖 赫居世没
9 新朝成立
25 後漢朝成立
42 亀旨峰降臨伝承
57 倭国、漢に朝貢(漢委奴国王印)
59 新羅倭国と友誼
107 倭面土国朝貢
123 新羅、倭と講和
倭国王
高木神 思金神
天照大御神
衰退時代
倭面土国帥升
中興の男王
倭国の事件
2~3 東夷の王、国珍を奉ず
40年頃 出雲国譲り
天孫降臨伝承
50年代 漢に朝貢
倭国統一(倭奴国)
(吉野ケ里遷都?)
70年代 倭面土国拡大
金印奴国衰退
荒神谷銅剣鋳造
出雲に贈与
107 漢に朝貢
120年代 神武東征
邪馬壱国成立
出雲銅器埋納
倭面土国滅亡
130 神武天皇即位
157 倭国大乱
(王位継承戦争)始まる
「記紀」の登場人物の推定年代
スサノヲノミコト
ニニギノミコト
スセリヒメ
40
スセリノミコト
オオクニヌシノミコト
ホヲリノミコト
ウガヤフキアワズノミコト
130
ヤエコトシロヌシノミコト
イワレヒコ(神武)
オシホミミノカミ
105
タギシミミ
オモイカネノカミ
ニニギ ニハヤニヒ
タカギノカミ
アマテラスオオミカミ

479	502	557	589	618
斉	梁	陳	隋	唐

500 50 600

465 泰始　477 昇明 479　479 建元　483 永明　494 建武　499 永元　501 中興 502　502 天監　520 普通　527 大通　529 中大通　535 大同　546　557 永定　560 天嘉　567 光大　569 太建　583 至徳　587 禎明　581 開皇　601 仁寿　605 大業 617 618　618 武徳

465 明帝　479 高帝　483 武帝　494 明帝　499 東昏侯　501 和帝 502　502 武帝　550 簡文帝　551 豫章王　555 敬帝 557　557 武帝　560 文帝　567 廃帝　569 宣帝　583 後主 589　581 文帝　605 煬帝 618　618 高祖

462 興 宋に貢献
477 倭国貢献
478 武の上表
479 武の昇進（斉）
502 武の昇進（梁）
612~614 隋煬帝の高句麗遠征
618 唐興る

475 漢城陥落
475 熊津遷都（百）
501 武寧王即位（百）
538 扶余に遷都（百）
554 百済聖明王戦死
562 任那日本府滅亡

461 雄略（武）479　泊瀬朝倉宮
480 清寧 484　磐余甕栗宮
485 顕宗 487　近飛鳥八釣宮
488 仁賢 498　石上広高宮
499 武烈 506　泊瀬列城宮
507 継体 533　樟葉宮　筒城宮　弟国宮　磐余玉穂宮
534 安閑 535　勾金橋宮
536 宣化 539　檜隈廬入野宮
540 欽明 571　磯城嶋金刺宮　難波祝津宮
572 敏達 585　泊瀬柴籬宮　百済大井宮　訳語田幸玉宮
586 用明 587　磐余池辺双槻宮
588 崇峻 592　倉梯宮
593 推古（阿毎多利思北孤）628　豊浦宮　耳梨行宮　小墾田宮　斑鳩宮

477 雄略(武)貢献
480 飯豊王執政
502 倭王武を征東将軍に
512 百済に任那四県を割譲
527 磐井の乱
562 任那日本府滅亡
587 物部氏滅亡
593 聖徳太子摂政
604 憲法十七条
608 隋使裴世清来日 前年に遣隋使
614 遣隋使

ＡＤ300〜620

王朝
- 西晋（306 光熙）
- 317 東晋（50、400）
- 420 宋（50）

年号
302 太安、304 永安、307 永嘉、313 建興、317 建武、318 大興、322 永昌、323 太寧、326 咸和、335 咸康、343 建元、345 永和、357 升平、362 隆和、363 興寧、366 太和、371 咸安、373 寧康、376 太元、397 隆安、402 元興、405 義熙、419 元熙 420、420 永初、423 景平、424 元嘉、454 孝建、457 大明

皇帝
290 恵帝、307 懐帝、313 愍帝、317 元帝、322 明帝、326 成帝、343 康帝、345 穆帝、362 哀帝、366 廃帝、371 簡文帝、373 孝武帝、397 安帝、419 恭帝 420、420 武帝、423 少帝、424 文帝、孝武帝

中国・朝鮮の倭国関係事件
- 342 国内城を築く（高）
- 342 慕容氏高句麗王都を攻略
- 346 倭兵新羅の風島を襲う
- 355 神功皇后の新羅遠征
- 371 高句麗王、百済と戦い戦死
- 391 高句麗好太王即位
- 396 百済、高句麗に降伏
- 400 倭兵を大いに破る（好）
- 404 倭兵の帯方侵入と敗北（好）
- 407 倭兵潰敗す（好）
- 409 応神、燕に貢献
- 413 讃 東晋に貢献
- 414 好太王碑建立（高）
- 421 讃 宋に使い
- 425 讃 上表貢献
- 430 倭王修貢
- 438 珍 安東将軍に
- 443 済が貢献
- 451 済 安東将軍に
- 46 倭国貢献

天皇
垂仁 314、315 景行 344、345 成務 351、352 仲哀 355、356 応神（旨） 411、411 仁徳（讃） 432、433 履中 435、436 反正（珍） 438、允恭（済） 459

宮処
纒向珠城宮、纒向日代宮、志賀高穴穂宮、穴門豊浦宮・筑紫橿日宮、磐余若桜宮、難波大隅宮・明宮（崩時）、難波高津宮、磐余稚桜宮、丹比柴籬宮、遠飛鳥宮

（日本の事件）
- 新羅天日槍来朝
- 315 田道間守の帰還
- 355 神功皇后の新羅遠征
- 356 逢坂の戦い
- 369 百済七支刀を製造
- 372 倭王旨百済王より七支刀を送られる
- 382 襲津彦事件
- 392 百済救援軍間に合わず
- （武内宿禰事件）
- 395 百済救援軍間に合わず
- 400 倭遠征軍敗北
- 404 倭遠征軍敗北
- 407 倭遠征軍敗北

主な参考文献

倉野憲司校注　古事記　岩波文庫岩波書店
宇治谷孟　日本書紀（全現代語訳）　講談社学術文庫
日本古典文学大系2　風土記　岩波書店
石原道博編訳　新訂魏志倭人伝他三篇　岩波文庫岩波書店
小野忠凞　高地性集落編　学生社
森浩一編　日本の古代1倭人の登場　中公文庫
菊池秀夫　邪馬台国と狗奴国と鉄　彩流社
奥野正男　鉄の古代史1弥生時代　白水社
原田常治　古代日本正史　同志社
森田誠一　熊本県の歴史　山川出版社
熊野大社崇敬会　熊野大社
古田武彦　「邪馬台国」はなかった　朝日新聞社
古田武彦　盗まれた神話　朝日新聞社
井上秀雄他訳注　東アジア民族史1正史東夷伝　東洋文庫平凡社
鄧洪波編　東亜歴史年表　臺灣大學出版文化
後藤幸彦　神功皇后は実在した　明窓出版

著者略歴

後藤幸彦（ごとうゆきひこ）

１９４７年　青森県青森市に生まれる。

１９７０年　弘前大学卒業後、相模原市教員として奉職。

１９９１年　邪馬台国を佐賀県小城市甘木に発見。

２０００年　中途退職、以後古代史研究に没頭。

邪馬台国のみならず古代史全般に枠を拡げ、日本書紀の紀年法の解読に成功。

著書に「倭国歴訪～倭人伝における倭の諸国についての考察」「卑弥呼の登場」「神功皇后は実在した～その根拠と証明」（いずれも明窓出版）がある。

卑弥呼の登場

後藤幸彦

金印奴国による倭国統一以来、幾多の動乱の時と多くの英雄の活躍を経て、卑弥呼の登場までを通史風に描く。
全てはAD57年にはじまる。
. 吉野ケ里の銅鐸が破壊されて発見されたのは？
. 荒神谷銅剣は誰が造り、誰が埋納したのか？
. 海幸、山幸の兄弟、須勢理命はどうなったのか？
. 倭国大乱と卑弥呼の即位の年代は？ そして卑弥呼は吉野ケ里北内郭にいた。
かつて「考古栄えて記紀ほろぶ」といわれたが、考古学の進歩により「記紀」が復活しそうなのである。

定価1575円

邪馬台国《やまたいこく》の終焉《しゅうえん》
卑弥呼《ひみこ》の野望《やぼう》と壱与《いよ》の挫折《ざせつ》

後藤幸彦《ごとうゆきひこ》

明窓出版

平成二五年五月一日初刷発行

発行者 ── 増本 利博
発行所 ── 明窓出版株式会社
〒一六四─〇〇一二
東京都中野区本町六─二七─一三
電話 （〇三）三三八〇─八三〇三
FAX （〇三）三三八〇─六四二四
振替 〇〇一六〇─一─一九二七六六

印刷所 ── シナノ印刷株式会社

落丁・乱丁はお取り替えいたします。
定価はカバーに表示してあります。

ISBN978-4-89634-326-7
ホームページ http://meisou.com

倭国歴訪

倭人伝における倭の諸国についての考察

後藤幸彦

邪馬台国発見が、かくも遅れたのは、まさに最初のボタンのかけ違いにあった。

邪馬台国都城址問題の解決によって新しい古代史が展開してくる。

従来までの論説における難点の一つは、邪馬台国に行き着こうとするあまり脇目もふらずに論証を進めていったがゆえに、そこに至るまでの諸国に関する吟味が丁寧に行われなかったことにもあると思うのである。そのためにも倭人伝の一国一国ごとに項を設け、その国に関係のある事柄を、邪馬台国以外の事をもとり混ぜて考証していくことにしたのである。その結果は、自分でも意外なほどの古代日本の事象展開を見ることとなった。

一、奴国　何故ナと読むのか
二、対海国　海峡に浮かぶ双子の島
三、一大国　方三百里の丸い島
四、末廬国　右へ行くか左へ行くか
五、伊都国　王の治める小さな国
他

定価1365円

卑弥呼の孫トヨはアマテラスだった
～禁断の秘史ついに開く～　　伴　とし子

昨今「正史は欺瞞だらけだ」と言う人はいっぱいいる。しかしその根拠はというと……？？この本はそれに見事に答えている。あなたは「国宝」というものの重さをどれほど分かっているだろうか。重要文化財などは、１３人ほどの審査委員のおおよそ３分の１のメンバーが挙手をすれば「重文指定」となる。

ところがだ。国宝となるとそうはいかない。審査委員すべてが挙手をしなければ「国宝指定」とならない。それのみにとどまらず、２度と「国宝審査」の土俵に上がることすらできないのだ。専門家のすべてが「本物である」と認めたもの、つまり籠神社に代々伝わる系図を読み込み、寝食を忘れるほどに打ち込んで書き上げたのが本書なのだ。

何千年のマインドコントロールから目覚める時期がやっと来た！　と言っても過言ではない。

全国の『風土記』はどこに消えたのか／国宝『海部氏系図』～皇室とは祖神において兄弟／極秘をもって永世相伝せよ／日本と名付けたニギハヤヒ／天孫降臨と選ばれた皇位継承者／ヤマトに入った倭宿祢命／香具山の土はなぜ霊力があるのか／蚕の社に元糺の池／垂仁天皇と狭穂彦狭穂姫兄妹の恋物語／アマテラスは男神か／アマテル神とは火明命か／なぜ伊勢にアマテラスは祀られたのか／伊勢神宮の外宮先祭をとく鍵は丹後

ことだまの科学
人生に役立つ言霊現象論　鈴木俊輔

帯津良一氏推薦の言葉「言霊とは霊性の発露。沈下著しい地球の場を救うのは、あなたとわたしの言霊ですよ！まず日本からきれいな言霊を放ちましょう！」
本書は、望むとおりの人生にするための実践書であり、言霊に隠された秘密を解き明かす解説書です。言霊五十音は神名であり、美しい言霊をつかうと神様が応援してくれます。

第一章　言霊が現象をつくる／言霊から量子が飛び出す／宇宙から誕生した言霊／言霊がつくる幸せの原理／日本人の自律へ／言霊が神聖ＤＮＡをスイッチオンさせる
第二章　子供たちに／プラス思考の言霊
第三章　もてる生き方の言霊／笑顔が一番／話上手は聴き上手／ほめる、ほめられる、そしていのちの輪／もてる男と、もてる女
第四章　心がリフレッシュする言霊／気分転換のうまい人／ゆっくり、ゆらゆら、ゆるんで、ゆるす／切り札をもとう
第五章　生きがいの見つけ方と言霊／神性自己の発見／　神唯《かんながら》で暮らそう／生きがいの素材はごろごろ／誰でもが選ばれた宇宙御子
第六章　病とおさらばの言霊／細胞さん　ありがとう／「あのよお！」はこっそりと
第七章　言霊がはこぶもっと素晴しい人生／ＩＱからＥＱ、そしてＳＱへ／大宇宙から自己細胞、原子まで一本串の真理／夫婦円満の秘訣第八章　言霊五十音は神名ですかんながらあわの成立／子音三十二神の成立／主基田と悠基田の神々　**定価1500円**

風水国家百年の計　　光悠白峰

風水学の原点とは、観光なり

観光は、その土地に住んでいる人々が自分の地域を誇り、その姿に、外から 来た人々が憧れる、つまり、「誇り」と「あこがれ」が環流するエネルギー が、地域を活性化するところに原点があります。
風水学とは、地域活性化の要の役割があります。そして地球環境を変える働きもあります。(観光とは、光を観ること)
2012年以降、地球人類すべてが光を観る時代が訪れます。

風水国家百年の計
国家鎮護、風水国防論／万世一系ＸＹ理論／徳川四百年、江戸の限界と臨界。皇室は京都に遷都された／大地震とは宏観現象、太陽フレアと月の磁力／人口現象とマッカーサー支配、五千万人と１５パーセント／青少年犯罪と自殺者、共時性の変成磁場か？ ／気脈で起きる人工地震、大型台風とハリケーン／６６６の波動と、色彩填補意思時録、ハーブ現象とコンピューター／風水学からみた日本崩壊？／沈黙の艦隊、亡国のイージスと戦艦大和

宇宙創造主 VS 地球霊王の密約（ＯＫ牧場）
地球人を管理する「宇宙存在」／「クオンタム・ワン」システムと繋がる６６６／変容をうながす、電脳社会／近未来のアセンションに向けて作られたエネルギーシステム／炭素系から珪素系へ――光り輝く存在とは（他重要情報多数）　　定価1000円

青年地球誕生 ～いま蘇る幣立神宮～

春木英映・春木伸哉

五色神祭とは、世界の人類を大きく五色に大別し、その代表の神々が“根源の神”の広間に集まって地球の安泰と人類の幸福・弥栄、世界の平和を祈る儀式です。 この祭典は、幣立神宮（日の宮）ではるか太古から行われている世界でも唯一の祭典です。

不思議なことに、世界的な霊能力者や、太古からの伝統的儀式を受け継いでいる民族のリーダーとなる人々には、この祭典は当然のこととして理解されているのです。

1995年８月23日の当祭典には遠くアメリカ、オーストラリア、スイス等世界全国から霊的感応によって集まり、五色神祭と心を共有する祈りを捧げました。

ジュディス・カーペンターさんは世界的なヒーラーとして活躍している人です。ジュディスさんは不思議な体験をしました。

「私が10歳のときでした。いろんなお面がたくさん出てくるビジョン（幻視体験）を見たことがありました。お面は赤・黒・黄・白・青と様々でした。そしてそのビジョンによると、そのお面は世界各地から、ある所に集まってセレモニーをするだろう、と言うものでした。……」

高天原・日の宮　幣立神宮の霊告　未来へのメッセージ／神代の神都・幣立神宮／天照大神と巻天神祭／幣立神宮と阿蘇の物語／幣立神宮は神々の大本　人類の根源を語る歴史の事実／五色神祭・大和民族の理想／他

定価1575円